EXPLORATIONS ET MISSIONS

DANS

L'AFRIQUE ÉQUATORIALE

PAR

FLORENTIN LORIOT

PARIS

GAUME ET Cⁱᵉ, ÉDITEURS

3, RUE DE L'ABBAYE, 3

1890

EXPLORATIONS ET MISSIONS

DANS

L'AFRIQUE ÉQUATORIALE

3819-89. — Corbeil. Imprimerie Crété.

EXPLORATIONS ET MISSIONS

DANS

L'AFRIQUE ÉQUATORIALE

PAR

FLORENTIN LORIOT

PARIS

GAUME ET Cie, ÉDITEURS

3, RUE DE L'ABBAYE, 3

—

1890

ROLE DU CARDINAL LAVIGERIE

Parmi les surprises que réservent au voyageur le désert, les forêts inpénétrables, les sommets inaccessibles des montagnes, il en est une qui touche le cœur plus que toute autre, c'est la rencontre de vestiges chrétiens conservés depuis des siècles, loin de toute communication avec l'Église, grâce à l'opiniâtreté des cœurs adhérant à Jésus-Christ. En Chine, au Japon, en Amérique, en Algérie, les missionnaires eurent cette joie de se sentir vaguement attendus. Elle chantait encore dans la solitude l'espérance désolée qu'avait fait naître, et se perpétuer de génération en génération, un christianisme très ancien. C'est ainsi qu'au premier siècle de notre ère la semence de l'Évangile tomba sur le sol le plus fécond de la terre, sur le sol africain.

La foi carthaginoise porta des fruits à l'envi de la foi romaine, et s'étendit jusqu'à des contrées aujourd'hui sablonneuses et dépeuplées : le Credo fut chanté dans sept cents cathédrales. Il a bravé depuis toutes les invasions. En 297 Maximien Hercule, en 373 le comte Théodose avaient cru réduire les cinq tribus des Kabyles qui peut-être trouvaient mal fondée la prétention que César avait de se faire adorer. En 298 le centurion Marcel refusa l'encens à Maximien et fut mis à mort à Tanger, c'est dire assez que les armées romaines ne purent prévaloir sur le christianisme en Afrique. L'invasion des Vandales, à la chute de Rome, déferla comme les grandes eaux : c'était la force et c'était l'hérésie; ni l'une ni l'autre, ni la brutalité ni l'arianisme

1

n'eurent raison des croyances déjà victorieuses des tortionnaires romains. Ensuite le chamelier de Médine poussa ses hordes conquérantes là où Rome et les barbares s'étaient brisés. Il put recouvrir la foi d'un burnous, d'un formalisme extérieur, mais il ne put l'anéantir à fond. La croix où se résume toute la religion est, chez les populations indigènes, comme ineffaçable : on la trouve tatouée sur les poitrines, écrite en lettres de sang au fond des mosquées, érigée sur les tombes et sur les portes. Les selles des chevaux, les poignées des glaives portèrent sous mille formes, pour les dissimuler et les affirmer tout ensemble, les insignes des croyances : la langue en conserva le vestige. Adonaï ne cessa point d'y être appelé de son nom, les anges du leur ; des institutions comme la monogamie, le droit canonique, la confession sont des monuments dont l'origine n'est pas méconnaissable, et lorsqu'on demande aux Kabyles : pourquoi vos croix? ils répondent : ce sont des porte-bonheur; si on leur demande pourquoi ces emblèmes sont d'un si heureux augure : parce que, répondent-ils, ils sont les signes de l'ancienne voie : le Sebaou change souvent son cours durant les crues de l'hiver, mais il finit par revenir à son ancien lit ; nous aussi nous pouvons revenir à notre ancienne voie. Au-dessus des invasions comme au-dessus des orages, les pics du Jurjura n'ont point cessé d'élever leur blancheur : l'Évangile et les aigles semblent y avoir conservé leur ancienne demeure, et plus d'un village aux tuiles rouges apparaît sur leur crête, aiguë comme un asile du souvenir, de l'espérance et de la liberté. L'un de ces villages porte un nom qui résume toutes ces choses ensemble : il s'appelle *le Crucifié*. Tandis que la vieille foi fuyait les invasions de l'erreur et de l'hérésie au sommet de ces monts, comme pour se rapprocher de son origine et se perdre dans les cieux, elle se dispersait en même temps sur les routes du désert, et se réfugiait dans les oasis rocheux du Sahara. Le Touareg nomade garde encore mémoire des luttes qu'il soutint pour la défendre, il montre encore le puits de Zirara, où les outres s'enfonçaient sans pouvoir remonter, où les musulmans descendaient sans revoir jamais le soleil, parce que, dans le fond, des mains invisibles coupaient toutes les cordes. Les proscrits étaient là, sous les sables, dans une caverne, et se défendaient ainsi contre leurs persécuteurs.

Au delà de Biskra l'illustre fondateur de Kaïroan s'était aventuré dans le désert avec la noblesse musulmane : tout à coup, des pics de l'Aurès, les montagnards chrétiens fondent sur ces envahisseurs et les exterminent; ils ne savaient pas, les infortunés, à quelles représailles ils s'exposaient : Touda, leur ville, fut détruite, ses habitants moururent martyrs, les femmes, les enfants furent traînés en esclavage, et les matériaux des églises détruites servirent à fonder une mosquée, qui porta le nom du chef massacré. Que de fois ces hommes au manteau blanc qui sont groupés en cercle sur le sable autour des feux du soir ont-ils entendu chanter ces iliades chrétiennes, pleines d'épisodes vraiment épiques, et dont le bruit est à peine venu jusqu'aux oreilles des hommes, trop inattentifs à l'imperceptible bruit de ce qui est grand ! Quand on voit ces gigantesques irrigations qu'ont entreprises les mozabites pour se maintenir, patriotes obstinés, sur le sol le plus ingrat de la terre, on comprend que s'il était pour eux d'un si grand prix, c'était qu'autrefois peut-être il avait bu comme l'eau le sang des leurs, et qu'ils avaient disputé là sur les confins du monde habitable, contre les ennemis du nom chrétien, les lambeaux de leur foi. Les aqueducs romains sont moins durables que ces vestiges, on les trouve partout, et si l'on demande d'où leur viennent cette perpétuité et cette étendue, il faut se rappeler que ce sang, qu'un africain, Tertullien, appelait une semence, avait fructifié dans les plaines, sur les montagnes de l'Atlas et de l'Aurès et jusque dans le désert. Depuis plus de mille ans cette invisible travailleuse qu'on appelle Providence collabore avec les héros disparus pour susciter des hommes qui leur ressemblent, et en leur ressemblant, se configurent au Christ.

Les martyrs de l'Ouganda peuvent dire à Félicité et à Perpétue : l'Afrique vous a suscité une postérité des siècles après vous : reconnaissez-nous, nous avons suivi votre exemple, et Dieu nous a faits vos enfants.

Quand un homme meurt en Afrique centrale, un autre doit mourir avec lui : ainsi le veut, malgré les cris de l'innocente victime, une superstition vieille comme le paganisme ; mais ici encore une fois Satan contrefait Dieu, car c'est une divine loi que le sacrifice demande le sacrifice et qu'une héroïque mort ait sa contagion. Nous allons raconter une longue série d'événements : cette loi plane sur eux tous !

Mais pourquoi la moisson a-t-elle paru si tard et si sanglante ?

Pourquoi les populations de l'Algérie ont-elles vu recouvrir leur vieille foi, gardée de père en fils, du superficiel aspect d'une croyance mensongère ? En apparence les Kabyles semblent des musulmans, ils ont des marabouts et des mosquées, ils vivent, impatients du joug arabe, mais du moins subissant la passivité d'habitudes souvent grossières ; le cours de la vie chrétienne est chez eux comme le cours tari de l'Igargar, car il est séparé de ses sources qui sont les sacrements. Kabyles, Mozabites et Touaregs se sont résignés depuis des siècles à un abandon qu'ils appellent leur indépendance : c'est qu'à l'heure des grandes invasions, la main de la France n'était pas là.

Et nous aussi les Européens, nous serions esclaves en Orient, si la France, celle qu'on nomme d'abord au pays musulman, n'avait entraîné l'Europe à sa suite, au-devant de l'envahisseur asiatique, si, soldat armé près de l'Église désarmée, elle n'avait dès le temps de Charles Martel et de Roland été le bouclier des multitudes chrétiennes. Est-ce à dire qu'elle n'ait pas eu l'intention d'étendre sa tutelle jusqu'à l'Afrique ? Non : le salut de l'Afrique fut la dernière préoccupation de Louis IX : après que sur son lit de cendre il eut dicté ses instructions à ses enfants, il eut une suprême pensée : c'était qu'il fallait rendre à la patrie d'Augustin sa foi perdue, car l'âme du grand croisé avait peut-être pressenti, en mourant sur cette terre lointaine, qu'il était là des cœurs désireux de la foi, et de revenir à « l'ancienne voie ».

Louis IX mourut, mais en marquant, avec une intention toute royale, quel serait un jour le rôle de ce pays dont il était le chef légitime.

Six siècles passèrent, — pour certains peuples, au long destin, les siècles sont des jours, — et voici que l'excès même des maux causés par l'Islam contraignit la France d'intervenir, et la poussa, comme malgré elle, dans la direction voulue par le plus saint de ses rois. L'Europe entière était menacée par les pirates barbaresques : aucun navigateur n'était plus certain de sa vie quand il traversait la Méditerranée. La guerre d'Algérie fut décidée. Vainement le général Bedeau la combattit dans les Chambres et fut obligé de confesser que sa volonté n'était pas assez puissante pour arrêter « un élan qui était peut-être l'ouvrage du destin ». Par la force des événements que Dieu coordonnait à la pensée de saint Louis, son ancien serviteur, l'Arabe et le Franc se retrouvaient face à face. Le Franc fut vainqueur.

Si le sire de Joinville avait pu écrire en voyant son roi malade, brisé par la maladie, les travaux et les pénitences : *Grand péché firent ceux qui lui approuvèrent ce voyage*, c'est qu'il ne comprenait pas l'importance de la dernière croisade. Le roi la voyait, cette importance ; il savait qu'il n'est au monde que deux adversaires: l'un est la doctrine de l'amour qui persuade, l'autre la doctrine de l'iniquité qui contraint, et il avait voulu combattre l'iniquité armée, en son refuge extrême, en Afrique; afin que le musulman lui-même, cet adorateur de la force, sentît se déconcerter sa croyance en devenant le plus faible. Si Joinville avait pu voir Bourmont vaincre à Staoueli, Lamoricière entrer par la brèche dans Alger, et les derniers défenseurs de la ville se précipiter dans les gorges du Rummel, il n'eût plus trouvé que ce *fut grand péché de détourner* le roi de France d'aller marquer de ses reliques la place où la France devait revenir un jour victorieuse, sept siècles après lui.

Faut-il que dans notre pays les plus généreuses initiatives subissent de si promptes déviations ? Les vainqueurs ne s'aperçurent pas assez vite qu'ils avaient devant eux une

Pologne, ils confondirent l'opprimé avec l'oppresseur, le
Kabyle avec l'Arabe. Cette faute fut cruellement expiée
parce que la Providence attendait mieux du peuple missionnaire. La guerre interminable, la famine, la peste, les sauterelles, les vieux fléaux dont furent frappés les rois d'Égypte,
vinrent apprendre à notre pays qu'il frappait quelqu'un de
misérable, sinon de grand dans les ruines mêmes de sa foi
longtemps abattue, quelqu'un de digne de toutes les pitiés,
et c'était la population indigène qui se trouvait foulée aux
pieds!

La papauté, qui est l'instrument naturel des volontés du
Dieu conducteur des peuples, envoya en Algérie un apôtre
qui devait dire à temps le mot de la situation, donner aussi
des exemples et fonder des institutions qui fissent réfléchir
ceux-là du moins qui gardaient conscience de la vocation
inamissible de la fille aînée, dans l'Église universelle.

L'envoyé de Rome avait été dès sa jeunesse préparé à
comprendre l'antiquité carthaginoise par l'étude des lettres, il
avait appris et enseigné, dans le professorat d'histoire à la
Sorbonne, comment la civilisation se fonde et comme on
atteint l'utile, puis le juste, le bien, le vrai, le beau, comment
les races ennemies fraternisent autour de la croix, comment
les peuples inquiets cherchent la sécurité autour de la mission et du monastère; il était devenu capable, par cette expérience du passé, de fonder en Algérie une France nouvelle,
et sous l'équateur, des chrétientés; il avait été naguère
admis dans les conseils de la cour romaine en étant membre
de son tribunal suprême, et surtout il avait dilaté de plus en
plus son cœur par la charité, lorsque, directeur des écoles
d'Orient, il avait secouru les victimes des Druses en se
faisant quêteur et pèlerin. Cet homme savait faire vibrer
dans sa voix celle des opprimés, il avait exercé l'épiscopat
dans l'Alsace-Lorraine à la veille du jour où les alsaciens
allaient perdre leur foyer, afin d'offrir un jour à ces exilés une
autre patrie, afin de rendre à la France elle-même ce qu'elle
perdait, et lui conserver la foi qui, tant qu'on la garde, fait
qu'on n'a rien perdu. Ce bienfaiteur insigne de ses concitoyens

s'appelait Lavigerie, et en 1886, nommé au siège épiscopal d'Alger, il demanda si c'était en vain que la France avait vu tomber ses fils, en plus grand nombre que l'Algérie n'avait d'habitants; dépensé deux fois plus d'or que la Prusse n'en exigeait d'elle en 1871 : était-ce donc pour chercher des richesses ou faire une conquête? Quoi! elle aurait fait de si grands sacrifices pour un but si mesquin? Non, si Dieu avait permis que la France versât à flots son sang, c'était pour la destiner encore à son ancien rôle de civilisatrice: elle avait enfoncé par le canon les portes de la barbarie, il lui restait à rendre leur Dieu à ces Kabyles des montagnes, à ces Touaregs fugitifs, à ces Mozabites nomades ! Il fallait reprendre la dernière pensée de Louis IX. C'était peu d'avoir entrepris une croisade héroïque, il fallait exercer un apostolat plus héroïque encore, et plus grand, parce qu'il serait pacifique.

Les soldats français au temps de la conquête avaient en mourant comme un pressentiment de ce rôle de leur pays : ces soldats, prisonniers au nombre de quarante, attendaient la mort, adossés contre la muraille d'Alger, lorsque le chef arabe leur demanda s'ils voulaient embrasser la foi de Mahomet, leur promettant à ce prix la vie sauve, et toutes sortes de faveurs chez les musulmans :

« Qu'en pensez-vous, sergent? demanda l'officier.

— Ils me feront ce qu'ils voudront, mais moi je ne renie pas.

— Ni moi non plus, dit l'officier.

— Ni moi! » répondirent du premier au dernier tous ces Français. Un moment après, ils gisaient tous morts, baignés dans leur sang, ainsi la conquête se transformait en apostolat. Les soldats, instruments de la justice, annonçaient en mourant l'apparition des apôtres, instruments de la miséricorde divine. A l'endroit où tombèrent ces précurseurs, l'archevêque, joignant l'exemple et l'œuvre, à la sagace indication du rôle de son pays, fondait la *Maison carrée*. Elle devait être le point d'où l'apostolat devait rayonner non seulement sur l'Algérie, sur la Kabylie, mais sur le désert, sur l'intérieur du continent. Ce fut comme un lever de soleil sur les montagnes de l'Atlas.

Le Primat d'Afrique ne négligea rien pour son œuvre française, il fonda les églises, les écoles, les orphelinats, les hôpitaux, les séminaires, les couvents. Par ses sages industries, il s'efforça de faire des vaincus et des vainqueurs un même peuple. Il eut à soutenir des luttes cruelles contre le gouvernement d'un jour qui méconnaissait la mission permanente de la France, qui tantôt voulait fermer les orphelinats, et tantôt supprimait les crédits affectés au culte. L'archevêque eut soin de ne rien établir que sur le fondement du passé. Il convoqua un concile afin de proclamer que c'était bien au nom de l'ancienne foi qu'il parlait et qu'il agissait. Il rechercha les ruines de sept cents cathédrales. Il voulut toucher, dans la nuit de l'antiquité, la main de ces milliers de martyrs inconnus, qui sous les empereurs païens d'abord, plus tard sous les coups des Vandales, ensuite sous le cimeterre des Arabes, avaient inondé l'Afrique de leur sang. Il recueillit leurs reliques dispersées, comme pour leur faire une gloire d'autant plus éblouissante qu'elle avait été plus longtemps attendue ; il réveilla la voix de ces vieux martyrs, voix qui traverse le désert mieux que celle du lion, car le prélat avait toujours les yeux fixés par delà l'Atlas et le Sahara, vers le pays mystérieux où régnait encore l'ombre de la mort. Un désir sans borne de l'au delà s'emparait de son âme et la remplissait de mélancolie ; il sentait sa faiblesse et sa misère devant la tâche immense, et pourtant les saints lui disaient sans cesse : Parle, agis : parle, agis, lui disait son cœur apostolique de vrai français. Il voyait baisser le soleil de sa vie, et, à mesure qu'il déclinait, il pensait de plus en plus à la mort : il fit creuser son tombeau dans la cathédrale de Carthage, et sur la pierre, écrire : « Ici repose en paix, dans l'espérance de la miséricorde infinie, celui qui fut Charles Martial Allemand Lavigerie, cardinal prêtre de la sainte Église romaine, archevêque de Carthage et d'Alger, Primat d'Afrique, et qui maintenant est poussière. » Il avait voulu reposer au milieu de ses amis, afin qu'eux du moins, quand il serait mort, ils se souvinssent de lui, comme lui-même s'était souvenu de Cyprien, des anciens pontifes, des chevaliers de saint Louis, et du vieil Annibal, et de l'antique Hannon dont les poussières seraient près de la sienne. Puis, fort de cette humilité profonde, ouvrant les ailes d'une charité qui n'avait pas cessé de grandir depuis qu'il avait dévoué sa vie au service de la France et de l'Église, il envoyait ses missionnaires dans toutes les directions : à Biskra le P. Lavardin ; à Metlili, à Laghouat, le P. Paulmier ; le P. Richard, à Tuggurt et à Rhadamès la ville mystérieuse, aux corridors sombres, aux castes fermées, aux terrasses peuplées de femmes occupées de broder des brodequins d'or ; à Tripoli, la ville blanche entourée de verdure, où se rencontrent le juif crasseux, le grec oblique et l'orgueilleux musulman ; il envoya le P. Charmettant chez les Chambas, ces alliés possibles de la France et qui sont perdus dans le désert ; enfin plus loin que tous ces conquérants spirituels, et sur la route de Tombouctou, il envoya les P. Paulmier, Bouchard et Ménoret...

A ce moment fut découvert dans une vieille basilique de Carthage, près de la porte du vent et du puits du chrétien, un marbre blanc.

Un bas-relief y représentait la Vierge assise accompagnée d'un ange et d'un prophète dont la main levée se dirigeait vers une étoile. C'était la transposition sculpturale de cette parole d'Isaïe : « Le peuple qui marchait dans les ténèbres a vu une grande lumière, le jour s'est levé sur ceux qui habitent la région des morts... »

Les PP. Paulmier, Bouchard et Ménoret partaient pour Tombouctou, presque dans le même temps. L'apôtre de la Kabylie, le supérieur de la Maison carrée, le R. P. Deguerry, voulut se rendre aux confins extrêmes de l'Algérie, pour donner à ses enfants le baiser d'adieu, et contempler la majesté de leur départ.

Du haut de leurs chameaux, ils parcoururent de l'œil l'immense horizon et sentirent monter de leur âme vers Dieu quelque chose comme le prélude d'un grand cantique, grave comme le désert, sans bornes comme la charité de leur Dieu, et triomphant comme leur espoir. Ils entonnèrent un vieux chant africain, le *Te Deum* du fils de Monique. Ces larges paroles étaient bien en harmonie avec la nature majestueuse, immobile qui régnait au loin devant leur caravane :

Te æternum Patrem omnis terra veneratur.

Le P. Deguerry suivit longtemps du regard ceux qui le quittaient : les uns après les autres, les versets du chant parvenaient à son oreille ; à travers la tranquillité de mort des sables parsemés de squelettes et qui se taisaient sous le soleil, il perçut longtemps les voix parlant de Dieu, et jamais il ne comprit mieux que « le ciel et la terre sont remplis de la grandeur de sa gloire », que « les martyrs le louent, vêtus de blanc » comme les apôtres qui s'éloignaient, que « la sainte Église le confesse à travers l'univers ».

Mais déjà la caravane diminuait dans la perspective fuyante : on eût cru voir encore, sous leurs longs manteaux, marcher vers l'étoile dont parlait le prophète les trois rois d'Orient.

Les voix atténuées par la distance devenaient grêles comme le cri des sauterelles, lorsque le cantique parlait des esprits célestes, qui chantent le très haut :

Tibi Cherubim et Seraphim incessabili voce proclamant.

Enfin, les sons n'arrivaient plus que par intervalle, tandis qu'on apercevait encore, diminuée par la profondeur du désert, la caravane comme un insecte long et lent, égaré dans les sables.

La voix parvint une dernière fois aux oreilles du Père, elle était perdue dans l'infini, et elle disait : O père dont la majesté est immense !

Pater immensæ majestatis...

A quelque temps de là, des chasseurs d'autruche retrouvèrent le corps des trois missionnaires : ils avaient été décapités en haine de leur foi. El Hadj, leur guide de la tribu des Chambas, s'était fait massacrer pour les défendre au sud du Sahara.

Ce n'était donc pas en suivant le chemin du désert qu'on pourrait arriver dans l'Afrique équatoriale : c'était par une autre route. Un homme la trouva : nous allons raconter son histoire.

DAVID LIVINGSTONE

Après la paix des forêts primitives, il n'en est pas de plus profonde qu'au milieu d'une grande cité, la paix d'une église gothique. Sans doute, depuis l'âge où elle fut construite, le bruit s'est accru sans cesse autour de ses murailles, la voix humaine a parlé plus haut et la rumeur du travail a grandi de plus en plus à mesure que la ville est devenue plus populeuse et plus industrieuse. L'Église est toujours calme.

Telle était l'abbaye de Westminster le jour où sept dames vêtues de noir, parées de myrte et de violette, y traînèrent un long deuil. Elles pénétrèrent dans le temple sans que le silence en fût troublé. Puis les pas d'un cortège funèbre retentirent sur les dalles. On posa sur une draperie de velours noir un cercueil couvert des fleurs blanches du camélia. On entendit dans les nefs le murmure confus d'une foule ; et la rumeur s'accrut toujours, jusqu'à ce qu'enfin la voix des orgues, ramenant à l'unité tous les bruits, douce aux multitudes et aux tombes, à ceux qui vivent, à ceux qui dorment, exprimant le gémissement de toutes les créatures dans l'attente, ondulât sous les voûtes à longs flots et jusque dans les cryptes souterraines (17 avril 1874).

C'est à Westminster, on le sait, que l'Angleterre célèbre les funérailles de ses rois. D'éminents personnages entouraient le catafalque, le duc de Sutherland, les lords Shaftes-

bury et Haugton, tout le monde savant de la Grande-Bretagne; sir Thomas Steele, Webb, Oswell et Kirb, consul anglais,
tenaient les quatre coins du poêle, puis venaient MM. Stanley, Young, Waller et le révérend Moffat. Quelques-uns portaient sur leurs traits la fatigue d'un apostolat lointain; d'autres encore avaient une teinte bronzée qui faisait dire : le
souverain qu'on en sevelit en ce jour était sans doute pacifique et bon, car il avait des amis loin de son pays. Or celui
qu'on allait déposer dans la tombe n'était pas un roi, mais
un ouvrier. Oui, parfois et dans certains pays l'ouvrier est
appelé à partager la sépulture des rois, et celui qui se reposait ce jour-là de ses fatigues était David Livingstone, autrefois rattacheur à la filature de Blantyre en Écosse, sur les
belles rives de la Clive, et d'où la nuit on aperçoit Glascow et
sa couronne de lueurs.

Si, dans l'exorde de cet essai, des funérailles sont peintes
au lieu d'un berceau, c'est que de la mort on juge mieux la
vie, et qu'on fait de l'homme à son heure dernière un portrait plus ressemblant. Livingstone était un des hommes les
plus dignes d'être étudiés pour eux-mêmes, indépendam-
ment de leur œuvre et de leur fortune. Enthousiaste, plein
d'initiative, entreprenant jusqu'à devenir présomptueux, dou-
tant peu de lui-même, prompt à se déterminer, persévérant
dans ses résolutions, logique parfois jusqu'à l'erreur, courageux jusqu'au caractère, patient jusqu'à la mort, s'appuyant
au besoin sur l'obstacle pour mieux s'élancer en avant, généreux, secourable aux faibles, il semblait que Livingstone fût
le dernier né des chevaliers : disciple du Christ, il dédaignait l'épée, fût-elle l'épée des Olivier, des Amadis et des
Roland, mais il se sentait de la race des preux, et comme
eux, au milieu de populations souvent en proie aux vio-
lences, il écouta souvent si l'on n'appelait pas au secours. Il
n'eut point ce que les sociétés en décadence ont gardé de la
chevalerie : on ne trouvait en lui ni l'étiquette cérémonieuse,
ni l'élégance aristocratique des manières, ni la fleur des
paroles exquises; au contraire, il tenait de sa race une
âpreté sauvage dont sa joyeuse humeur tempérait à peine la

rudesse. Au premier abord, il paraissait dur et froid, mais quelque chose de profondément humain battait dans sa poitrine, et sur sa conscience responsable, il sentait peser le salut d'âmes inconnues, nées au delà des océans et des déserts.

Aux qualités du cœur et de la volonté, il joignait un esprit d'observation que rien ne pouvait distraire, une curiosité scientifique que rien ne pouvait satisfaire. Le péril ne faisait que suroxciter l'énergie de son attention. Un jour, un buffle se précipite sur lui. Pas de refuge : un seul arbre dans la plaine, mais à 100 mètres. Immobile, Livingstone attend le choc : il observe les cornes et le galop du buffle. La masse fougueuse approche, un coup part, elle tombe, et Livingstone, sans que son cœur s'accélère, écrit : « L'arbre qui se trouvait à 100 mètres est un acacia de la girafe : cela me prouve que nous entrons dans la région des plantes épineuses. » Il observait l'homme aussi bien que la nature ; il remarquait, avec une sagacité toute filiale, les intentions délicates de la Providence. Il devinait pourquoi le buffle et le rhinocéros portent sur leur cou un petit héron : pour les garder du péril et s'envoler à l'approche de l'ennemi. Il savait que les oiseaux sont les amis de l'homme et qu'il n'est point pour eux d'eau vive ni de moisson mûre si leur ami n'est pas là, ni de chanson joyeuse si l'homme ne l'écoute pas. Il aimait à suivre dans l'air ces graines ailées que le vent emporte après qu'elles se sont fixées à la feuille qui vole. Il voyait dans tous ces détails la prévoyance du père universel, il la découvrait aussi dans la destinée, si différente, des nations qui travaillent et se reposent, leur œuvre accomplie, dans l'impuissance où sont de nuire aux chrétiens les races stationnaires pour qui Jésus n'a pas lui. Les mille observations que Livingstone a réunies, au profit des sciences les plus diverses, prouvent que rien n'échappait à l'investigation de son esprit, ni la nature, ni l'humanité, ni la Divinité.

Si les écrits de Livingstone suffisent à mettre en lumière la physionomie de son âme, une photographie très expressive, prise par M. Mayall de Londres, a conservé quelque chose des

traits extérieurs qui révélaient aussi sa nature. Le corps est
élancé, les épaules sont larges, la tête est anguleuse, dure au
premier aspect, mais souveraine, et ne peut être que d'un
homme capable de commander aux autres et à lui-même.
Les parties inférieures du visage, qui correspondent aux appétits matériels, sont violemment contractées par l'effort
habituel de la volonté qui modère ces appétits; les parties
supérieures, au contraire, où l'âme se montre davantage,
ont la sérénité de la sagesse. En bas tout est heurté, en haut
tout est calme. Les cheveux, relevés avec légèreté, découvrent un front large et sans rides. Un pli vertical traverse ce
front; ce n'est point le sillon que creuse la pensée concentrée
sur elle-même et péniblement tendue dans le silence du
cabinet vers quelque but abstrait, c'est le signe d'une attention dirigée vers un but extérieur et que suivra l'acte. Quel
but lointain atteignent ces yeux fixes protégés par une arcade
de noirs sourcils? Comme cette lèvre proéminente dédaigne
superbement l'obstacle! Et pourtant comme on sent que ces
grands yeux et cette rude figure, s'ils se penchaient vers
quelque misère, pourraient exprimer la bonté, qui donne la
grâce aux forts!

Il faut mettre ce portrait dans la situation qui lui convient.
Sous la voûte de Westminster, ou même au soleil de l'Afrique, il ne se détacherait point sur son véritable fond. Il faut,
pour voir sous son vrai jour la grande image de Livingstone,
l'évoquer sur les bruyères celtiques, sur le sol où il reçut ses
premières impressions, sous les sombres cieux qui rendirent
pensifs ses yeux d'enfant, au milieu des montagnes où se fit
la première communion de son âme avec la nature. Entre
l'homme et la terre il est une harmonie. L'Indien rampe
ainsi que les lianes de ses forêts, et les fils de l'Armorique
ont en eux quelque chose de la terre de granit couverte de
chênes. Ainsi Livingstone porte en lui quelque chose de l'île
où il est né (1) : Ulva, l'une des Hébrides. Son caractère a je
ne sais quoi de sauvage comme cette île, d'aventureux

______

(1) En 1813.

comme l'océan qui l'entoure, de rocailleux comme sa terre natale, de fort comme les arbres qui la recouvrent, et de tenace comme les bruyères. Il s'endurcit à vivre parmi ceux qui s'étiolent avant l'âge du travail, dans la poussière des manufactures. Ses parents s'établirent en Écosse, à Blantyre, et celui qui devait être un jour déposé dans la sépulture des rois, confondu dans la foule chétive et misérable des fils des cités, n'était qu'un pauvre ouvrier rattacheur qui soutenait sa vieille mère avec le salaire que gagne un enfant. Et pourtant, cet enfant grandit en secret : il achète des livres, suit les cours du soir, il apprend la nuit le grec et le latin, et sous l'écorce de l'ouvrier un autre homme croît et se développe. Le rattacheur devient fileur ; il dirige un métier, pose dessus son livre, saisit les phrases une à une, en travaillant ; le fileur devient médecin, et s'élevant toujours au-dessus de sa condition présente, il veut être ministre de l'Évangile. A peine initié à la théologie, voilà qu'il étouffe dans la secte étroite de ses pères : ce qu'il veut, dit-il, porter à ses frères, ce n'est ni l'anglicanisme, ni le presbytérianisme, c'est l'Évangile du Christ : sa patrie même ne lui suffit plus, il regarde au delà des mers et des continents, et dit avec le poète :

> Let us (since life can no more supply
> To look about us and to die),
> Expatiate free over all this scena of man (1) !

et, contemplant la terre, il se demande vers quelle misère lointaine, oubliée, il pourra marcher en apôtre : pareil au chêne né dans Ulva qui ne dépasse pas d'abord les autres arbrisseaux, mais qui s'élève peu à peu et révèle de jour en jour sa nature supérieure, grandit, grandit encore, et déjà lève sa tête par-dessus l'horizon.

---

(1) « Puisque la vie suffit à peine à regarder autour de nous, puis à mourir, développons au moins notre activité sur tout le théâtre humain... » — POPE.

PREMIÈRE PARTIE

LES PREMIERS VOYAGES

(1840-1851)

———

I

ÉTAT SOCIAL D'UNE PEUPLADE AFRICAINE

A peine Livingstone se fut-il orienté au milieu des sociétés humaines, il distingua, parmi tant de nations païennes et partant stationnaires, la Chine, qui depuis des siècles n'avait accompli aucun progrès et qui semblait comme assoupie dans ses rêves. Il allait s'embarquer dans le but de conquérir à Jésus-Christ l'une de ces provinces qui sollicitaient naguère l'ambition de Xavier, lorsqu'en Chine la guerre de 1839 éclata, et, la face du Seigneur s'en étant détournée, Livingstone partit pour l'Afrique aux frais de la société des missions de Londres. En 1840 il aborda dans la colonie du Cap, et s'enfonçant dans l'intérieur des terres, passant par Algoa et Kuruman, il vint au pays des *Béchuanas*. Il y fonda deux stations, l'une à *Mabotsa* (1843) (1), l'autre à *Colobeng* (1847), sur les bords du fleuve de ce nom. Lorsqu'il allait de l'une à l'autre en marchant vers le nord il pouvait apercevoir à sa droite la cime des monts Magaliesberg ou *Kashan*, à sa gauche les plaines verdoyantes du *Kalahari*. Là, sur les pentes des montagnes et près de la source des eaux, un peuple pasteur essayait, au moyen d'un commencement d'agricul-

(1) Avant la fondation de la première mission protestante de Livingstone, en 1812, le Saint-Siège érigeait le vicariat apostolique des deux Guinées qui se développent le long de l'Atlantique depuis le Sénégal au nord, jusqu'au fleuve Orange au sud. Par conséquent, en Afrique, l'initiative de l'apostolat appartient à Rome. Déjà ses ouvriers apostoliques avaient dépassé les plus lointaines investigations de la curiosité scientifique : les PP. Grégoire et Bonaventure n'avaient-ils pas tracé le cours du Zambèze et du Congo sur un globe conservé et oublié dans la bibliothèque de Lyon? Le frère Jean n'avait-il pas traversé au xe siècle l'Afrique de part en part? Est-ce que cinq dominicains, le 3 mai 1491, n'ont pas baptisé une reine au Congo? Est-ce qu'en 1645 et dans la seconde moitié du xviie siècle ce fleuve ne fut pas remonté par douze capucins? Est-ce que de 1660 à 1672 le P. Bernardin Anghero ne fonda pas une chrétienté dans le Loango, sur la rive droite du Zaïre? Est-ce que le P. Montesarchio ne pénétra pas chez les anthropophages, appelé par leur roi? Est-ce qu'en 1557 les jésuites ne s'établirent pas à San Salvador pour évangéliser les nègres du Congo, et en 1588 les jésuites n'établirent-ils pas la mission d'Angola, l'hôpital et l'école de Saint-Paul de Loanda, n'évangélisèrent-ils pas la Guinée, de 1580 à 1612, la Sénégambie et la Sierra-Léone? Est-ce que les dominicains ne marchèrent pas à la suite de Gama, ne s'établirent-ils pas à Mozambique, au cap Delgado, à Mélindo, à Zanzibar, à Teto, à Senna, à Sofala en 1584, peut-être à Zombo où l'on a trouvé une cloche brisée, et où le père Rosario avait été coupé en morceaux par les anthropophages? Et les jésuites, rappelés par Pombal qui les mit aux fers, qui ne se rappellerait leur résistance pacificatrice aux indigènes qui les voulaient délivrer? L'Église peut donc, de toute la hauteur du trône de ses papes, considérer les chemins que va parcourir Livingstone; elle sait qu'un jour, au prix des marches de ce voyageur couché dans la tombe, elle rentrera comme chez elle dans ses propriétés retrouvées.

ture, d'arriver à la stabilité dans une patrie. L'aspect physique du pays était l'image de l'aspect moral de ses habitants et Livingstone s'aperçut que la soif tourmentait ce peuple plus que l'infini. Il était arrivé à cet état qu'en Europe on appellerait l'état positif. Le Béchuana connaît « l'heure où la cigogne émigre », où le lion sort de son antre, il suit à la trace les bêtes du désert, il sait avec exactitude la nature des pâturages qui conviennent au mouton, à la chèvre ou au bœuf, il choisit avec beaucoup de discernement les différents terrains qui sont le mieux appropriés aux diverses plantes qu'il cultive, il se vante même de connaître le chemin des nuages, mais il ne s'occupe pas de la question de sa destinée. Il passe, comme son troupeau, les yeux fixés à terre. Courbé de plus en plus sous le poids des soleils, il se couche avant l'heure, sans connaître ni Dieu, ni son âme, ni le bonheur. Il faut dire qu'il ne fait pas de son indifférence un système comme le civilisé. Il connut jadis un état moins triste, il eut des dieux; c'étaient, il est vrai, de faux dieux; mais il a perdu même ceux-là. Les fleuves et les religions tarissent au désert, il ne reste plus que leur forme : la formule survit au culte comme le lit de sable au fleuve desséché. « Les diverses tribus des Béchuanas se désignent entre elles par le nom de différents animaux. Le mot *Bakatla* signifie textuellement les hommes du singe, *Bakuena* ceux de l'alligator, *Batlapi* ceux du poisson, et chacune de ces tribus ressent une crainte superstitieuse de l'animal dont elle porte le nom. » Cela veut dire qu'autrefois ceux-ci se sont agenouillés devant le singe, ceux-là devant le crocodile, et ces derniers devant le poisson. Il fallait que le souvenir de ces idoles se conservât, ne fût-ce que pour rendre témoignage en faveur de cette parole du vrai Dieu : « Dieux de chair et

de sang, de boue et de poussière, vous mourrez. »
Tombés au-dessous de l'idolâtrie même, dans le positivisme pratique, les Béchuanas sont immobilisés dans les ténèbres, aveugles et sourds, pareils à leurs Dieux oubliés (1).

La religion morte, il reste la crédulité, et le charlatanisme l'exploite. De rusés docteurs prétendent que sans eux il ne pleuvrait jamais au pays des *Béchuanas*. Leur imposture est du genre théocratique : après que le culte a disparu, elle parle encore au nom de la divinité; elle se rapproche de celle des bonzes, des ulémas, des prêtres de l'ancienne Égypte; elle motiverait un chapitre d'une intéressante histoire sans laquelle on ne peut suivre l'évolution des sociétés humaines, je veux parler du rôle qu'a joué la spoliation sous toutes ses formes (2).

A peine les docteurs ès-pluie ont-ils vu l'horizon se couvrir de nuages, ils s'empressent de brûler une substance qui s'évapore en corolles de fumée, ils percent l'air d'un sifflement aigu, et le plus clair est qu'ils se font rétribuer comme s'ils avaient rendu le plus grand des services qu'on puisse rendre à des Africains, comme s'ils avaient fait pleuvoir. Les femmes leur offrent leurs colliers et leurs bracelets, les hommes travaillent pour eux, les enfants battent des mains. Il est vrai que ces imposteurs périssent parfois de mort vio-

(1) Il ne faudrait pas juger de l'état religieux des Africains par cette peuplade : ils croient généralement au Créateur, à la survivance de l'homme au delà de la mort, à la vertu des plantes. La mort pour eux est la punition d'un crime, et les morts pour eux vont rejoindre le grand Être. Leur idée du bien et du mal ne diffère pas de la nôtre : ils n'ont rien appris des blancs que la monogamie. Voir p. 483. *Le Zambèze et ses affluents.*

(2) Frédéric Bastiat a, dans ses *Harmonies économiques,* esquissé l'histoire de la spoliation.

lente, mais un autre leur succède, et on l'adore, en attendant qu'on l'égorge.

Le premier châtiment de leur supercherie est qu'eux-mêmes en deviennent les dupes. « Dieu nous a créés les premiers, disent-ils, et il nous aime bien moins que les blancs : il leur a donné la beauté, des vêtements, des fusils, de la poudre, des chevaux, des chariots et beaucoup d'autres choses qui nous sont inconnues. Il ne nous a pas même fait un cœur pareil à celui des blancs, nous ne nous aimons pas les uns les autres. Pour nous, il est sans amour et ne nous a donné que le bétail, la lance et la *faculté de faire pleuvoir*. » Une ombre de mélancolie effleure ces paroles : cette race qui reconnaît la supériorité de la race chrétienne, qui se résigne humblement à son abaissement; qui n'en con- naît pas toute la profondeur puisqu'elle tire encore vanité de son illusion; qui demande à cette illusion même, c'est-à-dire à la faculté de faire pleuvoir, une consolation qu'aucune réalité ne peut donner à sa mi- sère, tout cela n'excite pas le rire, mais inspire au con- traire la pitié qu'on éprouve à l'aspect des grands châti- ments, fussent-ils mérités.

Tandis que, d'un côté, les Béchuanas sont victimes de la spoliation qui s'exerce par la ruse, ils ont à subir d'un autre côté la spoliation qui s'exerce par la force : parfois ils voient descendre des monts Magaliesberg des vagabonds et des déserteurs anglais appelés Boers (1) : ces derniers se sont constitués en État indépendant, et se proposent pour but de maintenir *le régime qui con- vient aux nègres*, c'est-à-dire le travail non rémunéré. Ce régime démoralise encore plus les maîtres que les esclaves; en effet, dès que les Boers ne sentent pas qu'il

(1) Prononcez Bours.

est dégradant de ne pas payer les services rendus, la fraude leur devient aussi naturelle que le paiement des dettes le paraît aux autres hommes. Ils descendent dans un village béchuana, exigent vingt ou trente femmes, pour sarcler les herbes de leur jardin, et ces infortunées sont traînées esclaves dans les montagnes, emportant leur nourriture sur leur tête, leurs enfants sur leur dos, leurs instruments de travail sur leurs épaules. « Nous les faisons travailler pour nous, disent les Boers, mais en retour nous leur permettons d'habiter notre pays. »

Parfois de jeunes volontaires du travail franchissent les 1,900 kilomètres qui séparent le pays des Béchuanas de la ville du Cap; ils font pendant trois ou quatre ans des fossés et des vannes pour les fermiers hollandais, et s'estiment heureux s'ils peuvent revenir avec autant de vaches qu'ils ont passé d'années loin de leur pays. Les Boers épient leur retour et les dépouillent.

Le plus souvent, au lieu d'enlever les fruits du travail, ces hommes, à la fois paresseux et violents, s'emparent du travailleur lui-même. Une troupe de cavaliers boers se fait accompagner de plusieurs tribus alliées : arrivés chez la peuplade qu'ils veulent attaquer, ils se font un bouclier de leurs amis indigènes, et tirent froidement par-dessus leur tête jusqu'à ce que la peuplade assaillie prenne la fuite, abandonnant aux ravisseurs ses blessés, ses femmes et ses enfants.

Les *Boers* tremblent au moindre bruit de révolte ou de guerre : un vase prêté par Livingstone au roi des *Béchuanas* fut à leurs yeux une pièce d'artillerie. Le télescope de lord Ross établi au Cap les inquiéta vivement. Comme les docteurs ès-pluie chez les *Béchuanas*, les *Boers* colorent leur brigandage d'un prétexte de religion. « Conservateurs, sauveurs de l'ordre et de la propriété noire, nous sommes, disent-ils, comme Israël, le peuple de Jéhovah et les instruments de sa vengeance. »

Ainsi, d'une part la spoliation par la ruse, d'autre part la spoliation par la force, disputaient aux *Béchuanas* leurs moyens d'existence, c'est-à-dire un peu d'eau, de maïs et de lait.

II

SÉCHELÉ

Séchelé, fils de Mozilikatzé et roi des *Béchuanas*, pratiqua l'hospitalité la plus généreuse à l'égard de Livingstone, et reçut sa récompense en devenant chrétien. Ce prince avait connu le malheur, et victime des fautes de ses pères, il avait été détrôné par ses sujets, puis rétabli sur son trône par un chef étranger sorti du désert, et dont il sera parlé dans la suite de ce récit. Livingstone fut étonné de trouver chez Séchelé des préoccupations relatives à la destinée humaine. Le roi des *Béchuanas* échappait noblement à l'indifférence de ses sujets. Il dit à Livingstone, le jour où celui-ci célébrait pour la première fois le culte public : « Il est d'usage parmi nous, lorsqu'une nouveauté nous est présentée, d'adresser des questions à celui qui l'apporte.

— Je suis prêt à répondre à toutes vos questions ?

— Dites-moi si vos ancêtres croyaient être jugés après leur mort. »

Le missionnaire évoqua devant lui le dernier jour, il dit, je le suppose, les prodiges qui sont d'abord aperçus dans les astres lointains, se rapprochent, sont déjà dans le soleil, et de plus en plus proches, apparaissent dans la lune ; la nuit noire, la mêlée des hommes se ruant les uns sur les autres, la rumeur des flots qui s'enflent et de la mer qui vient, un jour étrange se levant sur les tombeaux·des nations, et le front mystérieux du juge apparaissant sur ces nébuleuses qu'on voyait blanchir de la terre pendant les nuits d'été, le clairon sonnant le réveil des morts...

« Vous m'épouvantez, s'écria Séchelé, vos paroles ébranlent tous mes os et ma force m'abandonne. Mes ancêtres vivaient à la même époque que les vôtres, pourquoi vos pères n'ont-ils pas envoyé dire aux miens ces effroyables choses? Mes aïeux ont ainsi quitté la terre et, sans savoir où ils allaient, ils sont passés dans les ténèbres.

— L'océan s'interposait entre mes ancêtres et les vôtres; maintenant, grâce aux découvertes des blancs, la terre est devenue comme une seule demeure où doit circuler une même vérité. C'est cette vérité que je vous annonce, et désormais vous ne pourrez vous plaindre, en mourant, de disparaître comme vos pères dans les ténèbres. Prenez et lisez ce livre qui, pour nous, est le livre par excellence, vous y trouverez toutes les paroles que le Créateur a prononcées, tous les miracles qu'il a faits pour l'instruction de votre race et de la mienne.

— Je ne sais pas lire.

— Je vous apprendrai la lecture. » Et Séchelé mit tant d'ardeur à l'étude qu'il oublia sa passion chérie, la chasse; il se mit à chasser à Dieu (1). A peine converti, il devint apôtre. Il le fut d'abord à la manière anti-chrétienne :

« Vous imaginez-vous, dit-il au missionnaire, qu'il suffit de parler aux hommes de la tribu pour leur faire croire ce que vous dites? Moi je ne peux rien obtenir qu'en les battant; si vous voulez, j'appellerai mes chefs,

(1) Saint Chrysostome.

et au moyen de nos litupas, grands fouéts en peau de rhinocéros, nous aurons bientôt fait de les décider à croire. »

Livingstone ne pouvait adopter ce genre d'apostolat :

« Prêchez d'exemple, répondit-il, et vous verrez qu'insensiblement le peuple vous suivra. » Docile à ces conseils, le roi réunit sa famille et fit la prière en un style à la fois simple et élevé qui surprit Livingstone lui-même. Il voulut être baptisé. Il fallait pour cela renoncer à la polygamie qui, passée dans les mœurs de son pays, lui paraissait la chose du monde la plus naturelle. Il avait épousé les filles de trois chefs subalternes ; ceux-ci ne l'avaient point abandonné alors qu'il était dépossédé du sceptre de ses pères. Son mariage était un moyen de leur témoigner de la reconnaissance, d'augmenter l'importance de sa famille et de cimenter l'union de la tribu : renvoyer ces femmes, c'était faire acte d'ingratitude envers leurs parents, c'était compromettre son autorité, c'était introduire les divisions dans la peuplade. Le missionnaire comprit l. gravité de cette situation. « Je vous ai donné l'Évangile, dit-il à Séchelé ; de quelle façon croyez-vous devoir agir, maintenant que vous pouvez en faire la lecture ? » Pour toute réponse, Séchelé retourna chez lui, distribua des vêtements neufs à ses femmes, ainsi que tous les objets qui garnissaient leurs cases et les renvoya chez leurs parents avec la déclaration expresse qu'il n'avait rien à leur reprocher et qu'il ne se séparait d'elles que pour se conformer à la volonté de Dieu.

De leur côté, les *Béchuanas* comprenaient facilement un livre écrit pour un peuple qui vécut longtemps de la même vie qu'eux. Il est au nombre des miséricordes que le Seigneur tient en réserve à ses élus de faire servir l'état social des peuples châtiés à leur rédemption. Ceux qui n'ont point participé au progrès de la civilisation, qui sont restés à l'état nomade et pasteur, ceux dont la famille est organisée comme au temps des patriarches, ceux qui vivent encore comme Israël voyageur dans des déserts de sable, tous ceux-là semblent prédisposés à comprendre la Bible. Si la parole de Dieu n'avait pas avec tous les cœurs et tous les peuples de mystérieuses harmonies, on pourrait dire qu'elle s'adressait tout spécialement à des Africains. Leur langage est empreint d'une poésie naïve et toute sémitique, ils personnifient tout, ils empruntent à la nature son symbolisme qui n'a point changé depuis la genèse. Ainsi Livingstone demande à l'un des membres de sa petite Église ce qu'il entend par la sainteté. Le *Béchuana* répond : « Lorsqu'une pluie abondante est descendue pendant la nuit, lorsque la terre, les feuilles et le bétail en ont été lavés, que le soleil, en paraissant, montre une goutte de rosée à la pointe des brins d'herbe, et qu'on respire un air frais et pur, c'est la sainteté. »

Est-ce qu'on ne croirait pas entendre David mourant et souriant une dernière fois aux délicieuses matinées de l'Orient, dire lui aussi : « Le juste sera comme la lumière de l'aurore qui, au soleil levant, le matin, brille sans nuages, et comme l'herbe qui germe de la terre par les pluies. »

L'auteur du Deutéronome vécut longtemps en Afrique. De là ces parfums égyptiens, dont la Genèse, l'Exode, les écrits des Nabis, imitateurs de Moïse et continuateurs de son œuvre, sont comme embaumés; de là cette couleur locale que la Bible emprunte au désert de Libye, de Sin ou de Madian. Quand Isaïe dit que les ruisseaux retenus par des digues diminueront et seront desséchés, que leur lit sera mis à nu à sa source même, et que ceux qui jettent l'hameçon se lamenteront, interrogeront les magiciens : comme les Africains devaient comprendre la réalité de ce châtiment des races déchues et dire : « Qui de nos pères a donc offensé Dieu ? »

Comme leur cœur devait s'ouvrir à l'espérance, quand le même Isaïe voyait le désert, inondé par des torrents, fleurir ainsi que l'anémone !

Encore que la nature prêtât au missionnaire un peu de ce qu'il fallait pour évoquer, dans les consciences, le lointain ressouvenir de la divinité, sa parole était écoutée par des hommes préoccupés de savoir comment ils vivraient le lendemain, et ne pouvait porter en eux tout son fruit.

La chasse obligeait les naturels à des courses lointaines et leurs absences empêchaient de les instruire. Livingstone les aida de son art, de sa science et de sa fortune. Six fois, grâce à son action sur l'opinion publique, la guerre fut évitée. Il continua son chemin, nous verrons comment et de quel côté ; mais en partant, il n'abandonna point sans apostolat les premiers qui reçurent, de sa part, la bonne et grande nouveauté. Il laissa derrière lui Séchelé qui continua d'être l'éducateur de son peuple. Il ne fit point servir la force à son enseignement. Plus tard l'Europe connut les découvertes de Livingstone, mais elle ignora la première et non pas la moins noble, et c'était celle de cet homme de bonne volonté qui, sur la terre africaine, fut le premier né des enfants de l'Église. Cet homme ne reçut, il est vrai, que le baptême d'un précurseur, mais peu importe la main, que ce soit celle de Pierre ou celle de Paul, si le Christ baptise (1), si l'homme

____

(1) Saint Paul.

a l'intention d'être baptisé. Il transmit à ses sujets la connaissance et l'amour de Jésus, autant du moins que l'exemple et les leçons d'un chrétien sincère lui permettaient de le connaître et de l'aimer.

III

DÉPART DE KOLOBENG

Pourquoi Livingstone ne demeura-t-il pas à Kolobeng auprès de Séchelé? Tout l'invitait à rester chez les Béchuanas, et l'hospitalité généreuse de leur chef et leur ignorance en matière de religion. Une dernière circonstance semblait faite pour localiser son action et fixer sa vie. Il avait rencontré sur la terre africaine, où tout semblait aride et désolé, une jeune compagne de ses travaux. Ainsi dans le désert Isaac vit venir Rebecca. Mary Moffat était la fille d'un pasteur et l'on a pu dire que, devenue la femme d'un autre pasteur, elle fut une aide pour son mari, jamais un obstacle.

Elle eût été digne d'un grand peintre, avec sa couleur patriarcale, avec son fond de sable doré, cette idylle où les travaux les plus vulgaires étaient transfigurés par une lumière éblouissante et ennoblis par le but d'un apostolat chrétien. Il fallait voir la meule de pierre tourner entre les mains de la jeune femme : elle réduisait en farine l'orge ou le blé, elle faisait la pâte, puis creusait dans une fourmilière un four auquel une pierre plate servait de porte. Ou bien mistress Livingstone allumait un grand feu sur une aire aplanie, et quand la terre était échauffée, elle y posait la pâte, la couvrait d'un vase métallique, et sur le vase entretenait

un feu. Pour Livingstone, la sagesse industrieuse de
Mary Moffat, la conscience de tout devoir aux soins de
cette ingénieuse compagne, tout faisait de ce pain
grossier la nourriture la plus délicieuse, et comme la
manne de l'exil.

De son côté Livingstone construisait la maison. Il la
voulait carrée, grande et de belle apparence; c'était une
manière d'obtenir le respect des indigènes. Il devait se
passer de leur aide en construisant cette demeure, car
habitués aux formes arrondies de la nature, les indigènes ne bâtissent rien que de rond. Il lui fallait donc
poser lui-même toutes les briques et toutes les pièces
de bois afin qu'elles fussent placées d'équerre. Ces
briques étaient encore dans la terre, ces pièces de bois
dans la forêt; il fallait d'abord abattre un arbre, l'é-
quarrir, en faire un moule à brique, des soliveaux, des
portes et des fenêtres. Trois fois Livingstone recom-
mença ce travail, car il se bâtit trois maisons, et pour
élever à sa famille ces abris d'un jour, il pouvait dire,
comme saint Paul, que ses deux mains avaient suffi.

Levé dès le matin pour jouir de la fraîcheur et faire
la prière en famille, il se dirigeait à sept heures vers
l'école pour donner des leçons à qui voulait s'instruire.
La classe finissait à onze heures : alors, pendant que sa
femme s'occupait du ménage, il se livrait à quelque
travail manuel, soit comme forgeron, soit comme charpentier ou laboureur, suivant les besoins de sa famille
et des habitants. Après le dîner, suivi d'une heure de
repos, la femme tenait une classe de jeunes enfants qui,
très gâtés par leurs parents, n'en venaient pas moins à
l'école avec un plaisir extrême. Parfois la maîtresse va-
riait les études par la couture qu'elle enseignait aux
jeunes filles; elles en paraissaient enchantées. Au déclin
du jour, lorsqu'on avait trait les vaches, Livingstone se

rendait à la ville, il causait avec ceux qui s'y montraient disposés. Trois fois par semaine il faisait des prières publiques et une instruction générale, il exhibait des tableaux qui facilitaient l'intelligence de sa parole. A ces différentes œuvres il faut ajouter les soins à donner aux malades, et les aliments à distribuer aux pauvres (1). Ainsi, non content de travailler pour subvenir à ses propres besoins, Livingstone travaillait aussi pour les autres, suivant l'exemple et le conseil de saint Paul.

Un double apostolat rayonnait depuis huit ans de cet humble foyer lorsqu'un jour, en l'absence de ses habitants, quatre cents maraudeurs descendirent des monts Magaliesberg. C'étaient les Boers.

Ils pillèrent la maison de Livingstone qui, rentrant chez lui, trouva ses chers livres, compagnons de sa jeunesse, dispersés, déchirés et foulés aux pieds. Quand il revint, Kolobeng était désert. Les Béchuanas, sous la conduite de Séchelé, s'étaient défendus jusqu'au moment où l'ombre du soir leur avait permis de s'enfuir (1852).

D'un côté était le désert *Kalahari*, de l'autre étaient les montagnes forteresses des Boers.

Le *Kalahari* c'était la fuite possible, le refuge ouvert. Livingstone leur préféra de marcher droit à ses cruels persécuteurs, moins soucieux du péril qu'il courait que du salut de ses ennemis et du sort des multitudes qu'ils tenaient asservies. « Croyez-vous, dit-il à leur chef, croyez-vous de votre intérêt que ces infortunés sauvages soient privés pour des siècles encore de l'Évangile ? » Le chef appela quelqu'un pour répondre à l'insolent qui lui parlait de la sorte, et menaça d'une vengeance terrible la peuplade assez audacieuse pour admettre un missionnaire.

____

(1) *Exploration dans l'Afrique australe.*

Soit qu'ils redoutassent la lumière à l'aide de laquelle les esclaves parviendraient à s'affranchir de leur dépendance, soit qu'ils voulussent s'assurer le monopole du commerce avec l'Angleterre, les Boers résolurent de fermer le continent. Livingstone résolut de l'ouvrir et, seul, tint tête à ce peuple placé comme une sentinelle à l'entrée de la barbarie pour empêcher la civilisation de passer...

Il se tourna vers le Kalahari (1852).

IV

LA TERRE DE SERVITUDE

Le Kalahari ou la terre de servitude s'étend depuis la rivière d'Orange jusqu'au lac Ngami et depuis la côte occidentale de l'Afrique jusqu'aux premières pentes des monts Magaliesberg. Au premier aspect cette terre a des séductions pour le voyageur, et, pareille aux sphinx assis à l'entrée du Sahara, la nature invite le passant à sonder son mystère. On voit d'abord, éparses çà et là, les touffes d'une herbe épaisse (1); dans les intervalles de ces touffes, des plantes grimpantes couvrent de leurs guirlandes un sable léger dont les plaines sont unies comme un océan toujours vert. Puis de gigantesques mimosas se dressent un peu au-dessous de l'horizon, et l'on découvre, encore au delà des forêts, noires sous un ciel d'un bleu mat, et qui sollicitent l'étranger à s'engager dans leur profondeur. Il entre, marche quelques heures à travers l'épaisse végétation. Bientôt la soif commence à le brûler, il aperçoit une flaque d'eau qui brille au soleil : il goûte cette eau, et la trouve amère. La soif est le mal de ce pays, il est impossible d'y remédier si on n'en sort pas au plus vite, et comment faire si on a perdu son chemin ? Point de sources, pas d'eaux

(1) *Voyage dans l'Afrique australe*, p. 154. — *Dernier voyage de Livingstone*, trad. de madame Loreau, p. 53, *in fine*.

courantes; çà et là la plaine est coupée par le lit desséché d'anciennes rivières : il ne reste au fond que des cailloux roulés. La pluie tombe, mais le sable absorbe chaque goutte d'eau à mesure qu'elle tombe et la soif du voyageur augmente. Si par hasard il soulève les branches pour s'ouvrir un passage, il s'aperçoit que des serpents d'un bleu ardoise se confondent avec les rameaux; il veut écarter les feuilles, il voit des serpents verts qui se confondent avec les feuilles. Il trouve le *Chosa Bosigo* dont le nom signifie : celui qui rappelle la nuit : « Il est en effet noir comme l'ébène, et, ce qui le rend particulièrement hideux, ce sont des yeux arrondis, convexes, de grandeur disproportionnée, de la même couleur que tout le reste du corps, et lançant un regard terrifiant auquel rien ne ressemble dans la nature (1). » A la nuit tombante, le voyageur entend un grondement qui semble sortir de terre : il a cru d'abord que c'était le cri de l'autruche, mais ce bruit est trop profond, trop sourd pour être autre que le rugissement du lion… Alors, à moins qu'il ne soit Livingstone, il a peur, il comprend qu'il est dans un désert, qu'il foule une terre maudite; il ressent quelque chose de ce qui se passa dans l'âme de Cham alors que la malédiction de Noé retentit sur sa tête.

Si cette terre maudite est habitée, elle ne peut l'être que par les hommes dont parle Job : « De disette et de faim, ils se tiennent à l'écart, fuyant dans les lieux arides, ténébreux, désolés et déserts. Ils coupent les feuilles des arbrisseaux et se nourrissent de la racine des genévriers. Ils sont chassés d'entre les hommes, et on crie après eux comme après un larron. Ils habitent dans le creux des torrents, dans les trous de la terre et

(1) M. Lemue, cité par M. H. Pommier.

des rochers. Ce sont des hommes de néant et sans nom qui sont abaissés plus bas que la terre (1). » Ces hommes s'appellent *Bakalaharis*. Ils n'ont point toujours habité ce désert, où ils sont contraints de vivre à l'état nomade. Ce sont des fugitifs qui sont déchus dans leur fuite d'un état plus avancé dans la civilisation. Ils sont les plus anciens de tous les Béchuanas : ils possédaient autrefois de nombreux troupeaux de l'espèce bovine à grandes cornes mentionnée par Bruce, mais ils furent dépouillés de leurs biens et refoulés dans le désert par une immigration de leur propre race. Ils ont conservé le culte de leurs ancêtres pour les animaux domestiques ; chaque année, leurs jardins subissent la houe, encore que les possesseurs n'aient à espérer pour récompense de leur travail qu'une faible récolte de melons et de citrouilles ; ils élèvent avec soin de petits troupeaux de chèvres, bien qu'ils puisent de l'eau pour eux-mêmes au lit de sources peu profondes avec une coquille d'œuf. Ils labourent leurs plaines sablonneuses et élèvent ces chèvres en souvenir du temps où ils étaient agriculteurs et pasteurs. Ils perpétuent ainsi leur histoire, car leurs vieillards ne sont plus là pour la raconter, ils n'ont pu supporter la soif et les fatigues le jour où les tribus fugitives ont cherché dans le désert un asile. Les enfants ne rient pas et ne jouent pas ; ils endurent la souffrance sans une plainte et méprisent les larmes. Ils ont les membres grêles et le ventre énorme à cause des aliments grossiers dont ils se nourrissent. Les Bakalaharis sont hospitaliers, car dans leurs solitudes il est doux de voir, de recevoir un homme. La nature a donné aux peuples qui par leur état social se rapprochent des premiers âges

____

(1) Job, ch. xxx.

l'instinct de l'hospitalité. Les patriarches savaient que l'humanité devait un jour recevoir un hôte divin et les peuples qui vivent encore à l'état patriarcal en ont comme un pressentiment inné. Approchez-vous d'un village, les habitants s'enfuient : mais prenez patience ; asseyez-vous à l'écart près des huttes, les sauvages vont se rassurer sur vos intentions. En effet, voici qu'une femme s'avance, elle porte un peu d'eau dans un œuf d'autruche et l'offre à l'étranger. Ce verre d'eau n'obtiendra-t-il pas sa récompense du Dieu que cette femme ne connaît pas encore ?

Les Bakalaharis sont entourés d'ennemis. Outre le lion, le léopard, le chat-tigre, la hyène, les serpents, ils ont à craindre la flèche empoisonnée du Bushmen, nomade habitant des mêmes solitudes, et qui dispute à ces conquérants fugitifs le sol où lui-même il est né. Moins avancés en civilisation que les Bakalaharis, mais chasseurs et libres, les Bushmen regardent leurs voisins comme des inférieurs. Les Bakalaharis étant d'une timidité servile (1), il n'est guère de chef voisin qui n'exerce une domination sur ces pauvres gens : s'il parle d'eux c'est pour dire « mes esclaves les Bakalaharis », et comme les chefs voisins sont eux-mêmes les esclaves des Boers, des Cafres et des Matébélès, on peut dire que les Bakalaharis vérifient la malédiction de Noé : « Tu seras *l'esclave des esclaves !* (1) »

Eh bien ! ces esclaves aiment leur patrie. La sagesse qui fit un devoir à l'homme de peupler la terre a mis dans son cœur le patriotisme qui rend facile l'accom-

(1) Les autres sont les Bushmen, les Bassoutos et les Zoulous.
(2) *Lévitique*, ch. xxvi, verset 36. L'un des châtiments de Dieu est l'épouvante. « Je donnerai de l'épouvante à leurs cœurs dans les contrées de leurs ennemis, le bruit d'une feuille qui vole les effrayera, ils tomberont comme si c'était un glaive. »

plissement de ce devoir, et fait que nulle terre n'est sans habitant. Les *Bushmen*, les *Bakalaharis* ne cherchent pas une patrie plus heureuse que la leur. C'est là, dit l'un, que nos pères sont morts. C'est là, dit l'autre, que sont tombés aussi par centaines de mille les *Matébelès* qui nous poursuivaient, c'est là que nous échappons à l'esclavage. Que d'autres appellent notre pays terre de servitude, nous l'appelons, nous, une terre de liberté.

Ce ne sont pas seulement les *Bushmen* et les *Bakalaharis*, ce sont aussi les hommes de génie qui chez les peuples civilisés ont deviné pour quel secret motif la Providence rendait aimable à l'homme un sol infécond : « La patrie, dit l'un d'eux, c'est là où on a des droits, et celui-là qui n'en a point est déjà un exilé (1). » Un autre dit :

> L'homme dont le désert est la vaste cité
> N'a d'ombre que la sienne en son immensité.
> La tyrannie en vain se fatigue à l'y suivre.
> Être seul, c'est régner ; être libre, c'est vivre.
> L'esprit plane au désert, indépendant du lieu ;
> Ici l'homme est plus homme et Dieu même est plus Dieu.
> Moi-même de mon âme y déposant la rouille,
> Je sens que je grandis et que je m'y dépouille,
> Et que mon esprit libre et clair comme les cieux
> Y prend la solitude et la grandeur des lieux (2).

Des hauteurs où cette poésie s'élève, si nous redescendons sur la terre, et sur cette terre sans eau, pareille à l'âme désolée du roi-prophète, nous trouverons encore de quoi faire aimer la solitude et bénir la Providence qui veut que le désert lui-même soit habité par l'homme suivant toute la rigueur du précepte donné à Adam : « Remplissez la terre (3). » Les indigènes frap-

(1) Louis Rambaud.
(2) Lamartine, *Cours de littérature*, 11e entretien, p. 395.
(3) « Crescite et multiplicamini, replete terram et subjicite eam. » *Genèse.*

pent le sol avec une pierre : ils n'obtiennent pas partout le même son, ils creusent et découvrent des racines tuberculeuses formées à devenir à la fois un aliment et un liquide pendant les longues sécheresses (1). L'une de ces plantes offre même ce caractère singulier que, pourvue de racines fibreuses dans son état normal, elle acquiert des tubercules toutes les fois qu'un réservoir lui devient indispensable ; elle a pour fruit un petit concombre écarlate qui peut servir d'aliment. Une autre plante, appelée *leroshua*, dont la tige est un peu moins grande que les plumes d'un corbeau, cache profondément dans le sol un tubercule gros comme la tête d'un enfant et qui renferme un liquide d'une fraîcheur délicieuse. Une autre plante herbacée et rampante produit un cercle de tubercules gros comme la tête d'un homme. Comme ce patriarche qui donnait une cruche pleine d'eau à sa servante Agar, Dieu n'a pas laissé sans quelque secours la partie de la race humaine qui vit dans le désert. Aucun ange ne lui montre de source cachée, mais une providence maternelle pourvoit à sa faim et à sa soif (2). Parfois, au milieu du silence de la nuit et à plusieurs jours de marche avant d'arriver à la fontaine, l'indigène entend retentir une note bruyante et se réjouit plus que l'Européen lorsqu'il entend le rossignol. Le plus agréable des sons est pour l'Africain la voix de la grenouille (3). D'où sort cette voix? on le cherche; on ne peut le

(1) Livingstone, *Voyage dans l'Afrique australe*, p. 50.

(2) « Les indigents et les pauvres cherchent de l'eau, et il n'y en a pas, leur langue s'est desséchée par la soif. Moi, le Seigneur, je ne les abandonnerai pas. » Isaïe, xli, 17.

« Ils suceront les trésors cachés dans les sables. » *Deut.*, xxxiii, 19.

(3) Voir la fable des *Enfants et des Grenouilles*. Ésope était un Africain, voilà pourquoi il témoigne tant de sympathie pour la grenouille.

découvrir: point d'eau près de là; on dirait que cette voix sort de terre. En effet la grenouille est nichée près du foyer nomade comme le grillon auprès du foyer stable et séculaire. Elle fait son trou dans les racines de certains buissons. Elle reste cachée là pendant les mois de sécheresse, et, comme elle sort rarement de sa retraite, une grosse araignée profite du terrier qu'elle a fait pour établir sa toile qui en ferme l'entrée. Elle se trouve ainsi pourvue d'une fenêtre et d'un store. Tout à coup elle élève la voix; elle annonce la bonne nouvelle de la vie matérielle qui va renaître; à ces incantations monotones le ciel s'abaisse et la pluie descend. C'est l'espérance qui la fait chanter. Elle sonne à sa manière la grande fête du désert. Cette fête était naguère célébrée tous les ans, à peine aujourd'hui l'est-elle tous les dix ans, parce que la contrée se dessèche; mais quand vient la fête, le désert, suivant la parole d'Isaïe, *fleurit comme le lis* (1). Les animaux féroces cessent de se livrer, au bord des citernes, à de sanglants combats. Le buffle et le lion oublient leur antique inimitié. Dès que les premiers rayons de soleil argentent la cime des arbres, le roucoulement des tourterelles ouvre un concert universel. La mesure de ce concert est scandée par les formidables coups de bec du pic et du toucan qui cherchent l'insecte sous l'écorce du mimosa. Les geais diversicolores et les étourneaux bleus circulent entre les branches. Mais ce ne sont là que les apprêts du grand festin qu'offre la nature; l'immense plaine unie comme une nappe se couvre des fleurs et des fruits du melon d'eau. La table est servie. Les convives ne se font pas attendre. Voici l'éléphant, la première puissance du désert après

______

(1) Isaïe, chap. xxxv, verset 1er.

l'homme, ensuite le lion qui ne vient qu'au troisième rang; voici les buffles et voici le rhinocéros, le zèbre, le gnou, la girafe, les chacals, les chats-tigres, et même les belettes et les souris..... Enfin le prêtre de la création, l'homme apparaît; seul de ces êtres, il est reconnaissant et pourrait dire :

« O Éternel! que tes œuvres sont en grand nombre : tu les as toutes faites avec sagesse! La terre est pleine de tes richesses. Toutes les créatures tendent vers toi afin que tu leur donnes la pâture en leur temps.

« Quand tu ouvres la main elles sont rassasiées de biens. Caches-tu ta face elles sont troublées, retires-tu ton souffle, elles défaillent et retournent en leur poudre.

« Mais si tu envoies ton esprit, elles sont créées et tu renouvelles la face de la terre (1).

(1) David, ps. civ, 24, 27-30.

V

DÉCOUVERTE DU LAC NGAMI

(1er août 1849)

« Vous ne franchirez jamais le grand désert », disait à son hôte le chef des Béchuanas. — « Je crois, répondit Livingstone, à la parole de Jésus-Christ, il a dit que l'Évangile serait prêché par toute la terre. » Et, joignant l'acte à la croyance, le voyageur partit. En 1849 il s'engagea dans le *Kalahari*. Sa femme, ses jeunes enfants et deux amis de sa famille, MM. Oswell et Murray, entrèrent en même temps que lui dans des hasards que les indigènes n'osaient pas tenter. On fit la rencontre d'un chef de peuplade appelé Sékomi. — « Vous allez à la mort, dit Sékomi, à la mort par la soif. »

Livingstone avança. Il prit la grande route du pays des *Bamangouatos*. Elle n'était autre que le lit d'une rivière desséchée qui jadis coulait du nord au sud. Il atteignit la première fontaine du désert. C'est une source mystérieuse dont on ne voit pas l'eau. On ne l'entend pas murmurer non plus. On voit simplement en un lieu nommé Sérotlé un bouquet d'arbres à fleurs lilas. Pourtant si le voyageur ne trouve pas d'eau dans cette oasis, il lui faudra marcher pendant trois jours avant d'en rencontrer. C'était une perspective peu rassurante : mais Livingstone avait confiance dans ses guides et foi dans la Providence, il creusa le sable : aussitôt apparut une eau souterraine. Elle filtra d'abord goutte à goutte, puis ruissela en répandant autour d'elle une fraîcheur délicieuse, et toute la caravane s'y désaltéra.

On se remit en marche, mais à peine eut-on fait quelques pas que déjà l'on eût en vain cherché le bouquet d'arbres et la fontaine. La lumière que réflétait un sable fin et blanc ne permettait plus de distinguer un buisson d'un autre. La caravane éblouie marchait au milieu de cette lumière comme si elle eût avancé dans les ténèbres : elle marcha de longues heures jusqu'au moment où son guide refusa d'aller plus loin... Hurrah ! cria M. Oswell, et en même temps il lançait en l'air son chapeau. Qu'avait-il vu ? Tout le monde à la fois s'écria comme des naufragés crient : *terre ! terre*, le lac ! le lac ! Il s'agissait du Ngami qu'on avait pris pour but du voyage. En effet les flèches de feu du soleil couchant glissaient sur une mer d'azur, et, comme ces rois amis dont parle le poète, on voyait deux soleils venir au devant l'un de l'autre. Les bœufs altérés se précipitèrent vers l'eau. Livingstone avoue, dans son récit, qu'il avait un secret dépit de n'avoir pas le premier jeté les yeux sur le lac : il le contemplait dans toute sa splendeur, il distinguait l'ondulation des vagues, l'ombre des arbres, les éléphants debout comme des blocs de granit au milieu des flots, il entendait le murmure de la brise dans les bauhinias qui formaient sur le rivage une ceinture verte et sonore...

Une déchirure se fit dans le crépuscule et tout disparut : c'était un mirage. On était à trois cents milles du Ngami. Livingstone voulut se rendre compte de son illusion. Une saline était là. Reste des flots amers qui se sont envolés vers le nuage, la saline est comme le fantôme d'un océan disparu. Pour la science la saline est le résidu calcaire d'un ancien lac salé : elle est une efflorescence composée de nitrate de chaux. Pour la poésie elle est l'image de ce que fut autrefois le continent.

Aux environs de la saline les voyageurs aperçurent un léger mouvement dans les buissons : c'est un lion! cria M. Oswell. C'était une vieille femme. Elle s'était accroupie afin de n'être point capturée; elle se crut prise, et offrit pour sa rançon tout son avoir : quelques pièges fabriqués avec des cordes. On la rassura, on la nourrit, on la combla de verroteries qui réjouirent ses yeux, et elle indiqua la source de *Nchokotsa* (4 juillet 1849). La source était pareille à ces fontaines presque épuisées qu'on trouve en Orient, dans les jardins abandonnés. Un mince filet d'eau prêt à se volatiliser au milieu d'une atmosphère embrasée venait mourir à Nchokotsa ; chose étrange, ce filet d'eau, dernier vestige d'une rivière issue du lac *Ngami*, la *Zouga*, croissait, croissait toujours à mesure que les voyageurs en remontaient le cours, et vainqueur du soleil qui l'avait d'abord absorbé, il s'épanouissait de plus en plus, se rapprochait des rives abandonnées de son ancien lit, les atteignait, reflétant de fraîches forêts dans ses eaux comme pour rappeler à Livingstone la Clyde écossaise et charmer ses yeux, fatigués de lumière, par un mirage de sa patrie.

Les arbres qui croissent sur les rives de la Zouga sont le baobab, qui parfois atteint vingt-trois mètres de circonférence, raccourcit ses bras difformes, comme pour mieux porter le poids des vents qui viennent du désert et dilate une ombre impénétrable au soleil africain; le moshoma, dont les indigènes font des pirogues, le motsouri qui ressemble au cyprès pour la forme, à l'oranger par son feuillage d'un vert sombre semé de petites prunes roses. Il arrive qu'au clair de lune les branches de ces arbres craquent à grand bruit; on voit ondoyer leur cime et paraître au milieu de leur feuillage ténébreux deux cornes d'ivoire : les éléphants viennent boire ainsi toutes les nuits sur les rives méridionales de la Zouga. Ils poussent des cris joyeux en se jetant de l'eau, et pour éviter les trappes, ils s'éloignent lentement en ligne droite. L'antilope des marais anime aussi les bords de la Zouga. Curieuse et vive, elle présente un noble aspect lorsque, debout et la tête levée, elle regarde fixement l'étranger. Ce ne furent pas seulement des arbres et des animaux que Livingstone observa sur les bords de la Zouga; il y trouva les *Bayéyès*. Ce sont les quakers du centre de l'Afrique. Ils ne combattent jamais. Ils vivent au milieu de la Zouga sur des canaux qu'ils creusent dans un tronc d'arbre avec une doloire en fer. Si l'arbre est courbé, la pirogue affecte la même forme. Attiré par les manières pleines de franchise de ces mariniers paisibles, Livingstone alla s'asseoir à bord de leurs canots. Les Bayéyès ont pour ces barques grossières la même affection que l'Arabe pour ses chameaux. Ils y entretiennent le feu nuit et jour; ils y dorment à l'abri des roseaux du rivage et n'ont rien à craindre ni des lions, ni des serpents, ni des hyènes, ni surtout de leurs ennemis. Leur voix sonore peut seule les trahir. Ils chantent des strophes en l'honneur de la Zouga poissonneuse : « La nourriture que « tu places devant les hommes est si abondante que le « messager qui se hâte est forcé de s'arrêter le soir. »

A mesure qu'en avançant vers l'ouest on approchait du Ngami, la rivière allait s'élargissant, et le spectacle devenait plus digne d'intérêt. Après les sables on avait vu paraître les plantes, après les plantes les animaux, après les animaux les hommes; après l'aridité du désert la fraîcheur de la verdure et des eaux, et la Zouga et la nappe lumineuse du Ngami. Elle apparut enfin (1er août 1849), et ce n'était plus un mirage; elle fuyait plus loin que l'horizon; elle était calme, elle paraissait endormie depuis des siècles. De temps en temps des antilopes la traversaient par bonds successifs, et à chaque bond prenaient pied dans l'eau peu profonde. Des roseaux chantaient sur la rive un chant monotone, et s'ouvrant par intervalles, laissaient voir des troncs d'arbres étranges, des squelettes d'animaux inconnus, entassés dans la vase, et qui semblaient apportés par les eaux. En effet, quand arrivait l'automne, les eaux du Ngami, si calme dans les autres saisons, s'enflaient tout à coup, sortaient de leur lit, débordaient sur les roseaux de leur rivage et sur les plaines arides, se déversaient par la Zouga jusqu'aux salines du désert, s'infiltraient dans la terre, alimentaient les fontaines où s'abreuvent les *Bakalaharis*, et devenaient la sève de cette végétation puissante qui couvre, depuis le Ngami jusqu'au fleuve Orange, une terre où l'on ne voit point d'eau. D'où venaient ces puissantes pulsations des eaux qui font déborder le lac à des époques fixes et semblent mesurer de leur rhythme monotone la vie de la nature, comme les pulsations régulières du sang mesurent la vie de l'homme? Livingstone pensa qu'il devait exister au centre de l'Afrique, au lieu d'un désert, comme le pensaient les géographes, un bassin, et peut-être plusieurs bassins sillonnés de grands fleuves; mais au moment où, plein d'enthousiasme, il allait explorer la plaine humide qui s'étend au delà du Ngami, il sentit pour la première fois dans la brise les parfums embaumés, mais dangereux, des marécages où le lotus abonde, et l'idée de la mort, toute enveloppée dans ce parfum, vint pour la première fois visiter son âme.

VI

LA CHANSON DU SOMMEIL

(1850)

Il fallait pénétrer au delà du lac Ngami. Deux fois Livingstone en fut empêché; la première fois ce fut un chef qui lui refusa des canots pour passer la Zouga, la seconde fois ce fut une mouche, la tsetsé, qui piqua ses bœufs et les fit périr. Il ne se découragea point, et content d'avoir sauvé de la fièvre plusieurs compatriotes qui mouraient au bord du lac, il revint au pays des *Béchuanas* (1850). Quelque temps après il s'enfonça pour la quatrième fois dans le Kalahari, emmenant avec lui sa femme et ses jeunes enfants. Il atteignit cette fontaine qui survit aux étangs desséchés, et la laissant à sa droite, à sa gauche mettant le lac Ngami, il s'engagea dans une effroyable contrée : pour unique végétation quelques plantes rabougries s'étiolant sur une épaisse couche de sable. On n'entendait plus le rugissement du lion, ou, si on l'entendait encore, il était affaibli par l'immensité d'une solitude sans écho. Pas un cri d'oiseau, pas un bourdonnement d'insecte, pas un souffle dans l'air embrasé, un silence de mort, rien que le bruit des pas sur le sable brûlant. L'occident ressemblait à l'entrée d'une fournaise. Chobo, un bushman qu'on avait pris pour guide, errait à l'aventure. En vain essayait-on de le faire marcher en ligne droite, il suivait aux quatre points cardinaux la piste de tous les éléphants qui avaient passé là dans la saison des pluies à l'époque de la fête du désert; il revenait ensuite, s'asseyait dans le sentier et disait dans son langage : Pas d'eau, seulement de la terre... Chobo s'endort..., il n'en peut plus... rien que de la terre: et se roulant sur lui-même, il commençait de dormir. Les enfants pleuraient, demandant à boire : un domestique avait gaspillé l'eau. La nuit se passait dans une amère inquiétude. L'aurore parut sans qu'on eût trouvé d'eau. La soif des enfants augmentait, ils n'avaient pas bu depuis cinq jours. Ils allaient mourir sous les yeux de leur père : « J'aurais éprouvé, dit-il, une sorte de soulagement à m'entendre reprocher d'avoir été la cause de leur mort » ; mais pas une plainte n'était proférée par leur mère, dont les yeux remplis de larmes disaient assez l'agonie intérieure (1). Livingstone se rappelait Agar sur qui s'abaissa le regard du grand voyant, et ce peuple errant pour qui l'eau coula du rocher, et s'avouant à lui-même qu'il ne valait pas mieux que ses devanciers, il priait.

Longtemps encore les bœufs bercèrent au roulis de leur dos la souffrance des voyageurs, lorsque la tête de ces animaux, penchée vers le sable, se releva tout à coup comme s'ils eussent flairé dans la brise une fraîcheur émanant des régions humides. Ils se mirent à galoper sans qu'on en sût la cause, et docile à leur instinct, c'est-à-dire à la raison divine qui les dirigeait, Livingstone n'hésita pas à les suivre. A la nuit tombante il aperçut des feux qui semblaient indiquer la

(1) *Exploration dans l'Afrique australe.*

présence de l'homme. Pendant des nuits entières ils étaient entretenus sous les huttes suspendues des Banajoas. La fumée de ces foyers chassait les moustiques qui tourbillonnent aux environs des marais pestilentiels : elle annonçait le voisinage des eaux. Le chef des *Banajoas* conduisit Livingstone, non pas au bord d'un marécage, mais sur les rives du magnifique *Chobé*. Sur la surface tranquille et transparente de cette rivière on vit poindre d'abord, et bientôt s'épanouir au milieu de la pourpre du soir une île de verdure couronnée de fleurs qui dormait sous le regard de Dieu et plongeait très profondément dans les eaux la chevelure pleurante de ses lianes et de ses feuillages. « Il me semble, dit le missionnaire, que j'entends une voix sortir de cette corbeille de verdure. » Non, c'est le chant de la brise qui passe sous les branches du figuier *religieux* (1). Il était impossible de s'y tromper : à mesure qu'on approchait de l'île on percevait de plus en plus distinctement une voix humaine. Elle ressemblait aux chants qu'on entend dans les temples.

> Qui que tu sois, voyageur blanc, mon frère,
> Fils de la terre ou fils du ciel !
> Je suis le conquérant fatigué de la guerre.
> J'ai beaucoup marché sur la terre,
> Me donneras-tu le sommeil ?

Celui qui chantait ainsi était debout sur le rivage : au port majestueux de sa taille, à la distinction de ses traits, aux respects des soldats qui l'entouraient, on reconnaissait un chef ; à la cicatrice qui décorait sa poitrine, on reconnaissait un brave. Il s'appelait *Sébituané ;* il chantait en attendant le missionnaire comme chantait David en attendant le Messie. Supérieur à sa

(1) Le figuier banian porte le nom de figuier religieux.

race, il sentait l'isolement de son pays; il pressentait qu'au delà du continent une race vivait, plus industrieuse, plus morale, plus pacifique que la race noire, et l'idée fixe de sa vie était d'entrer en relation avec les blancs. A peine eut-il appris par la renommée, qui court très rapidement dans le désert, l'arrivée d'un homme blanc, qu'il envoya des présents à trois rois ses vassaux; à l'un, *Sékomi*, il envoya treize vaches brunes; à l'autre, *Léchulatébé*, treize vaches blanches. Le troisième vassal n'était autre que *Séchelé*, il reçut treize vaches noires. *Sébitouané* fit lui-même une centaine de milles au-devant de Livingstone; il l'attendit dans l'île du *Chobé*, il chanta quand il arriva la chanson du sommeil, car le sommeil ou la paix est le souhait des peuples qui n'ont pas encore reçu le pacificateur céleste. Il eut pour Livingstone les prévenances délicates de cette hospitalité qui fut la charité des premiers hommes (1). Il lui offrit le taureau, la jatte de miel, présents des temps homériques, il le confia aux soins de son intendant, lui fit préparer un lit d'herbes nouvelles, et pour le couvrir pendant la nuit il lui donna des peaux de bœufs qui, préparées d'une certaine façon, étaient aussi souples que le drap. Une grande flamme allumée par les indigènes pour réchauffer les voyageurs, écarter les bêtes fauves, attester devant la nature la présence de l'homme, s'éleva dans les ténèbres, et tout le monde s'endormit sans crainte au pétillement de ce feu joyeux.

(1) La Genèse appelle l'hospitalité du même nom que la charité : *misericordia*.

VII

SÉBITOUANÉ

Déjà l'étoile que les Africains appellent traîneur de la nuit, Sirius, déclinait vers l'occident lorsque Livingstone s'éveilla dans un pays nouveau. La nuit avait alors cette douceur balsamique (1) qui rend les matins et les soirs délicieux dans l'Afrique australe. On ne pouvait désirer plus de fraîcheur ni plus de chaleur dans l'air (2). A peine apercevait-on à l'extrémité des herbes longues une perle de rosée où souriait ce que Shakespeare appelle « l'œil gris du matin », et les ombres s'allongeaient en se dégradant insensiblement aux dernières lueurs du feu nocturne qui s'éteignait, lorsque Livingstone vit une forme humaine s'approcher de lui.

Il reconnut Sébitouané.

Le roi des Makololos s'était levé tandis que les hommes de sa suite dormaient encore, pour s'entretenir avec son hôte. Tous deux s'assirent près du foyer (3) dans l'intimité de la nature et de la solitude, et Sébitouané dit :

(1) *Voyage dans l'Afrique australe*, p. 136.
(2) *Ibid.*
(3) *Ibid.*, p. 87.

« Je n'ai point hérité le pouvoir de mes pères, je ne suis point le fils d'un roi, mais, depuis mon enfance, un fugitif, un exilé, le compagnon d'infortune de mes soldats. Je suis né loin d'ici, au pays des *Bassoutos* ; vingt-six ans se sont écoulés depuis que les *Criquas* me chassèrent de Kuruman (1). Je me repliai sur Melita. Là je me croyais à l'abri de toute attaque lorsque je m'aperçus que j'étais entouré d'anthropophages réunis tout exprès pour se repaître de mes soldats. Je prévins l'ennemi, je groupai les femmes et les enfants derrière le rempart vivant des troupeaux, et je culbutai d'un seul élan l'armée des tribus sauvages. Si j'avais cherché la conquête, j'aurais pu m'emparer de leur pays, mais je ne cherchais que la paix, et je reculai jusqu'à Litoubarouba. C'était le temps où les Béchuanas massacraient le père de Séchelé et détrônaient Séchelé lui-même, lorsque tout à coup — sans doute il vous a raconté cette histoire — un prince inconnu, sorti du désert, vint et vainquit les rebelles. Cet inconnu c'était moi, Séchelé me doit son pouvoir. Litoubarouba fut notre résidence commune. Là j'espérais trouver la paix, ou comme nous disons, le sommeil. Les Boers m'assaillirent. Le sable du désert qui but alors le sang de mes soldats, de mes braves *Makololos*, crie vengeance contre ces hommes blancs dont les crimes inconnus peuvent échapper à vos histoires, mais à Dieu, non.

« Plus loin, toujours plus loin ! me disait je ne sais quelle voix intérieure : il me semblait que plus loin je trouverais la paix. Je pris la route où vous avez failli périr, je franchi le Kalahari, au bord du lac Kumadau je fus maître. Léchulatébé devint mon vassal. Si par

(1) Les Criquas envahirent Kuruman vers 1825.

hasard il avait mis obstacle à votre arrivée, son opposition lui coûterait cher.

« Je me croyais en sécurité lorsque les Matébélés vinrent à l'orient et prirent mon bétail. Alors, cerné par le malheur et le désert, je devins comme un lion qui voit se rétrécir autour lui le cercle des chasseurs : je bus dans ma fuite l'eau de la Zouga, relevai fièrement la tête et regardai vers quel point de l'horizon je devais continuer mon voyage à la recherche de la paix. Peut-être, me disais-je, est-il au delà du désert, à l'Orient ou à l'Occident, une race plus humaine qui ait un cœur pour les noirs (1), qui puisse me donner le repos par le respect de ses armes ou de son nom. Peut-être aussi pourrais-je acquérir un canon, cette arme si formidable que nul n'oserait m'attaquer désormais. Je m'enfonçai dans la solitude en me dirigeant vers l'occident. Cette fois la soif me vainquit et non les armes. J'arrivai au bord d'une citerne, je décidai que les hommes boiraient seuls. Je perdis mes bœufs pour la seconde fois, ils s'enfuirent chez les Damaras.

« Je ne pouvais atteindre les blancs à l'occident, peut-être à l'orient seraient-ils plus accessibles. Je fis volte-face, remontai le Théougné jusqu'au mont Sorila, traversai les plaines marécageuses qui séparent le Chobé du Zambèze. Un jour il me fallut traverser ce fleuve. Les Batokas en habitaient les îles. On ne savait ce qui se passait là, nul étranger n'en était revenu. Seulement dans ces îles on voyait, par les temps clairs et les jours de soleil, blanchir quelque chose comme des ossuaires. Les Batokas attiraient les peuplades fugitives. « Venez, disaient-ils, nos canots sont sûrs, nos bras sont nerveux, nous passerons l'eau. » Puis ils

(1) Paroles des sauvages à l'arrivée de Livingstone. *Voyage d'exploration dans l'Afrique australe.*

déposaient leurs passagers sur des îlots écartés, les dépouillaient de tout, les abandonnaient à leur misère ou les décapitaient, et leurs têtes fixées sur des pieux formaient des trophées qui laissaient voir au loin la gloire des Batokas. Ils cherchèrent à m'attirer comme les autres étrangers. Leur chef offrit gracieusement de me faire traverser le Zambèze : j'acceptai. J'exigeai que ce chef vînt s'asseoir dans mon canot et ce ne fut pas dans une île qu'il me conduisit. S'il ne me faisait pas aborder au rivage, il avait tout à craindre, il portait Sébitouané. Je le retins jusqu'à ce que mon peuple et mes troupeaux fussent déposés, sains et saufs, au delà du Zambèze. J'allais continuer vers l'orient mon voyage à la recherche de la paix, lorsque Sénoga le voyant, celui dont nul ne savait la demeure, qui marchait endormi et reparaissait au retour de la lune, couvert de peaux de bêtes et debout devant moi, Sénoga, me fit signe d'arrêter. Il dit :

>   O toi que l'Orient attire,
> Vois-tu cette lueur ? —

« Non, répondis-je.

>   — Eh bien ! moi je la vois.
> Ce n'est pas l'aube encor puisque le jour expire,
> Ni le feu que le pâtre allume dans le bois.
> Roi Sébitouané, fuis cette étrange aurore.

« Or cette lueur n'était autre que le feu des canons portugais : se tournant vers l'occident, le voyant ajouta :

>   . . . . . Au couchant j'aperçois encore
> Une eau vive étoilant l'ombre des rameaux verts.
> Je n'aurai ni cette eau, ni cette ombre en partage.
> Vis heureux ! moi je meurs et j'aurai pour breuvage
> L'eau saumâtre qui dort dans les puits du désert,
> Où le rhinocéros trempe sa barbe blanche....

« Sénoga mourut dans l'année ; je le tenais pour un imposteur et pourtant sa mort me fit impression. Je me remis en marche du côté qu'il avait indiqué. Je trouvai dans l'ouest le pays des *Barotzès*, une vallée majestueusement inondée par le cours supérieur du Lyambie (1) et par ses affluents, féconde et verte lorsque les eaux rentraient dans leur lit. Voilà le spectacle qui s'offrit à moi comme une vision de paix. Je saluai ma patrie : j'y construisis ma demeure et les étables de mes troupeaux.

« J'avais compté sans mes anciens ennemis les Matébélés. Ils accourent, je dépose des chèvres dans une île du Zambèze, je laisse des canots sur le rivage. Attiré par l'appât, l'ennemi se précipite dans l'île, mais déjà les canots, conduits par une main qui m'était dévouée, s'éloignent. Les Matébélés se voient abandonnés dans l'île. Or pas un ne savait nager. D'autres Matébélés arrivent à leur tour, ils sont munis de canots. Ils viennent venger leurs compatriotes. Je les préviens, je descends le fleuve, je les épie, divise leurs forces, enfin les aborde, seul et désarmé, disant : « Vous ai-je attaqués? non. Vous voulez me tuer, le crime est de votre côté. » Il fallait bien que la guerre finît, et elle ne pouvait finir que si l'initiative du désarmement et du pardon venait de l'un ou de l'autre camp. Elle vint du mien. Les Matébélés se dispersèrent à ma voix comme des troupeaux timides. Le châtiment les poursuivit. Ils devinrent la proie des Batokas, et descendant à mon tour chez ces pirates, j'exterminai leur race.

« Vainqueur aujourd'hui de tous mes ennemis, maître au centre de l'Afrique, fortifié par une muraille impénétrable de roseaux, j'attends encore la paix : mais

(1) Le Lyambie s'appelle *Zambèze* ailleurs qu'au pays des Barotzès.

d'où me vient cette bonne fortune qu'un de ceux vers qui je voulais aller vienne à moi dans mes derniers jours et m'apporte enfin le sommeil, qui toujours a fui loin de moi? »

C'était ainsi que Sébitouané avait fait de longs efforts pour se dégager de la ceinture de barbarie qui l'enserrait de toute part, le condamnait à vivre, lui, l'ami de la paix et de la civilisation, au centre d'un continent complètement isolé du reste du monde. Il avait fallu qu'il se résignât à mourir où la nature l'avait fait naître. Il ne fut jamais content de son sort. Toute sa vie il alla et il vint comme un lion captif dans sa cage, et pourtant en Europe on l'eût appelé un homme providentiel. Il n'était qu'un chef de peuplade et cependant il semblait qu'il eût reçu la mission vraiment épique de fonder une patrie. Il accomplit cette mission à travers tous les obstacles, il erra longtemps dans le désert avec les Makololos ses sujets à la recherche de cette patrie. Il l'avait trouvée malsaine, mais paisible, et c'était la paix qu'il voulait. Il avait toujours guerroyé contre son gré, il ne demandait qu'à faire paître ses troupeaux comme le pasteur Abraham ou le pasteur David, à voir rouler en silence au-dessus de sa tête les étoiles de la nuit, à se cacher le jour à l'ombre des forêts, à se nourrir avec simplicité du maïs de ses champs et des fruits acides du mokouri.

Sans le savoir il avait atteint un plus noble but que la stabilité dans la patrie. L'unité de son empire, de la langue Bechuana parlée dans cet empire et enrichie par M. Moffat d'une traduction des Écritures, favorisait l'apostolat chrétien; les Batokas exterminés, l'Afrique centrale n'était plus inabordable et les missionnaires n'étaient plus exposés à décorer de leur crâne un trophée de village. Sébitouané fut peut-être un précurseur. Parfois des conquérants ont eu ce rôle. Lorsque Dieu apparut à Élie sur le mont Horeb, le prophète entendit d'abord mugir un vent violent, et ce n'était pas le Seigneur, puis apparut un feu, et le Seigneur n'était pas le feu, la terre trembla et le Seigneur n'était pas dans le tremblement. Enfin Élie entendit comme un soupir imperceptible de la brise : c'était le Seigneur. Les conquérants qui balayent la terre avec l'impétuosité de la tempête, qui la font trembler et qui la dévorent, ne sont que les précurseurs du Seigneur; mais quand le Seigneur lui-même viendra sur le continent africain ce sera dans la douceur et dans la paix. Il dédaigne la hache de Sébitouané comme il dédaigne le glaive de César et s'insinue plutôt qu'il ne s'impose par l'influence de son esprit et de sa grâce persuasive.

Sébitouané était grand, plus grand même qu'aucun de ses sujets ne le supposait, et pourtant il était simple et bon. Il avait émancipé les fils des vaincus en déclarant que tous les membres de la tribu étaient les enfants du chef. De pauvres gens venaient-ils chez lui d'un lointain pays pour vendre des peaux et des houes, il allait s'asseoir auprès d'eux, quelle que fût leur chétive apparence, il leur demandait s'ils avaient faim, il ordonnait à ses serviteurs d'apporter du miel, de la farine et du lait, y goûtait devant eux pour éloigner tout soupçon de leur esprit et leur faisait faire un bon repas, peut-être pour la première fois depuis qu'ils étaient au monde. Ravis au delà de toute expression de ses manières affables et de sa conduite généreuse, ces étrangers sentaient leur cœur s'émouvoir et s'ouvrir, ils donnaient au chef qui les accueillait ainsi toutes les informations qu'ils avaient pu se procurer, ils chantaient ses louanges et les répandaient au loin. « Il a du cœur et il est sage », disaient-ils en parlant de ce roi qui, en dehors des tours extérieures de Sion, pratiquait la loi naturelle et la morale hospitalière d'Abraham ou de Job, recevait les pauvres à sa table, et, fidèle sans le savoir, appartenait à la société universelle des justes dont la théologie a dit : Ils n'ont tous qu'un cœur et qu'une *âme*, hors de cette *âme* il n'est point de salut.

VIII

SÉPARATIONS

(1851)

Sébitouané s'entretenait encore avec Livingstone lorsqu'une blessure qu'il avait reçue le jour de sa première bataille, à Mélita, se rouvrit. Il comprit que son temps était fini. Des médecins indigènes furent appelés, mais, flatteurs autant qu'ignorants, ils hésitèrent à porter le fer dans la blessure.

Livingstone brava ceux qui pourraient l'accuser de la mort du chef : il prit avec lui Robert, l'aîné de ses fils, et vint voir Sébitouané mourant.

« Approchez, dit le chef, et voyez dans quel état je me trouve. Maintenant tout est fini. »

A ce moment le chrétien déchira pour lui le voile qui cache aux yeux des païens la vie d'outre-tombe.

« O chef, dit-il, c'est maintenant l'heure d'entrer dans votre vraie patrie. C'est là que vous verrez vos aînés de la race blanche, Abraham, un pasteur comme vous et dont le sein s'ouvre à tous les justes, Jacob et Moïse, deux pasteurs, David, qui fit la guerre et qui chanta la paix, Jésus, fils de David, qui m'envoie vers vous et que vous eussiez reçu s'il fût venu dans votre pays. Vous verrez si son hospitalité est aussi large que la vôtre, et tandis que la partie la plus noble de vous-même recevra cette hospitalité divine, votre corps ne sera pas anéanti dans sa maison d'argile, il n'y sera qu'endormi ; il se relèvera auréolé de gloire et c'est en vain qu'on l'aura déposé dans la terre. »

« Que dites-vous? jamais Sébitouané ne sera déposé dans la terre, il est immortel. »

Ainsi parlait un médecin courtisan, mais le chef, sentant qu'il expirait, fit appeler sa femme et montrant le fils du missionnaire :

« Je voudrais, dit-il, qu'on donnât un peu de lait à ce petit enfant. »

Ce fut ainsi qu'il passa de la terre au monde *divin*, avec simplicité.

Roi d'un peuple pasteur, il fut inhumé dans ses étables, et ses bœufs, selon l'usage, piétinèrent sur sa tombe jusqu'à ce qu'elle fût complètement effacée.

Nul aujourd'hui ne sait la place où Sébitouané dort.

Après les funérailles Livingstone écrivit dans son journal :

« Je ne pouvais m'empêcher de songer au sort de Sébitouané dans cet autre monde dont il n'avait entendu parler qu'au moment de quitter celui-ci. JE COMPRENAIS LES SENTIMENTS DE CEUX QUI PRIENT POUR LES MORTS. »

Envoyé comme un ange pour qu'un juste ne mourût point sans connaître le Vrai, Livingstone éprouva près de la tombe de Sébitouané un sentiment tout catholique. Les protestants ne prient point pour les trépassés et cependant, on le voit par cet exemple, à certaines heures solennelles, la sève de l'arbre antique dont ils ont été séparés refleurit en eux.

Sébitouané mort, Sékélétou, son fils, hérita de son pouvoir, et Livingstone de son autorité morale.

Celui-ci se trouvait avec sa femme et ses trois enfants au centre de l'Afrique australe. Le 1er octobre 1851 il écrivit à la Société des missions de Londres une lettre à il entrevoyait la nécessité de la continence cléricale.

« Je sens, disait-il, que je ne pourrai rien entreprendre à moins d'être affranchi de tout soin domestique. Je vais envoyer ma femme et mes enfants en Angleterre : alors je pourrai partir seul et consacrer deux ou trois ans à des contrées nouvelles. Cette séparation me déchirera le cœur, mais je regarde ce sacrifice comme indispensable. »

Il quitta donc, et pour un noble dessein, l'épouse de sa jeunesse. Il reprit le chemin du Cap, revit le désert Kalahari et cette maison ruinée où Mary Moffat avait fait l'apprentissage du dévouement. Elle ne pouvait se refuser à de nouveaux sacrifices. Elle reçut pour mission d'élever le petit Robert, objet de l'attention dernière du bon Sébitouané.

Les adieux se firent au bord de l'Océan, mais ceux-là dont l'infini vivant remplit le cœur sont unis plutôt que séparés par l'immensité. Livingstone devait revoir l'Angleterre au bout de deux ans; la troisième année s'écoula, puis la quatrième, et sa famille n'avait pas encore entendu parler de lui.

Un jour, au centre de l'Afrique, il reçut plusieurs journaux anglais et américains. Au milieu de la poussière des faits quotidiens, il lut qu'un tout jeune homme s'était embarqué pour le Natal. Où allait-il? à la recherche de son père égaré dans les forêts vierges d'un pays inconnu.

Cet enfant échoua dans son entreprise, mais, de retour en Angleterre, il ne se demanda pas longtemps ce qu'il ferait de ses vingt ans. A ce moment une prophétie de Jérémie semblait s'accomplir en Amérique.

Un grand peuple était traité comme le jeune taureau que le sacrificateur divise, parce qu'il avait trop longtemps toléré l'esclavage (1).

Le jeune héros n'avait pu se réunir à son père en Afrique, il résolut de servir une juste cause aux États-Unis. A l'insu de son tuteur, il s'engagea dans les volontaires abolitionnistes du New Hampshire et tomba dans la fleur de sa jeune saison. La gloire de sa mort paya son père de l'avoir perdu (2). Le parfum de sa mémoire arriva jusqu'au voyageur dans les forêts vierges qu'il explorait alors, et Livingstone reconnut Robert.

(1) Voir la *Morale et la loi de l'histoire*, par A. Gratry, chap. sur l'esclavage.
(2) Stanley, *How I have found Livingstone.*

IX

TROISIÈME VOYAGE

Il eût été pittoresque de voir, le 1ᵉʳ juin 1852, une file de chariots traînés par des bœufs passer comme une ligne noire à l'horizon et bientôt s'effacer et se perdre dans les plaines sombres et dénudées de la colonie du Cap (1). La marche tranquille de ces bœufs était en parfaite harmonie avec la patience de celui qui les conduisait, et qui pour la troisième fois marchait au nord, vers le pays où s'était endormi Sébitouané. Livingstone se hâte lentement : il regarde et il écoute.

Il regarde et que voit-il? un continent d'où la vie se retire, avec l'eau que le soleil épuise (2), qui fait penser à la vieillesse de la terre, au temps où les hommes seront comme des feuilles rares sur un figuier (3), où l'histoire sera comme un livre où l'on ne peut plus lire (4). Là tout rappelle une prospérité passée, et ces canaux desséchés qui s'entrelacent (5), et ces margelles de pierre qu'on voit au bord des fontaines taries, et qui sont usées par l'écoulement séculaire des eaux (6).

(1) *Voyage d'exploration dans l'Afrique australe.*
(2) *Ibid.*, p. 127.
(3) *Ibid.*
(4) Isaïe.
(5) *Voyage dans l'Afrique australe.*
(6) *Ibid.*, p. 115.

La vie n'est pas tarie pourtant, elle se recueille dans ses racines, elle s'abreuve aux rivières souterraines. Çà et là des joncs (1) trahissent la présence de ce que le poète appelait :

Omnia sub magna labentia flumina terra (2).

L'œil se repose délicieusement sur une jolie teinte verte mêlée de jaune qui colore après les pluies (3) l'ensemble de la contrée. Cette teinte au point de vue artistique fait l'originalité de l'Afrique australe. On ne la retrouve en Europe qu'aux saisons voisines de l'hiver, quelques minutes après le coucher du soleil, à cette heure pleine de mystère où des peintres comme Flandrin, Henner ou Puvis de Chavanne ont leurs inspirations les plus doucement rêveuses (4).

Livingstone ne regarde pas seulement, il écoute ; il prête l'oreille aux mille bruits des nuits africaines, et tantôt c'est le rugissement du lion dans la tempête (5), tantôt c'est le crépitement d'un vent électrique qui pétille en gerbes d'étincelles aux angles des chariots et couvre de lueurs phosphorescentes les manteaux de fourrures (6). Jérémie l'entendit : il venait du nord (7), il portait en lui la colère du Seigneur et, quand il soufflait, ce n'était pas pour vanner la moisson (8). Tantôt c'est un bruit métallique (9) qui s'échappe des monts

(1) *Voyage d'exploration dans l'Afrique australe.*

(2) Virgile. « L'ensemble harmonieux des fleuves qui coulent au-dessous de la terre immense. »

(3) *Voyage dans l'Afrique australe*, p. 116.

(4) Voir, à Paris, les fresques de Flandrin à l'église Saint-Germain-des-Prés, et les tableaux de Henner et de J. Breton au musée du Luxembourg.

(5) *Voyage dans l'Afrique australe.*

(6) *Ibid.*, p. 126.

(7) Jérémie, chap. iv, verset 11, et *Voyage dans l'Afrique australe*, p. 126.

(8) Jérémie.

(9) *Voyage d'exploration dans l'Afrique australe*, p. 153.

Bakaas à la fin d'une chaude journée. Le Memnon d'Égypte résonnait à l'aurore, mais c'est au crépuscule du soir que ces monts retentissent. A peine le rayonnement de la chaleur au milieu des espaces planétaires a-t-il rafraîchi la nuit, qu'une pierre se détache au milieu du silence, roule au fond de la vallée et forme parfois une grotte à deux issues (1) dont les Bakaus traqués par les Boers ont fait un asile à leur liberté. Ces montagnes sont les Thermopyles du désert : une eau thermale coule de leurs pieds (2). Elles élèvent au-dessus de l'horizon leur tête hexagonale (3), et géants, coulés en lave, portent un cratère au front (4). La nuit encore, et dans le désert, Livingstone entendit je ne sais quel bruit semblable à une plainte, qui vagissait dans les ténèbres; c'était un bruit vague, étrange, indéterminé. On eût dit le bêlement d'une chèvre : aucune chèvre dans le voisinage. Ce qui bêlait ainsi était tout près de lui dans un buisson. Il s'approcha, et que vit-il? Que pensez-vous qu'il aperçut? Les deux yeux fixes et vitreux d'un serpent. Le *serpent du chevreau*, car c'était lui, bêlait de la sorte pour attirer les voyageurs (5). Une autre fois la même solitude fut troublée par un si funèbre cri, que Livingstone, sentant passer la mort, vint, et vit au bord d'une citerne profonde un vieillard à genoux (6). Son enfant noyé surnageait dans la citerne, et lui, sanglotait, dans une terre où l'homme

---

(1) *Voyage d'exploration dans l'Afrique australe.* C'est ainsi qu'Israël attaqué par les Philistins se réfugiait dans les cavernes et dans les montagnes d'Éphraïm. *Rois*, I, chap. xiii, verset 6, et chap. xiv, verset 22.

(2) *Ibid.*

(3) *Ibid.* Ce sont des cristaux de basalte.

(4) *Ibid.*

(5) *Ibid*, p. 146.

(6) *Ibid.*, p. 131.

endurci ne se plaint pas (1). Peut-être que saint François-Xavier, s'il eût passé par là, eût ressuscité l'enfant (2). Livingstone croyait aux miracles (3), mais n'en avait point le don. Modeste voyageur, il continua son chemin, méditant la résurrection des races déchues sur lesquelles le Père universel s'est un jour incliné.

A mesure qu'on avance vers le nord, la vie renaît, la végétation grandit (4) : des arbres nouveaux apparaissent : l'acacia de la girafe, dont le bois fut celui de l'arche de l'alliance (5), le moshomo aux feuilles argentées (6), le figuier de l'Inde avec ses rameaux qui penchent et pleurent et deviennent des rejetons après avoir touché la terre (7), le morala qui porte sur ses branches trois épines opposées et qui préserve de la foudre (8); le rouge bauhinia qui ne répand point d'ombre, ses feuilles se replient pendant la chaleur et ne présentent

(1) *Voyage dans l'Afrique australe.*

(2) Saint François-Xavier put ressusciter un enfant tombé dans un puits dans des circonstances analogues. Un curieux parallèle serait à faire entre la vie de saint François-Xavier où le surnaturel abonde, récompense le plus généreux abandon et dévouement de la nature, et la carrière de Livingstone où la volonté humaine semble donner la mesure de son énergie.

(3) *Dernier voyage*, t. II, p. 262 et 263 : « Certaine philosophie est curieuse! Dieu aurait pour ainsi dire pondu l'œuf universel, et il laisserait au soleil le soin de le couver. Nous pouvons dominer les lois, agir contre elles; mais lui ne le peut pas. Le feu prenant à cette maison la consumerait ; nous pouvons jeter de l'eau et éteindre le feu, nous maîtrisons le feu et l'eau, et celui qui est toute sagesse et toute connaissance n'a pas le même pouvoir! *Il est certainement au-dessus des lois qu'il a édictées.* La civilisation est seulement ce qui a été fait avec les lois naturelles. »

(4) *Voyage dans l'Afrique australe*, p. 177. *Derniers voyages*, p. 169 et 170. Une plante qui n'est qu'une herbe chez les Béchuanas devient dans le nord un arbre de vingt pieds de haut.

(5) *Ibid.*, p. 117.

(6) *Ibid.*, p. 171.

(7) *Ibid.*, p. 177.

(8) *Ibid.*, p. 168.

que leur tranche aux rayons du soleil (1); son bois est si dur qu'il fait éclater comme un coin de fer les rochers où il pousse (2); le gigantesque baobab qui croît au bord des eaux et se développe du dedans en dehors (3); il vit par son écorce et semble inexterminable; aucune blessure ne le tue; coupé, il grandit encore (4), il a vu les premiers siècles de notre ère (5), quelques-uns disent le déluge (6), il ouvre son vaste sein à la caravane qui passe; vingt ou trente hommes y peuvent dormir (7). Ces arbres et d'autres encore animent dé leurs teintes variées un paysage que l'œil de l'Européen n'a pas vu, qui ressemble à l'Eden (8), où quelque civilisation future doit naître, et qui ne s'épanouit pas aujourd'hui pour d'autres que pour les célestes intelligences si, distraites, elles se penchent pour le contempler (9). La vie sous toutes ses formes apparaît dans ce paysage. L'animal y passe en rêvant, le buffle au sombre visage et dont la barbe traînante se mêle à l'herbe épaisse y rencontre le rhinocéros blanc qui se baigne dans les ruisseaux fangeux (10). La girafe, le zèbre, le gnou, vivent en paix dans ce dernier asile de leur antique liberté. Livingstone découvrit ce paysage un dimanche, du haut d'une montagne; ce jour-là, il ferma la Bible devant la nature, cet autre verbe de

(1) *Voyage dans l'Afrique australe*, p. 167.
(2) *Ibid.*, p. 167.
(3) *Voyage dans l'Afrique*, p. 166 et 167. Chacune des feuilles qui composent cette écorce a une vie propre.
(4) *Voyage dans l'Afrique australe*, p. 176 et 177.
(5) *Ibid.*
(6) *Ibid.*
(7) *Ibid.* Parfois aussi le baobab reçoit l'eau du ciel dans ses cavités et sert de citerne.
(8) *Voyage d'exploration sur le Zambéze et ses affluents*, par David et Ch. Livingstone.
(9) Cette pensée est de Livingstone.
(10) *Voyage dans l'Afrique australe*, p. 176.

Dieu (1), et sa pensée, s'élevant d'elle-même vers le monde à venir, crut voir déjà réalisées une de ces scènes admirables qu'il tient en réserve pour nous (2).

Il eut bientôt un autre motif d'élever sa pensée vers la vie future. Il se sentit pour la première fois touché par un invisible ennemi, qui devait le poursuivre dans ses voyages et définitivement causer sa mort. Il ne le reconnut pas d'abord, seulement il fut pris d'une lassitude inaccoutumée : il ne put plus en douter, il était atteint de la fièvre africaine. Les richesses de la terre sont comme la manne d'Israël (3), elles se corrompent lorsqu'on n'en fait aucun emploi; elles engendrent des miasmes et la mort, au lieu des moissons et de la vie (4).

Malgré sa fièvre, au milieu de cette exubérante végétation, Livingstone se sentait dans sa terre promise, l'herbe s'inclinait sous le poids des graines et des fleurs (5), les oiseaux gazouillaient un hymne charmant (6), c'était le printemps, et le disciple de la Bible retrouvait là jusqu'au raisin fabuleux de la terre de Chanaan (7) : il n'osait toucher et croyait voir en un rêve de magnifiques festons de vigne ornés de grappes déjà mûres (8), qui pendaient au-dessus de sa tête, et reliant les branches, décoraient les sentiers de sa conquête d'arcs pacifiques et triomphaux. Mais l'obstacle à la marche du voyageur vient parfois de l'agrément

(1) C'est le verbe extérieur de la théologie. Il ne faut pas le confondre avec le verbe intérieur de Dieu, lequel est éternel, tandis que le ciel et la terre ont eu un commencement et passeront.

(2) *Voyage dans l'Afrique australe,* p. 176.

(3) *Exode,* XVI, 20 et 21.

(4) *Voyage dans l'Afrique australe.*

(5) *Ibid.*

(6) *Ibid.*

(7) *Nombres,* XIV, 24.

(8) *Voyage dans l'Afrique australe,* p. 173.

même des sentiers de la terre. Voici que les herbes grandissent, couvrent les chariots, effraient les bœufs (1), le chemin disparaît sous une épaisse forêt : il faut couper les arbres qui barrent le passage (2); du matin au soir, Livingstone, homme universel, apte au métier de bûcheron comme à tous les autres, manœuvre la cognée (3). Il avance pas à pas. Une herbe étrange et déchirante comme une griffe de panthère écorche les pieds des bœufs et les fait mugir de douleur (4). Nouvel obstacle : les eaux, souterraines dans le Kalahari, sont devenues visibles; elles serpentent en noires fondrières dans les bas-fonds de la forêt. Ce ne sont d'abord que des ruisselets : ces ruisselets grandissent. Les rivières deviennent de plus en plus larges et de plus en plus profondes (5). Les bœufs enfoncent, en traversant les fleuves, dans les trous qu'a creusés dans leur lit le pied des éléphants (6) : ils brisent le chariot. Livingstone et les bushmen qu'il avait pris à sa solde entrent dans l'eau jusqu'à la poitrine, ils travaillent pendant trois heures et demie à dégager leur attelage (7). On rencontre un cours d'eau plus grand que tous les autres, le Sanshureh. Livingstone marcha longtemps dans la rivière au milieu des roseaux, baigné jusqu'à la ceinture, empoisonné par l'hydrogène sulfuré qu'exhalait un lichen flottant à la surface de l'eau dormante (8) : il cherchait un gué. Découragés, les bushmen qui l'accompagnaient s'échappèrent pen-

(1) *Voyage dans l'Afrique australe*, p. 171.
(2) *Ibid.*
(3) *Ibid.*, p. 173.
(4) *Ibid.*
(5) *Ibid.*
(6) *Ibid.*, p. 177.
(7) *Ibid.*
(8) *Ibid.*, p. 178.

dant la nuit (1). Il passa la rivière et marcha tout un jour dans les marais pour atteindre le Chobé (2). Enfin, le soir il fut arrêté par une muraille de roseaux si hauts et si pressés que nul animal n'eût pu la franchir (3). Il put passer au pied de ce mur une première nuit. A l'aurore, il grimpa sur les arbres les plus élevés et découvrit une belle nappe d'eau entourée de tous côtés par les roseaux qui déjà l'avaient arrêté. Comment les franchir? Une herbe particulière, tranchante et dentelée comme une scie, reliée aux roseaux par la tige grimpante des convolvulus, composait avec ces roseaux une masse inextricable, impénétrable, devant laquelle l'homme n'était qu'un pigmée (4). Il pratiqua sans s'en douter ce conseil d'un poète :

S'appuyer sur l'obstacle et s'élancer plus loin (5).

Il s'appuya sur la *palissade* de roseaux, la fit ployer jusqu'à ce qu'il pût monter sur elle et ainsi de suite, gagnant à chaque effort quelques centimètres de terrain : la sueur ruisselait de tous ses membres ; le soleil dardait ses rayons sur la masse compacte, étouffante, des roseaux où l'air ne pénétrait pas (6). Ses jambes étaient mouillées et ensanglantées, il atteignit une île ; il y trouva des ronces : c'était un souvenir de l'Écosse, et cela lui fit reprendre courage, il avait entrevu la patrie. Avant d'arriver à l'eau vive, il fallait encore traverser un massif de palmiers reliés ensemble par un lacis de convolvulus d'une telle résistance qu'il lui fut

(1) *Voyage dans l'Afrique australe.*
(2) *Ibid.*
(3) *Ibid.*
(4) *Ibid.*
(5) Lamartine, *Harmonies poétiques.*
6) *Voyage dans l'Afrique australe.* Il n'est pas un trait de ce récit qui ne soit emprunté à Livingstone.

impossible de le faire céder sous son poids augmenté de ses efforts (1).

C'est ainsi qu'il lutta jusqu'au soir contre les forces de la nature, comme Jacob luttait avec l'ange au bord d'un autre fleuve, le Jourdain, voilé de roseaux (2); et dans l'ardeur même de ce combat contre la nature, il avait assez de sérénité d'âme pour admirer un nid de fauvette. Cette frêle demeure était construite avec un art divin : « J'ai trouvé, dit-il, un nid d'oiseau composé de cinq feuilles vertes cousues ensemble avec des toiles d'araignée. Les fils sont passés dans des trous imperceptibles et roulés de manière à produire l'effet d'un nœud; il est impossible d'imaginer rien de plus délicat, de plus léger que cette barcelonnette aérienne (3). » A l'occasion d'un chef-d'œuvre si gracieux, son âme s'élevait sans effort jusqu'à la main paternelle qui ne l'avait pas conduit si avant dans les cryptes de la nature pour le noyer au port (4). L'espérance d'un éden entrevu, le péril et le mystère ranimaient son énergie dans ces temples aux colonnes de palmiers et de roseaux, où la divinité lui semblait plus familière (5), et l'esprit qui fait crier : Mon père! se réveillait en lui (6). Au crépuscule du soir, il aperçut une cabane déserte que les Bayéyes avaient bâtie sur une fourmilière, alluma du feu pour chasser les moustiques et raconta ainsi la nuit qu'il passa dans la cabane près des roseaux (7) : « Toute la nuit des sons

(1) *Voyage dans l'Afrique australe*, p. 180.
(2) *Genèse*, xxxii, 10, 23, 24.
(3) *Voyage dans l'Afrique australe*, p. 180.
(4) « Si Dieu voulait nous faire mourir, disait la femme de Manué, il ne nous aurait pas montré tant de choses, laissé tant d'espérance. » *Juges*, xiii, 23.
(5) Expression de saint Thomas d'Aquin.
(6) Évangile : *spiritum clamantem : abba pater!*
(7) *Voyage dans l'Afrique australe*, p. 180.

étranges vinrent frapper mes oreilles. J'avais vu, pendant le jour, des serpents aquatiques nager la tête au-dessus de l'eau; j'avais observé de nombreux sentiers qu'en allant chercher du poisson, les loutres, qui abondent dans ces parages, avaient tracés au milieu des grandes herbes : elles les suivaient maintenant, et comme elles, de singuliers oiseaux pénétraient et s'agitaient dans le fourré qui borde la rivière, j'entendais des sons pareils à ceux de la voix humaine, et des voix qui n'avaient rien de terrestre; quelque chose approcha de moi, la rivière fut battue comme par le plongeon d'un hippopotame ou par un canot lancé tout à coup; cela pouvait être celui d'un Makololo (1), je me levai, j'écoutai, je criai à diverses reprises, je déchargeai mon fusil plusieurs fois, mais le bruit que j'avais entendu me répondit seul et continua pendant une heure sans interruption (2). » A l'aurore, Livingstone aperçut une issue qui conduisait au Chobé, il s'embarqua sur un léger canot, rama sur le fleuve depuis midi jusqu'au coucher du soleil : sur les deux rives s'élevait une muraille de roseaux qui cachait l'horizon. Cependant, au crépuscule il atteignit le village de Moremi, un chef dont il avait fait la connaissance lors de sa première visite au pays de Sébitouané (3). Les Makololos, habitants de ce village, le regardèrent comme un revenant : « Il est tombé des nuages et nous arrive sur le dos d'un hippopotame. Nous pensions qu'il était impossible à personne de traverser le Chobé sans que nous en fussions avertis; mais il a volé comme l'oiseau pour venir parmi nous » (23 mai 1853).

(1) Les Makololos étaient les sujets de Sébitouané. C'était encore un peuple de race Bechuana, l'un des congénères des courageux Zoulous.

(2) *Voyage dans l'Afrique australe*, p. 180.

(3) *Ibid.*, p. 181.

X

L'AUTEL

(1855)

Un jour, Livingstone, accompagné de Sékélétou et des Makololos, descendit le cours paisible du Zambèze ou Lyambie, qui coule de l'ouest à l'est au milieu de l'Afrique australe. Dernier survivant des races primitives, doux comme au temps du paradis terrestre, l'éléphant vient boire aux eaux sacrées du Lyambie. « Nul ne sait d'où vient ce fleuve, nul ne sait où il va », chantaient les rameurs, et les roseaux harmonieux accompagnaient leur chant.

Tout à coup, on aperçoit un météore étrange : cinq colonnes de fumée, blanches à la base, noires au sommet, s'élèvent à l'horizon et soutiennent un fronton de nuages. Elles sont bien à dix lieues de distance et proviennent sans doute de l'incendie annuel des pâturages. Pourtant elles sont permanentes et leur caractère étrange excite vivement l'attention des voyageurs.

On approche, on contemple le paysage qui s'embellit sur les deux rives : l'hyphénée et le borassus, le moshomo argenté, le motsouri sombre, le dattier sauvage aux grappes de fruits dorés, croissent sur les collines; au-dessus d'eux, les groupes de palmiers dessinent sur l'azur des hiéroglyphes dont le sens est toujours : loin de ton pays; plus bas et tout au bord du Lyambie, des arbres plongent dans l'eau leurs rejetons pendants qui s'enracinent comme des colonnettes légères et forment au bord des eaux un long cloître où la nacelle passe rapidement. L'ibis religieux, le trogron à la poitrine écarlate, au dos noir, des oiseaux qui ressemblent aux feuilles de corail se parlent en une langue étrangère, des pigeons verts, des ramiers couleur ardoise azurée veloutent par leur roucoulement la voix trop éclatante des autres oiseaux, et de jolies tourterelles, nichées dans des branches qui se penchent sur les eaux, couvent leurs œufs d'un œil calme et doux.

Un grondement se fait entendre : est-ce le tonnerre? Non, le ciel est sans nuages. C'est un bruit sourd, profond, continu. Il couvre le gazouillement des oiseaux; il s'accroît, il fait trembler la terre, il vient du côté des fumées : les rameurs s'écrient : « *Mosi oa tounya!* C'est la fumée qui tonne! »

A ce moment Livingstone se souvint d'une parole de Sébitouané : « Y a-t-il chez vous de la fumée qui tonne? Qu'est-ce qui peut faire sortir de l'eau tant de fumée? la faire sortir sans cesse et la faire monter à une si grande hauteur? » En effet la fumée et le bruit du tonnerre paraissaient sortir du fleuve. La navigation devenait de plus en plus périlleuse. Le pilote dirigeait la manœuvre en silence; il prévenait le timonier lorsqu'il découvrait un rocher. Les rameurs suivaient entre les écueils une route périlleuse et leur énergie maintenait la pirogue dans la seule direction qui fût libre. Ils voulaient aborder dans une île située au milieu du fleuve, au point même où les colonnes de fumée sortaient avec violence et rugissaient. Ils mirent pied à terre dans l'île, et là que virent-ils? Le fleuve entier large de plus d'un kilomètre se versait dans une crevasse et disparaissait : on l'apercevait au loin, à travers la fumée, comme une ligne blanche, et si loin, si loin, disaient les Makololos, qu'ils se sentaient défaillir en le regardant et qu'ils s'éloignaient bien vite en rampant sur la terre.

A l'époque où les eaux se sont retirées de l'Afrique, le basalte qui forme le lit du Zambèze se déchira : dès lors le fleuve eut pour lit un profond abîme qui se replie trois fois sur lui-même. La masse des eaux passe doucement dans ce labyrinthe jusqu'à ce qu'elle s'épanche enfin dans la plaine, mais dans une autre direction.

Tout homme est poète à ses heures ; en présence des grands événements de l'histoire, toute âme émue évoque au fond d'elle-même tout ce qui peut exprimer la majesté du spectacle, et faire à la voix qui sort des choses, ou plutôt à la voix de Dieu, un écho digne d'elle. L'imagination de Livinsgtone peuplée de souvenirs scientifiques crut voir les comètes échevelées se précipiter toutes à la fois dans les abîmes de la nuit. « L'amas neigeux, dit-il en parlant de la nappe d'eau qui tombe, se dissout en des myriades de comètes liquides et bondissantes dont les chevelures ruissellent. Chaque goutte de l'eau du Zambèze paraît jouir d'une sorte d'individualité. Ces gouttes singulières perlent au bout des pagaies, s'en détachent et roulent à la surface du bois ainsi que du mercure sur une table. Dans l'abîme où elles s'agglomèrent nous les voyons former des groupes ayant chacun une traînée vaporeuse d'un blanc pur, et que nous suivons dans leur course jusqu'au moment où ils nous sont cachés par un nuage d'écume. » Pour l'éclat, Livingstone comparait aussi ces comètes aux gerbes d'étincelles qui s'élancent de l'acier brûlant dans l'oxygène.

En se précipitant dans le gouffre, la masse liquide entraîne nécessairement un volume d'air considérable, qui, arrivé à une profondeur inconnue, rebondit chargé d'une masse de vapeur et forme au-dessus de la crevasse cinq colonnes qu'on aperçoit à vingt-cinq milles de distance. Parvenue à trois cents pieds au-dessus du niveau du fleuve, la vapeur se condense, devient fuligineuse et retombe en une pluie fine et perpétuelle sur un massif d'arbres verts situé dans l'île où se tenait Livingstone. «.Une multitude de petits ruisseaux partent des racines de ces arbres et vont se jeter dans le gouffre béant; mais les colonnes de vapeur qu'ils rencontrent dans leur chute les font remonter avec elles et jamais ils n'atteignent le fond de l'abîme où ils se répandent sans cesse. Pas un oiseau ne perche dans le sombre massif où retombe la pluie de ses colonnes (1), pas un n'y chante, pas un n'y fait son nid. Nous avons vu des calaos et des bandes de tisserins noirs passer de la terre ferme dans les îles et retourner à la pointe des caps; mais tous évitaient la région des pluies perpétuelles, où sont les arbres verts. Le soleil même, qui partout ailleurs est si accablant, ne pénètre jamais sous cette voûte ténébreuse. En présence de cette ombre épaisse, de ce déchirement du sol, de ce fleuve qui s'engouffre et rejaillit en fumée, nous comprenons les êtres qui, dans l'enfance du globe, peuplaient l'air, la terre et les eaux : réunion de formes étranges où celle de l'homme n'existait pas. »

C'était au milieu de ces ténèbres que les brigands Batokas venaient, avant que Sébitouané les eût anéantis,

____

(1) *Exploration du Zambèze*, p. 239.

sacrifier à des Dieux redoutés. Un triple arc-en-ciel, décrivant trois quarts de cercle, rayonnait perpétuellement sur la muraille de vapeur, et la peur superstitieuse s'emparait des compagnons de Livingstone.

Lui savait que le malheur des populations africaines est d'être, comme des troupeaux sans pasteur, nomades, errants, à la recherche de la patrie qui toujours fuit, incapables de fonder la maison sur la pierre dans l'indépendance et la stabilité. David, en souvenir du temps où son peuple était voyageur, dit dans un de ses psaumes : « Avant que nos marmites aient senti la flamme de la ronce épineuse, le vent du Seigneur emportera celle-ci tant vive que consumée. » Ce verset de la Bible eût été compris par des Africains. Eh bien, cette île, où nul n'osait aborder si ce n'était pour sacrifier à des dieux terribles, où la pluie et l'ombre étaient perpétuelles, cette île, dit Livingstone, j'en ferai mon jardin. Il y sema des grains de café, des noyaux de pêche et d'abricot, il paya les Makololos pour entretenir ces plantes quand elles seraient grandes. Il voulait éveiller en eux le goût de l'arboriculture. Or une tribu qui fait une plantation s'y intéresse, s'attache au sol où croissent les arbres qu'elle a semés (1). La vie agricole succède à la vie pastorale, la stabilité à l'état nomade, la patrie aux courses errantes.

L'Esprit-Saint lui-même, quand il voulut faire arriver Israël à la stabilité promise, a signalé le rapport entre l'arboriculture et la stabilité des peuples : la métaphore qu'il emploie est des plus scientifiques : « *Ponam locum populo meo Israël et plantabo eum et non turbabitur amplius* (2). Je choisirai la place de mon peuple, et je l'y planterai comme s'il s'agissait d'un arbre. »

(1) *Exploration du Zambèze*, p. 211.
(2) II, *Rois*, VII.

Il faut l'avouer, il est une chose qui fixe les peuples encore plus solidement que la plantation des arbres, c'est l'élévation des temples. « Choisis-moi d'abord pour fonder la colonie, disait Pindare, moi qui habite le temple, » et Dieu promet à la maison de David une éternelle stabilité parce qu'elle a promis de construire un temple. Encore aujourd'hui, qu'une église s'élève au milieu des sauvages, ils renoncent à leurs courses vagabondes, déposent l'arc et les flèches et se réunissent à la mission. Un progrès qu'il eût fallu des siècles pour accomplir se fait en un jour : la propriété, la stabilité commencent pour eux. Les pauvres et les humbles se groupent dans la maison de Dieu, et même au sein de nos cités populeuses on voit encore aujourd'hui des masures s'abriter à l'ombre de la cathédrale et s'appuyer à ses vieux murs; souvenir, parfois disgracieux, d'un âge où l'Église était l'appui des peuples et le fondement de leur stabilité.

Or c'est à *Mosi-oa-tounya* que des missionnaires pourraient fonder ce temple qui fixe les nations; déjà ce lieu semble un autel préparé par Dieu même, au milieu du temple de la nature, pour qu'un prêtre y célèbre un jour le sacrifice éternel et universel, la messe catholique. C'est ici qu'au memento des vivants et des morts, il unirait sa voix au rugissement de la cataracte, et qu'il prêterait, pour adorer, sa parole à l'Afrique, désaccoutumée de la prière. Il visiterait le jardin de Livingstone, il retrouverait écrit sur un arbre le nom du *précurseur*, il goûterait les fruits amers de ses arbres sauvages; il planterait, lui aussi, un arbre dans le verger, et ce serait la croix, il y construirait une modeste chapelle; il serait mieux placé qu'en aucun lieu du monde, au milieu des eaux qui s'engloutissent, pour contempler le cours des choses humaines et leur

éphémère durée; il verrait dans l'iris le symbole biblique de l'espérance chrétienne, la lumière décomposée,
entrevue au milieu de l'ombre décroissante, au-dessus
du déluge qui finit. A l'occasion de cet arc-en-ciel
permanent il s'élèverait encore à la notion de Celui
qui plane dans son immutabilité au-dessus des choses
contingentes qu'il renouvelle sans cesse. A l'heure où
les feux du couchant font ressembler le gouffre à la
bouche de l'enfer ou bien au chaos des époques géné-
siaques, il viendrait chaque jour réciter les psaumes
où il est dit :

MEMOR FUI DIERUM ANTIQUORUM,
IN FACTIS MANUUM TUARUM
MÉDITABAR (1).

(1) « Je me suis souvenu des anciens jours de la création. Je mé-
ditais en présence des merveilleux ouvrages de vos mains. » —
Mosi-oa-tounya n'est pas seulement une des merveilles de la création
terrestre, c'est aussi une situation salubre et très propre à l'établissement d'une station de missionnaires. Il faut en dire autant des
hauts plateaux du Zambèze dans l'Afrique orientale.

DEUXIÈME PARTIE

NOUVELLE SÉRIE D'EXPLORATIONS

(1853-1864)

I

COUP D'ŒIL SUR LES PAYS A EXPLORER

Avant d'entreprendre la première série de ses grandes explorations Livingstone eut à chercher sa voie. Nul endroit n'était mieux fait pour s'orienter que ce plateau central où tonne la chute du Zambèze, et d'où le regard s'étend au loin.

Voici du côté de l'ouest les forêts du Londa. Ici l'air est calme, étouffant, l'ombre épaisse, il n'y a point de vie. Le marécage y dort, et dans ses eaux ferrugineuses l'hippopotame ronfle sans bruit. C'est ici la région des ombres de la mort (1). C'est ici que

(1) « Terre de misère et de ténèbres où règne l'ombre de la mort, et où il n'y a nul ordre, mais où habite une éternelle horreur. » (Job, x.)

l'humanité est morcelée en petites peuplades qui s'ignorent les unes les autres ; elle ressemble au serpent coupé qui se traîne au milieu des fondrières et cherche, en tâtonnant, à réunir ses tronçons dispersés. Un sentiment est commun à toutes ces peuplades, sans les unir pourtant : c'est la peur. On a peur du Matiamvo, un conquérant qui trône à cent lieues de vous, auquel on paye un tribut et qui vend pour un collier de verre toute une peuplade avec son chef ; on a peur du lion et du marchand d'hommes qui rôdent autour des villages, on cache soigneusement la porte de sa cabane, on entoure cette cabane d'une palissade, et pourtant il manque parfois un enfant dans la famille ; on a peur des ombres mystérieuses, on a peur des charmes, des sorciers et de ces simulacres noirs qui se dressent dans les bois au détour du sentier, on a surtout peur des morts, soit qu'ensevelis dans la terre ils reposent la tête sur leurs genoux sous le tertre verdoyant, soit que, exposés sur les branches des arbres, ils exhalent des émanations pestilentielles au milieu des bois. Les vivants se croient tourmentés par eux (1) ; ils soutiennent avec le monde invisible une lutte perpétuelle. Suivant que les nations ont plus ou moins bien mérité de la justice providentielle, la crainte joue un rôle plus ou moins grand dans leur religion ; mais ici ce n'est pas la crainte du Dieu rémunérateur et vengeur, non, c'est la peur des ombres, des fantômes, la peur servile, qui n'est point le commencement de la sagesse, ne fortifie point le caractère et tient les peuples, comme les hommes, dans l'immobilité.

Voici d'un autre côté, sur la côte orientale de l'Afrique, à Quilimané, à Teté, à Senna, près de l'embouchure

____

(1) *Exploration dans l'Afrique australe*, p. 431.

du Zambèze, un peuple d'hommes superstitieux, ivrognes, débauchés, paresseux, indisciplinés outre mesure, tributaires des Zoulous, scandale des peuples enfants qu'ils appellent sauvages, cherchant à s'enrichir le plus vite possible pour aller à Bombay jouir de leur fortune. Triste postérité de Vasco. de Gama, les Portugais ne manifestent en Europe que leur décadence, mais, aux bouches du Zambèze, ils traînent leur décrépitude. Leur œuvre porte un nom : LA TRAITE, et se voit de très loin, comme une rougeur à l'horizon. Bientôt le nègre qui défriche son champ avec une houe de fer sur les hauts plateaux du Zambèze aperçoit une longue traînée de feu, qui suit les contours montagneux et semble ondoyer dans le ciel. « Ce n'est rien, dit-il, l'herbe est haute et mûre : on y met le feu tous les ans. » Mais une muraille ardente avance lentement et sans s'arrêter, et derrière elle marchent les chasseurs d'hommes!

Les flammes approchent avec le bruit d'un torrent. Elles atteignent le village condamné, bondissent à trente pieds de hauteur au milieu des noirs tourbillons d'une épaisse fumée, et les balles des Portugais se mêlent aux charbons ardents qui tombent plus nombreux que les flocons de neige. Où fuir, où se cacher? Les indigènes erraient à l'aventure ou se réfugiaient derrière les saillies des rocs, ou bien dans leurs pirogues au milieu des roseaux, et leurs cadavres entravaient la manœuvre du steamer qui remontait le *Shiré*: souvent ils s'enfermaient dans leur case, enveloppaient leur petit enfant dans une natte, et ne voulaient point, en mourant, s'éloigner des lieux où s'était passée leur enfance.

De leur côté les Portugais étaient fatalement entraînés à un tel gaspillage de vie humaine, qu'à la fin de la chasse il leur restait peu de bénéfice : dix-neuf mille esclaves parvenaient chaque année à la douane de Zanzibar, mais cent soixante et onze mille périssaient avant d'arriver à l'esclavage. A Zanzibar ils étaient empilés comme du bétail sur des navires où ils mouraient en foule ; cependant que dans leur pays le sol était dépeuplé, les bras manquaient, la terre était en friche ; les traitants, incapables de travailler, mouraient de faim au milieu de la solitude qu'ils avaient faite. Incapables de se défendre, ils périssaient égorgés au milieu des révoltes qu'ils avaient provoquées ; en tous cas, punis par leur crime. Ainsi le mal, retombant sur le malfaiteur, est à lui-même sa limite.

Barbarie à l'occident et barbarie — ou si l'on veut, civilisation — à l'orient. On comprend pourquoi nul autel ne fut élevé dans l'île du Jardin. Peut-être les indigènes n'étaient-ils pas mûrs pour l'Évangile, ni les civilisés dignes de le leur porter (1).

(1) Depuis 1864, le Portugal semble se souvenir de ses glorieuses traditions : il envoie une mission dans l'Angola, il soutient Cardozza au Zambèze, fait étudier une ligne de chemins de fer et expédie Sarpa Pinto pour soutenir la reprise de sa vieille politique.

Bulletin de la Société antiesclavagiste, n° 9.

II

PAR QUEL MOYEN LE MISSIONNAIRE ATTEINDRA SON BUT

Entre ces deux barbaries, celle des indigènes et celle des civilisés, l'une à sa gauche et l'autre à sa droite, Livingstone crut qu'il fallait appeler à son aide toutes les forces de la vraie civilisation, et dès lors une seule pensée le domina: celle d'ouvrir l'Afrique au commerce.

Était-ce là l'idée d'un véritable missionnaire? Le commerce a l'intérêt pour mobile; or il y a loin d'un pareil mobile à l'amour des âmes que Jésus poussa jusqu'à sa limite extrême, jusqu'à la mort, et jusqu'à la mort de la croix. Quel intérêt terrestre pourrait déterminer les missionnaires et les martyrs à suivre l'exemple de leur maître?

Il est vrai, le commerce n'a pas un mobile très élevé, mais n'oublions pas que Livingstone était Écossais, il était compatriote d'Adam Smith, aucune des sciences chères à son temps et à son pays ne lui était étrangère, il avait étudié cette science qui suit les faits sociaux jusqu'à leurs conséquences les plus éloignées : l'économie politique.

Cette science enseigne que le commerce a des conséquences plus nobles que son mobile. Est-il rien de plus noble que le christianisme? Eh bien, le commerce rend plus facile l'extension de cette religion.

Comment cela ?

Au moment où Livingstone explorait l'Afrique, l'un des plus grands obstacles à la propagation de l'Évangile était sans contredit la traite des nègres. L'exploitation de l'homme par l'homme donnait un démenti sauvage à tout ce que pouvaient dire ou faire les ouvriers apostoliques.

Or le commerce légitime pouvait tuer le commerce spoliateur. En effet, pourquoi les indigènes livraient-ils ce qu'ils avaient de plus cher, leurs enfants, aux traitants portugais ? C'était pour se couvrir des étoffes éclatantes fabriquées à Manchester. Qu'on leur fournisse à un prix moins odieux l'objet de leur envie ; ils diront aux traitants : « Gardez votre cotonnade, vous la vendez trop cher, nous avons trouvé des vendeurs plus humains que vous, les Anglais; ce ne sont pas des âmes vivantes qu'ils demandent en échange de leurs étoffes, ce sont les produits de notre terre ; retirez-vous, vous qui dépeuplez cette terre féconde, vous qui la stérilisez ! » Grâce au libre commerce, la vente de l'homme deviendrait en Afrique de plus en plus impossible. La valeur de l'homme, sa valeur économique elle-même, irait s'accroissant. En effet, le travail qui crée cette valeur augmenterait. Les indigènes seraient encouragés par les débouchés du monde entier. Une industrie locale, quand le marché du monde s'ouvre devant elle, est comme une étincelle tombant dans l'oxygène, elle rayonne ; elle se développe dans son milieu véritable, l'univers. Nul désormais ne lui prendra ses ouvriers. Quand la valeur du travail est devenue telle, on ne vend plus les travailleurs.

Mais, dira-t-on, les marchands d'esclaves emploieront

la force pour ravir les hommes qu'on ne voudra plus leur vendre. En ce cas ils auraient contre eux non plus une peuplade craintive armée de l'arc et de la lance, mais l'Europe et l'Amérique. Oui, l'Europe et l'Amérique ressentiraient les outrages faits à des peuples qui leur fourniraient les matières premières et qui leur seraient unis par la communauté des intérêts. De leur côté les Africains, s'ils avaient des produits à échanger, se pourvoiraient d'armes à feu et sauraient se défendre eux-mêmes.

Ainsi le commerce légitime ferait disparaître la *traite* en Afrique. Que dis-je, en Afrique ? C'est dans le monde qu'il faudrait dire. L'esclavage florissait naguère aux États-Unis. Livingstone espérait porter à cette ins-titution par delà les mers un coup mortel au moyen de la concurrence, loi providentielle, favorable au bien général, fatale à l'industrie comme au commerce ayant pour base l'iniquité.

On sait que le travail libre est plus productif que le travail esclave. L'une des preuves de la fécondité du travail libre était citée par Livingstone, c'était l'île *Mau-rice*. Dans cette île la terre est d'un prix élevé, aucune récolte ne s'obtient sans fumure, c'est de l'Inde que viennent les travailleurs ; et cependant cette île, ce point imperceptible dans l'Océan, fournit à elle seule au moyen du travail libre le quart du sucre dont la Grande-Bretagne a besoin. En Afrique le sol est sans valeur, il est riche, les bras pour le cultiver se trouvent sur les lieux mêmes. Si le travail libre a produit à l'île Maurice de tels résultats, qu'eussent-ils été en Afrique où la nature faisait tant d'avances au travailleur ? Le travail esclave aux États-Unis n'eût pu soutenir la con-currence des Africains libres. L'institution servile aurait cessé de paraître nécessaire aux yeux mêmes des Américains possesseurs d'esclaves, et peut-être en 1860 des flots de sang n'eussent-ils pas coulé!

La traite étant abolie, la justice étant satisfaite, c'est alors qu'on peut prêcher avec fruit l'Évangile aux nations. Tout cela, grâce au commerce! N'est-il pas vrai de dire qu'il a des conséquences plus nobles que son mobile?

Ce n'est pas tout, l'abolition de la traite n'est qu'un résultat indirect. Le commerce en a d'autres, plus immédiats, aussi grands. N'est-ce pas l'échange qui distribue sur le globe ces dons gratuits dont les nations sont cohéritières, qui fait entendre aux hommes dispersés la solidarité qui les unit? Le commerce n'agit-il pas ainsi dans le même sens que la religion?

Enfin il ne fait pas circuler les produits seulement, il répand au loin les idées. Pourquoi des négociants animés par la charité, autant que par l'intérêt personnel, ne sèmeraient-ils pas sur tous les rivages cette semence qui, tombant dans la bonne terre, devient le grand arbre où les vertus des cieux se reposent!

Les missionnaires catholiques ont accoutumé de voir intervenir en faveur de leur œuvre quelqu'une de ces forces surnaturelles que Dieu tient en réserve pour la propagation de son règne. Livingstone fut réduit aux moyens naturels : il eut recours aux grandes forces économiques, au travail, à la concurrence, au commerce. Il n'en prépara pas moins l'avènement du royaume de Dieu. Saint François-Xavier conquit les Indes par le miracle, Livingstone prépara la conquête de l'Afrique en s'appuyant sur les lois providentielles de la société. C'est par ces deux moyens que le progrès s'opère. Nous sommes les coopérateurs de Dieu, a dit l'apôtre, et tantôt Dieu nous aide par une intervention subite de sa toute-puissance, tantôt par l'évolution naturelle des lois qui gouvernent la nature et l'humanité.

En ouvrant au commerce une voie, Livingstone ne cessa point d'être missionnaire à son point de vue.

J'invoque, disait-il, ce titre de missionnaire dans sa las large acception, et je comprends dans l'œuvre que je désigne chaque effort tenté pour l'amélioration de notre race et pour la propagation des moyens que Dieu a donnés à l'homme, afin de l'amener au glorieux achèvement de sa destinée. Chacun à la place qu'il occupe, soit qu'il le sache, soit qu'il l'ignore, accomplit la volonté du Père qui est aux cieux : l'homme de science, en découvrant les lois cachées dont l'application rapproche les peuples et concourt à leur union comme le télégraphe électrique; le soldat en se battant pour le droit contre la tyrannie; le marin, en arrachant de nombreuses victimes à l'avidité insatiable des trafiquants sans âme ; le commerçant, en faisant circuler les produits et en apprenant aux nations qu'elles dépendent les unes des autres; en un mot, tous ces travailleurs dont l'action, aussi bien que celle du missionnaire, prépare la fin glorieuse pour laquelle toutes les forces ont été distribuées. »

III

DE LYNIANTI A NALIÉLÉ (1)

(Septembre-décembre 1853)

Les ressources pécuniaires de Livingstone n'étaient pas en rapport avec la grandeur de son entreprise. Il recevait chaque année de la Société des missions de Londres deux mille francs, qui ne suffisaient pas à l'affranchir du travail manuel. Heureusement son courage et son caractère lui valaient l'hospitalité d'une race constante et fidèle, industrieuse, simple dans ses mœurs, habile aux exercices du corps, apte au commerce, amie du progrès et qui reconnaissait le missionnaire, sinon pour chef, du moins pour initiateur. C'était la race des *Makololos*.

Les *Makololos* lui commirent le soin et lui fournirent les moyens d'explorer de l'est à l'ouest, puis de l'occident à l'orient, l'Afrique australe. On sait quelles difficultés ont à surmonter les explorateurs français et même anglais, s'ils veulent obtenir du gouvernement la participation la plus légère à des entreprises dont

(1) Capitale des Barotzés. Lynianti est la capitale des Makololos. Elle renferme 7,000 habitants. Les Barotzés sont l'un des peuples conquis par les Makololos. Le 19 décembre 1853, Livingstone arrive à Libouta, la dernière ville qui soit sujette de ces derniers.

l'humanité n'est point désintéressée. Les Makololos firent tous les frais de deux entreprises de cette nature.

La première tentative se fit à travers la terre du Londa que l'ombre des bois et la peur des morts rendaient formidable aux Makololos, alors surtout qu'ils ne sentaient plus derrière eux l'inexorable hache de *Sébitouané* menaçant les fuyards. Sans doute Livingstone eût pu descendre en pirogue, à la faveur du Zambèze, jusqu'à *Quilimané*, situé sur la côte orientale, mais, redoutant une route que les négriers abreuvaient de carnage, il se dirigea vers la côte opposée où Saint-Paul de Loanda s'élève en face de l'Atlantique (1). Bien il s'en trouva, car, à ce moment-là même, une guerre entre les indigènes et les Portugais éclatait sur les bords de l'Océan Indien. Livingstone eût été confondu avec les blancs, c'est-à-dire avec les Portugais esclavagistes, et sa vie n'eût pas été respectée.

L'expédition qui devait aboutir à Saint-Paul de Loanda fut publiquement discutée par les Makololos dans une kotla qui rappelait quelque chose de l'agora des Hellènes aux temps homériques : « Où veut vous conduire cet homme blanc ? Ne voyez-vous pas que c'est à votre perte : déjà ses habits ont une odeur de sang ! »

Ainsi parle un des vieux augures de la tribu.

Sékélétou, fils de *Sébitouané*, chef de tous les *Makololos*, se lève à son tour :

« Quelle récompense attends-tu de tes pronostics, devin sans courage, expert en paroles décourageantes ? Sans doute que la mort, qui ménage ceux qui la bravent, t'atteindra dans ton pays et dans ta hutte avant

____

(1) Capitale de l'Angola.

de frapper ce voyageur blanc. Cesse de le soupçonner, car, entends-le bien, il est un père pour nous, il est un autre *Sébitouané*. »

Il dit, et la majorité de l'assemblée se prononce en faveur de l'explorateur. Vingt-sept hommes sont désignés pour l'accompagner dans l'ouest.

Ils devinrent ainsi les serviteurs d'un maître qui fit servir à leur éducation morale, en même temps qu'à ses voyages, l'autorité pleine d'affection qu'il exerça sur eux.

De leur côté les Makololos s'attachèrent à lui. Un jour, c'était le jour du départ, Livingstone fut saisi du vertige que produit la fièvre africaine, il tomba sur la terre lourdement.

« Dans le cas où vous mourriez, lui dirent ses serviteurs, vos compatriotes ne nous blâmeraient-ils pas de vous avoir permis de nous quitter pour aller dans une contrée malsaine, inconnue et peuplée d'ennemis ?

— Rassurez-vous : je laisse mon journal à votre roi Sékélétou : mes amis liront cet écrit et ne douteront pas des sentiments délicats et dévoués qui furent les vôtres; loin d'en douter, ils chercheront à vous témoigner leur reconnaissance. Pour moi, si je dois mourir, j'espère qu'un ange viendra calmer à l'heure suprême les inquiétudes de mon âme, et que d'un mot, Jésus me donnera la paix éternelle (1). » — Il dit, et aussitôt il écrivit à son frère pour lui recommander sa fille.

Le 11 novembre 1853 il partit de Lynianti. Sékélétou, suivi de cent cinquante hommes, fit à son hôte l'honneur de le reconduire jusqu'à la vallée des Barotzés. Le chef montait un cheval appartenant à Livingstone,

____

(1) *Exploration dans l'intérieur de l'Afrique australe.*

et les amis du chef étaient portés par des bœufs à demi dressés, et n'ayant ni selle ni bride. La caravane, rangée en longue file, suivait les sinuosités du sentier et doublait les monticules en se repliant sur elle-même avec des fantaisies pittoresques. La coiffure des serviteurs flottait au vent : les uns agitaient sur leur tête l'extrémité blanche d'une queue de bœuf, les autres un paquet de plumes d'autruche ou des bonnets faits de la crinière d'un lion. Ils étaient vêtus de tuniques rouges ou d'étoffes bariolées. Les hommes d'un rang inférieur étaient chargés de fardeaux et les premiers de la tribu avaient à la main un petit bâton en corne de rhinocéros.

On arrive dans un village. Toutes les femmes quittent leurs demeures et viennent saluer Sékélétou :

« Grand chef ! grand lion ! donnez-nous le sommeil ! » s'écrient-elles d'une voix perçante qu'elles font trembler par un mouvement rapide imprimé à la langue ; les hommes profèrent les mêmes cris d'une voix plus grave : *Donnez-nous le sommeil.* Le sommeil pour eux, c'est la paix, comme si la guerre était en Afrique la vie éveillée et l'état le plus ordinaire.

Sékélétou, dont Livingstone avait deux fois calmé l'ardeur belliqueuse, apporte à ses tributaires la paix qu'ils désirent. Il reçoit leurs salutations avec une indifférence qui lui semble convenir à son rang. On l'informe des nouvelles du pays. Le chef du village fait bientôt circuler des calebasses de bière et de grandes jarres de lait caillé, dont l'échanson distribue le contenu, suivant son bon plaisir. Un bœuf choisi par Sékélétou est traîné au centre de la kotla. L'un des Makololos le frappe au cœur de sa javeline. Il fait la blessure aussi petite que possible afin d'éviter la perte du sang, car le sang ainsi que les entrailles de la victime sont le salaire de celui qui l'immole. Les côtes forment la part du chef. Les autres parties sont distribuées aux principaux de la tribu. Les domestiques découpent les morceaux en longues tranches qu'ils jettent sur la braise. Quelques instants après, la viande à moitié cuite et brûlante circule rapidement de main en main. Quand tous ont chassé la faim et la soif et que personne en son âme ne peut se plaindre de n'avoir point une juste part des mets, Livingstone invite le roi des Makololos à venir prendre le café avec lui.

« Je sais, lui dit Sékélétou, que votre cœur m'est attaché, car je sens le mien qui s'échauffe en partageant votre nourriture. Le café des Criquas et des marchands qui sont venus me visiter pendant que vous étiez au Cap n'était pas aussi bon que le vôtre parce que c'était mon ivoire, et non pas moi, qu'ils aimaient. »

A ce moment une flottille de trente-trois pirogues s'apprête à descendre le Chobé.

Sékélétou se lève, il va monter dans l'un des canots, lorsqu'il entend derrière lui ces paroles prononcées d'une voix grave :

« Ce sont les aînés qui dans le combat ouvrent l'attaque. »

L'allusion est saisie : tous les jeunes gens, y compris le chef, cèdent la préséance aux anciens et attendent sur la rive que leurs aînés se soient embarqués.

La longue file de rameurs glisse sur le Chobé jusqu'au point où cette rivière entre dans le Zambèze.

Bientôt la flottille remonte ce fleuve, et c'est à Naliélé, ville située sur le cours supérieur du fleuve, que Sékélétou fait ses adieux à Livingstone.

Ce dernier continue de voyager vers l'ouest, et tous les soirs il s'arrête sur la rive. Il y trouve à chaque station de nouveaux sujets d'étonnement et d'observation : tantôt c'est une population qui travaille avec habileté le fer et le bois, tantôt un homme ingénieux qui s'est servi d'une chute du Zambèze pour conduire l'eau dans ses champs, tantôt un roi dont on vénérait la mémoire comme Santourou, tantôt un patriarche appelé Mozinkoua. Ce vieillard est assis au milieu de ses enfants; ils sont noirs, mais beaux, souriants, nés d'une seule mère : leurs demeures sont groupées en cercle autour de la maison paternelle, à l'ombre des figuiers banians dont les rejetons germent sur la terre, et, comme ces rejetons, toute la famille a pris racine autour du père.

IV

DE NALIÉLÉ A LOANDA

(Décembre 1853 — mai 1854)

Le chef des Makololos a voulu que, partout où son ami se présenterait, il fût précédé d'un héraut d'armes. Livingstone entre triomphalement dans les villages. Un ordre le précède partout sur le territoire des Makololos :

« Ne permettez pas que le *naké*, c'est-à-dire le docteur, puisse souffrir de la faim. »

Tous les sujets de Sékélétou savent, comme leur chef, donner avec grâce :

« C'est un morceau de pain que je vous prie d'accepter », disent-ils d'un air affable, en donnant un bœuf.

A ces présents offerts avec tant de politesse les habitants des villages ajoutent du lait, du beurre, d'amples mesures de farine, de la bière, des fruits indigènes, le doux mobolas, l'acide mamosho et les fruits orangés du strychnos, et la fève rouge appelée mosibé.

Livingstone et ses serviteurs remontent le cours supérieur du Zambèze, puis quittent le fleuve, s'engagent dans un affluent de la rive droite, la Liba, enfin cessent de naviguer et suivent les sentiers des forêts du Londa. Partout les Makololos montrent ce qu'ils sont : sur les fleuves d'habiles rameurs, au milieu des bois des compagnons sûrs, toujours des serviteurs dociles, naïfs comme des enfants ; parfois rebelles, mais prompts au repentir ; parfois un peu grossiers et cruels, mais plus souvent dévoués jusqu'à exposer leur vie pour sauver celle de leur chef. Il faut les voir au passage d'une rivière nager autour de Livingstone, se presser contre lui d'une façon si touchante qu'on ne sait lequel est le plus admirable, ou le bon naturel de ces païens, ou le talent qu'a le maître de s'en faire aimer de la sorte.

Leur éducation s'accomplit : ils deviennent doux et bons. Tourmentés par la faim ils se révoltent à la pensée de tuer un âne qui les a longtemps servis. L'âne, disent-ils, l'âne est l'ami de l'homme, son compagnon ; tuer et manger notre âne, c'est comme si l'on tuait, si l'on mangeait l'un de nous.

Ils appellent Livingstone leur père, ils ont pour lui mille prévenances, ils s'ingénient à le décharger des soins matériels, afin qu'il se livre en toute liberté à ses investigations scientifiques.

Chaque soir l'un d'eux dresse la tente du missionnaire, un autre coupe de l'herbe et fait un lit ; un troisième, le héraut d'armes, coupe du bois ; un quatrième allume le feu de la kotla devant la porte de Livingstone. C'est là qu'est la place d'honneur, et chacun prend la situation qui lui appartient d'après le rang qu'il occupe.

Aussitôt que Livingstone est entré dans sa tente, Mashaouana fait son lit devant la porte de cette tente, à la place d'honneur.

Les autres se réunissent par tribus et élèvent de petits hangars autour du feu, en ayant soin de laisser devant le foyer un espace assez grand pour contenir les bêtes à cornes : le feu les rassure, et on fait toujours en sorte qu'elles le puissent apercevoir.

Les hangars sont construits de la manière suivante :

On enfonce dans la terre deux perches solides et fourchues, qu'on incline, et qui en reçoivent une autre placée horizontalement : des branches sont plantées dans la même direction que les deux fourches et attachées à la perche horizontale avec des morceaux d'écorce. Le tout est recouvert de grandes herbes en quantité suffisante pour protéger contre la pluie; en moins d'une heure on a des appentis ouverts du côté du feu et où les animaux sauvages ne peuvent pénétrer. L'aspect de ce camp est pittoresque, il offre une image paisible quand la lune brillante de ces régions caresse de sa lumière les grands bœufs endormis et les hommes couchés sous les hangars (1).

Livingstone jouit rarement de cette paix, car la fièvre africaine ne cesse de le consumer. Il se tourne et se retourne péniblement sous sa tente, tandis que ses compagnons dorment.

Pendant une de ces insomnies et vers minuit (janvier 1854), il voit apparaître à l'entrée de sa tente un personnage mystérieux ; ce n'est point la personne bien connue d'aucun des hommes de son escorte :

« Qui va là? dit-il.

— Étranger, répond l'inconnu, je suis le héraut d'armes de Shinté, chef des Balondas.

— Que me veut-il, ce Shinté?

— Il vous prie de vouloir bien me suivre et de venir, sans plus tarder, vous entretenir avec lui.

— A minuit?

— A minuit. C'est l'heure à laquelle notre chef a coutume de nous recevoir.

— Alors dites-lui que je ne puis m'entretenir avec lui : je déteste les paroles qu'on profère dans l'ombre

(1) *Exploration dans l'Afrique australe*, p. 251.

et les actions qui s'accomplissent dans les ténèbres.

La nuit suivante un nouvel émissaire revint de la part de Shinté. Les serviteurs de Livingstone lui conseillaient de se conformer à l'usage du pays et de ne point manquer à ce rendez-vous nocturne.

« Je ne suis pas un sorcier, dit-il, pas davantage une hyène », et pourtant, au troisième message, il céda.

Shinté, pensa-t-il, aime les ténèbres pour elles-mêmes, sans vouloir en profiter pour accomplir quelque noir dessein.

Le héraut d'armes le conduisit à la hutte de Shinté.

La porte ressemblait à une chattière, il fallut ramper pour entrer. Dans l'intérieur, que trouva-t-il?

Shinté, comme on le suppose. Ce chef avait au cou de nombreux colliers de verroterie qui brillaient dans l'ombre. Ses bras et ses jambes étaient couverts d'anneaux de cuivre et de fer. Il portait sur sa tête une sorte de casque formé de chapelets de verroterie artistement enlacés et dont le sommet était couronné d'une grosse touffe de plumes d'oie.

Un léger bruit se fit entendre.

Il n'était pas seul dans la hutte. Il fit un signe.

Une toute petite fille parut.

« Prenez-la, dit-il, elle est à vous.

— Que dites-vous? répartit Livingstone avec étonnement.

— Je dis qu'elle est à vous : elle vous portera de l'eau : on n'est pas un grand homme si l'on n'a pas un enfant pour cet office et ma coutume est de l'offrir à mes hôtes.

— Mais cette petite est-elle une orpheline ?

— Nullement.

— Alors pourquoi n'irait-elle pas puiser de l'eau pour sa mère? Voudriez-vous par hasard l'arracher à ses parents, leur causer cette cuisante peine pour la livrer à un étranger? Quant à moi, ce n'est point pour me prêter à une telle spoliation que je suis venu. Livrez l'ivoire, le bétail, la cire des abeilles ; recevez en échange d'autres produits : ils seront justement acquis. Vous ne serez point généreux aux dépens d'autrui; mais l'étranger louera votre justice, elle sera connue jusque dans les îles de l'Océan.

— Si vous ne la recevez pas comme esclave, vous pouvez du moins l'adopter : avez-vous des enfants?

— J'en ai quatre, et je serais au désespoir si mon chef me prenait ma petite fille, pour l'envoyer puiser ailleurs qu'aux fontaines de son pays.

— Je comprends, vous la trouvez trop petite. »

Une autre enfant fut amenée : elle avait la tête de plus que la première.

« Tenez, voilà celle qui vous convient.

— Pas davantage.

— Vous ne voulez donc rien accepter de moi ?

— Je ne me refuserais pas à la prendre si je pouvais promettre à ses parents de la conduire dans ma famille, de l'instruire et de la renvoyer libre femme, mais si je la prenais à d'autres conditions, ou plutôt sans conditions, les Balondas (1) indignés diraient : N'est-ce pas là ce grand adversaire de l'esclavage? Il ne s'élevait si fort contre le commerce des hommes que pour mieux nous tromper, pour traîner en esclavage l'une des nôtres.

— Rassurez-vous, les Balondas ne sauraient même pas que vous l'auriez emmenée. Ses parents dorment à cette heure, ils ignorent qu'elle soit ici. Ne la voyant pas revenir, ils diront : Un lion l'a dévorée.

— Peut-être, mais au sein des ténèbres dont vous

____

(1) Habitants des forêts de Londa.

vous enveloppez quelqu'un vous voit, et celui-là s'indignerait. En vain je m'enfoncerais dans ces forêts, un regard me suivrait dans leurs profondeurs ténébreuses, et si je pouvais tromper l'œil d'une mère, je ne pourrais échapper à l'œil de Dieu. »

V

DE NALIÉLÉ A LOANDA

(Janvier-mai 1854)

Livingstone eut une façon ingénieuse d'apprendre à Shinté quelque chose de la vraie religion. Il se servit de la lanterne magique. Le premier tableau représentait le sacrifice d'Abraham. Les personnages étaient aussi grands que nature, et les spectateurs ravis trouvaient que le patriarche ressemblait infiniment plus à un Dieu que toutes les images de terre ou de bois offertes à leur adoration.

« Abraham, dit le missionnaire, était le père d'une race à qui Dieu donna la Bible, et notre Sauveur est né parmi ses descendants. »

Les femmes écoutaient avec un silence respectueux; mais, lorsque la glace où l'image était imprimée vint à remuer, le coutelas qu'Abraham tenait levé sur son fils se mut en se dirigeant de leur côté. Elles supposèrent qu'elles allaient être égorgées à la place d'Isaac et se mirent à crier toutes à la fois : « Ma mère! ma mère! »

Elles s'enfuirent, pêle-mêle en se jetant les unes sur les autres, tombèrent sur les petites huttes qui renfermaient leurs idoles, sur les pieds de tabac, sur tout ce qu'elles rencontraient; il fut impossible de les rassembler de nouveau.

Toutefois Shinté resta bravement assis au milieu de la mêlée et vint ensuite examiner l'instrument.

Qu'on se figure l'impression que dut produire cette lanterne merveilleuse au milieu d'une forêt sombre, sur des imaginations impressionnables, sur des âmes naïves et curieuses comme celle des enfants. Longtemps on s'en souvint après que « l'homme au pâle visage » eût disparu. Ainsi les rayons du soleil, traversant les vitraux des églises, projetaient sur les murailles les images des saints, et les chrétiens du moyen âge regardaient avec un naïf étonnement paraître à l'aurore, passer lentement et disparaître au déclin du jour, ces *beaux fantômes*, images des réalités immortelles. Mais de peur que les habitants des forêts de Londa ne vissent dans l'image autre chose que l'image, Livingstone avait grand soin d'expliquer le mécanisme dont il avait montré les effets.

Les idoles se multipliaient à mesure que les forêts de Londa devenaient plus profondes. Ici c'était un fétiche ressemblant à l'alligator; là c'étaient des visages humains gravés sur l'écorce des arbres et semblables aux effigies qu'on a retrouvées dans les hypogées de l'Égypte. En effet, la civilisation qui s'est éteinte dans les nécropoles de Thèbes ou de Memphis a rayonné jadis sur tout le continent, et luit vaguement encore à l'ombre conservatrice des bois.

Aux branches des arbres, au bord des sentiers pendaient des épis de maïs, des racines de manioc, offrande des pauvres, souvenir des anciens sacrifices. On trouvait, de distance en distance, des monceaux de petits bâtons formés ainsi que les cairns des anciens peuples du Nord. Chaque passant ajoutait sa bûchette et le tumulus s'élevait peu à peu jusqu'à devenir une pyramide. Ailleurs, c'était en travers du sentier quelques baguettes dont chacun se détournait avec respect. Il semblait qu'on cherchât sans cesse à désarmer la colère des êtres invisibles qu'on supposait habiter la forêt.

Cette superstition ne les rendait pas plus scrupuleux. Les *Béchuanas* du sud paraissaient athées, mais ils étaient moins cruels et moins rusés que les habitants des forêts de Londa. Au moment où Livingstone s'établit à Kolobeng, les *Béchuanas* étaient arrivés à cet état de société où, les simulacres tombant en poussière, le ressouvenir de la divinité peut toucher les âmes; tandis que le fétichisme des *Balondas* faisait désespérer chez eux du bon sens et des vérités communes à tous les hommes.

Tout en suivant les circuits des étroits sentiers, les voyageurs éprouvèrent une nouvelle surprise.

Ils rencontrèrent les Chiboques (13 fév. 1854).

Ce n'étaient plus de vains simulacres, c'étaient des ennemis armés de sabres, d'arcs et de lances, qui poussaient de sauvages cris, ricanaient avec des dents limées en pointes et formaient autour des Makololos un cercle menaçant.

Les soldats de Sébitouané n'auraient pas manqué de l'emporter sur de tels agresseurs si Livingstone eût permis que le combat s'engageât. Il se porta lui-même avec un grand calme au-devant des Chiboques, et montrant à leur chef son revolver :

« Il ne tiendrait qu'à moi de vous tuer; mais je ne veux pas tremper mes mains dans le sang de celui qui est homme aussi bien que moi, et je sais que là-haut Dieu me punirait. »

Il dit et lève en même temps la main vers le ciel.

« Moi aussi, dit le chef, je crains de verser le sang,
vous pouvez continuer votre chemin. »

La caravane passa; les Makololos faisaient retentir
les bois de ces paroles qu'ils échangeaient entre eux :
« Si notre père ne nous eût pas arrêtés, quelle brillante
figure nous eussions faite devant l'ennemi ! »

Brusquement la forêt disparut : on passa de l'ombre
à la lumière, et l'on vit s'ouvrir à une profondeur de
quatre cents pieds la luxuriante et féconde vallée du
Quango, dont les rampes sont comme des chaînes de
montagnes.

Livingstone put étudier en cet endroit la formation
géologique du continent, et sa curiosité scientifique
n'eut d'égale que son émotion religieuse en comptant
ces strates superposées qui sont des créations enseve-
lies, des preuves d'amour que le Tout-Puissant a données à la terre avant de lui donner son fils unique.

Le Quango fut franchi et les Makololos descendirent
les plaines qui finissent à Loanda.

« Où allez-vous? leur dirent des marchands d'esclaves.

— Nous allons à la côte pour faire du commerce
avec les blancs.

— Vous ne savez donc pas de quelle façon se fait ce
commerce? Pourrez-vous entrer dans la mer à la nuit
close et prier les hommes blancs qui l'habitent de venir
vous trouver?

— Certainement, et même nous serons enchantés de
faire connaissance avec les hommes-poissons qui habitent l'Océan. »

Saint-Paul de Loanda ne renferme plus aujourd'hui
que 12,000 habitants dont la plupart sont des hommes
de couleur. Vue de la mer, la ville présente un aspect
imposant. Des maisons aux murs clairement peints

brillent au soleil au milieu du vert vigoureux des ombrages, et si l'on pénètre dans la ville on y trouve les témoignages de son ancienne magnificence; on y remarque deux hautes églises : l'une d'elles, bâtie par les Jésuites, est maintenant convertie en atelier, l'enceinte majestueuse de l'autre sert aujourd'hui d'étable à des bœufs.

Il ne se trouvait à Loanda qu'un seul Anglais appelé M. Gabriel, commissaire envoyé pour la suppression de la traite. Il représentait sur la côte occidentale la politique de lord Palmerston, et grâce à lui, les Portugais de Loanda parlaient déjà du trafic des noirs comme d'une chose des temps passés. Il reçut avec cordialité son compatriote épuisé par la fièvre, il lui céda sa chambre, et après avoir couché pendant six mois sur la terre, Livingstone reposa pour la première fois dans un lit.

Cependant les Makololos ne pouvaient rassasier leurs yeux du spectacle de l'Océan ; ils disaient : « Les anciens nous avaient enseigné que le monde n'avait pas de fin. Tout à coup le monde nous dit : je suis fini, il n'y a plus rien de moi. »

Une seule chose les étonnait, ils ne voyaient point la mère de Robert, il fallait encore imaginer une contrée au delà de l'Océan, mais c'était une région lumineuse, enchantée, où le fer travaillé préparait, filait et tissait le coton, où brillaient des diamants, où l'on respirait des parfums, où se trouvaient enfin les plus chères affections de leur bienfaiteur.

« Que cette région diffère, leur disait Livingstone, des forêts obscures que nous avons traversées, où la vie est plate et uniforme, où l'on s'ignore les uns les autres et où l'on étouffe! Que de vie dans les flots du vieil océan, que de lumière et de voix, que de puissance et que d'espace! »

A ce moment les Makololos aperçurent un point blanc à l'horizon ; il grossit en se rapprochant.

« Qu'est cela ? demandèrent-ils.

— C'est un brick de guerre, » répondit Livingstone, et bientôt il reconnut l'un des croiseurs de Sa Majesté britannique.

Le bâtiment entra dans le port sous les yeux des nègres émerveillés.

« Ce n'est pas un canot, disait l'un, c'est une ville.

— Quelle ville, reprenait l'autre, que celle où, pour arriver, on grimpe avec une corde. »

Tous furent admis à visiter le navire.

« Voilà mes compatriotes, dit Livingstone à ses serviteurs en leur montrant les officiers de la marine royale.

— C'est vrai, répondirent les Makololos ; ils vous ressemblent tous. »

Les officiers furent pleins de prévenance pour les amis de leur compatriote, ils voulurent qu'ils tirassent un coup de canon.

« Vous êtes des dieux ! » s'écrièrent les nègres, et leur enthousiasme ne pouvait croître si ce n'est quand Livingstone leur dit :

« Cette puissance qui vous paraît surhumaine est tournée contre les marchands d'hommes, elle n'a d'autre but que de rendre les Africains à leurs forêts natales. »

Livingstone grandit dans leur estime quand ils virent la considération dont il jouissait parmi ses compatriotes. Les officiers le regardaient avec une émotion mêlée de respect : « Cet homme, disaient-ils, revient des forêts humides, des marécages pestilentiels, des lieux où nul Européen n'imprima ses pas, voyez comme la fièvre et les privations l'ont amaigri ! comme sa faiblesse et son dénûment parlent éloquemment en faveur de la justice qu'il a servie ! »

Ils se concertèrent et vinrent le trouver.

« Vous souffrez, Docteur, lui dirent-ils, et jamais, sous cette latitude et ce climat, vous ne guérirez complètement ; la fièvre vous ressaisira et vous enlèvera peut-être, alors qu'aucun d'eux ne pourra vous secourir. Notre conscience ne sera point tranquille si, revenus en Angleterre, on nous demande où nous avons laissé le Dr Livingstone et pourquoi nous ne l'avons pas ramené. Venez, le *Foreunner* est prêt à quitter le rivage. Soyez des nôtres : tous les frais de la traversée nous regardent et ne sont rien à côté du bonheur de nous trouver en votre compagnie et de vous rendre la santé. »

Ils disaient, et en même temps, dans l'âme de Livingstone, les voix tentatrices de la famille et de la patrie murmuraient avec douceur.

Il rentra dans la chambre de M. Gabriel, ferma sur lui la porte, se promena quelque temps d'une fenêtre à l'autre, les yeux fixés tantôt sur la mer, tantôt sur le littoral. Il marchait seul, silencieux, calme en apparence, et pourtant il se passait dans sa conscience un de ces grands drames intérieurs où les puissances de l'âme se dressent les unes contre les autres. Il se demandait qui prendrait soin des Makololos, et s'ils retrouveraient le sentier ; il les revoyait au passage des larges rivières, du Kasai, ou du Kuango, de la Liba ou du Zambèze, il les voyait incapables de conserver la paix avec des peuplades hostiles, il les voyait aux prises avec les Chiboques, ou craintifs, affamés, fugitifs, errants, exposés à tomber dans les pièges des marchands d'hommes, à ne revoir jamais leurs femmes et leurs enfants : et, à ce moment même, il lui semblait que quelqu'un d'invisible lui parlait intérieurement et lui disait : Reste, et retourne au pays de Sékéletou.

Puis un sentiment contraire prévalait en lui. Que me font, pensait-il, ces étrangers? leur dois-je rien et n'ai-je déjà pas assez fait pour eux? Du reste, ils ont la mémoire fidèle, ils retrouveront infailliblement le chemin : si on les menace, ils sont prudents; si on les attaque, ils sont braves. Une providence veillera sur eux. Soudain il s'interrompit, une clarté passa dans son regard et fut l'annonce d'une victoire intérieure, il avait aperçu le devoir et s'était résolu.

Il alla droit à ses caisses, les ouvrit, en tira des cartes, des dépêches, un manuscrit, les porta aux officiers du *Foreunner*, acceptant seulement pour ses papiers l'offre séduisante que ces hommes généreux lui faisaient pour sa personne même : c'était être ennemi de son repos et de son bonheur, et pourtant, s'il eût cédé à l'attrait si légitime qu'exerçaient sur lui sa famille et sa patrie, il ne les eût jamais revus, car plus tard il apprit que le *Foreunner*, avec tout ce qu'il renfermait, personnes et richesses, avait disparu dans les flots.

VI

RETOUR A LYNIANTI ET RETOUR EN ANGLETERRE

(27 Juillet 1855 — 12 septembre 1856)

Livingstone reprit le chemin de Lynianti, il revit les
forêts sombres du Londa, les fraîches vallées du Quango,
du Kasaï, de la Liba, du Lyambie, la vallée Barotzé
semblable à celle du Nil. Il voyageait en paix, suivant
l'expression de ses compagnons, sur la terre de Dieu,
ne faisant aucun mal ni au pays, ni aux jardins, bien
que les petits canons anglais aient six bouches et que
les balles anglaises portassent très loin et frappassent
très fort.

Le 27 juillet 1855, il atteignit la frontière des Makololos. Les femmes accoururent au-devant de lui, en
dansant. Les unes étaient armées d'une natte et d'un
bâton en guise de lance et de bouclier, les autres se
précipitèrent vers lui, couvrirent de baisers les mains et
le visage des amis qu'elles retrouvaient; tandis que les
hommes, assis dans la Kotla, attendaient gravement
l'arrivée de Livingstone, suivant les règles du décorum
africain.

Pitsané prend la parole et fait pendant plus d'une
heure le récit du voyage, qu'il présente sous son plus
heureux aspect. « Nous avons été, dit-il, jusqu'au bout

du monde, et nous ne nous sommes arrêtés que lorsque la terre a manqué sous nos pieds. »

Le jour de l'arrivée est consacré tout entier à remercier Dieu. Les compagnons de Livingstone revêtent leur plus belle parure; ils ont sauvé de la main des voleurs et des souillures du chemin leur habillement complet fait à l'européenne, et qui, d'une blancheur éclatante, produit avec leur bonnet rouge un effet saisissant. Ils font en sorte de marcher comme les soldats qu'ils ont vus à Loanda. Ils s'appellent les *braves*, qualification qu'ils ont trouvée d'eux-mêmes, gardent pendant tout le temps de l'office leur fusil à l'épaule, et s'attirent l'admiration enthousiaste des femmes et des enfants.

Deux bœufs sont offerts aux arrivants; les femmes leur prodiguent le lait, le beurre, la farine. Livingstone s'excuse de n'avoir rien à leur donner en échange, il a dépensé tout ce qu'il possédait.

Les Makololos répondent gracieusement : peu importe; vous nous avez rendu le sommeil et ouvert un sentier.

Livingstone pouvait désormais retourner en Angleterre afin de revoir celle que les Makololos appelaient Ma Robert, la mère de Robert.

Une partie de la tâche qu'il s'était proposée était accomplie. Le commerce était devenu possible entre l'intérieur de l'Afrique et les nations civilisées. Sékéletou s'entendit (1er octobre 1855) avec un arabe nommé Benhabib qui devait conduire une nouvelle caravane à Loanda. « C'est, lui dit-il, afin qu'ils apprennent le commerce que je vous confie mes hommes; c'est vous qui disposerez de tout l'ivoire, ils ne vont là bas que pour regarder et pour entendre. » Il ajouta, parlant aux Makololos :

« Allez sans crainte, nommez le docteur, et adressez-vous à son frère. »

C'était M. Gabriel qu'il voulait dire. Celui-ci vint trouver les arrivants, se fit reconnaître en prononçant le nom des premiers compagnons de Livingstone : les nouveaux venus se groupèrent autour du consul anglais qui fut pour eux, comme il avait été pour leurs devanciers, d'une bonté parfaite.

La vie pure, l'âme secourable du missionnaire avait si pleinement conquis l'esprit et le cœur des Makololos que la peuplade tout entière offrit de se déplacer pour se rapprocher des blancs.

« Je sais, dit Sékélétou, de quel avantage serait pour vous un trafic direct avec la contrée que vous nous avez ouverte. J'estime que nous ferions bien de nous aller établir au milieu des Barotzés; le chemin serait plus court entre nous et Loanda. Mais en quelle société serions-nous chez les Barotzés? Si vous veniez avec nous, je partirais demain sans rien craindre; toutefois, lorsque vous reviendrez du pays des blancs où vous allez chercher Ma Robert, vous me trouverez à votre retour à la place que vous m'aurez choisie (1). »

Le missionnaire ne pouvait désirer un abandon plus complet à sa volonté, une plus claire intelligence de sa pensée.

Trois mois (du 27 juillet au 3 novembre 1855) furent consacrés à déposer dans cette chère tribu ces germes d'amour pour Dieu, qui durent plus longtemps que le baobab au milieu des forêts, et que retrouve après des siècles l'apôtre qui s'aventure sous les mêmes ombrages, portant le même Dieu.

Ces germes sacrés, les Makololos devaient du moins

(1) *Exploration dans l'Afrique australe*, p. 500.

les garder jusqu'à la mort. A ce moment, nonchalante de l'avenir, heureuse du retour de son ami, la peuplade ne songe qu'à faire éclater son allégresse : le soir on danse au clair de lune jusqu'à minuit passé, les femmes entourent les danseurs en frappant dans leurs mains, et les vieillards les contemplent avec admiration (1).

Le 3 novembre 1855, Livingstone exprima le désir de gagner la côte orientale. Il voulait, si des peuples ennemis ou les rapides du Zambèze ne s'opposaient pas à ses démarches, descendre le grand fleuve en passant par les villes portugaises de Tôté et de Seuna jusqu'au village de Quilimané (2) qui, du haut de la côte limoneuse, regarde s'entrechoquer avec une rumeur perpétuelle les flots du Zambèze et ceux de l'Océan Indien. Sékélétou fit lui-même les préparatifs du départ. Il rassembla le beurre et le miel, et les bœufs, les houes même et les grains de verre, afin que son hôte pût acheter un canot, à Mosi-oa-Tounya, quand il serait au delà de la grande cataracte. Deux cents Makololos vont escorter l'homme blanc et l'aider à franchir la terre hostile des Batokas. Ceux qui n'ont pas été à Loanda, sur la côte occidentale, le veulent accompagner à la côte orientale : « Nous voulons nous aussi, disent-ils, être des anciens, nous voulons avoir aussi des choses merveilleuses à raconter, et revenir couverts de gloire comme les braves qui sont allés avec vous. »

Sékélétou lui-même se fait un devoir de conduire son ami jusqu'à la cataracte. On part; le moment de la séparation est solennel, c'est le milieu de la nuit (3),

(1) *Exploration dans l'Afrique australe*, p. 507.
(2) Ville bâtie en Afrique à l'extrémité d'une des branches, la moins connue du Zambèze et dans le but de faire clandestinement la traite des nègres : là passent tous les ans 19,000 esclaves !
(3) Pour préserver les bœufs de la piqûre de la mouche tsetsé.

l'orage gronde, l'éclair forme sur le ciel noir des branches pareilles à celles d'un arbre, et, à la lueur de ses feux diversicolores, on voit les colonnes de fumée qui s'échappent du gouffre où le Zambèze se verse et s'engloutit. Mosi-oa-Tounya ! centre de l'Afrique australe, lieu terrible, où la nature est grandiose, l'homme cruel, où sous les bois, dans les îles, on voit blanchir des ossuaires, où la réalité semble égaler le puissant rêve de Lamennais (1) :

« Le tyran croyait être en une plaine immense, et cette plaine était un cimetière, le cimetière d'un peuple égorgé.

« Et tout à coup voilà que la terre s'émeut, les tombes s'ouvrent, les morts se lèvent et s'avancent en foule : et il ne pouvait ni faire un mouvement ni pousser un cri.

« Et tous ces morts, hommes, femmes, enfants, se regardaient en silence : et après un peu de temps, dans le même silence, ils prirent les pierres des tombes et les posèrent autour de lui.

« Il en eut d'abord jusqu'aux genoux, puis jusqu'à la poitrine, puis jusqu'à la bouche, et il tendait avec effort les muscles de son cou pour respirer une fois de plus ; et l'édifice montait toujours, et, lorsqu'il fut achevé, le faîte se perdait dans une nuée sombre. »

Tout autour du grand abîme, où disparaît le Zambèze, s'étend une vaste plaine, et cette plaine est un cimetière d'un peuple égorgé.

Là fut massacré par les Batokas le peuple des Matébélés. La terre ne s'émeut pas si ce n'est du bruit de la cataracte, les tombes ne s'ouvrent pas, le peuple, hommes, femmes, enfants, ne se lève pas, mais leurs

____

(1) *Paroles d'un croyant.*

farouches exterminateurs ont pris soin de les exhumer et d'ériger leurs crânes en un trophée. Ces crânes d'hommes, de femmes, d'enfants, forment avec les têtes décharnées des hippopotames, avec les défenses des éléphants dont l'ivoire blanchi tombe en poussière, je ne sais quelle fantasmagorie d'un caractère tout africain, et si effrayant que le tyran lui-même ne doit pas faire de plus sombre rêve. Il dort là, sous l'ivoire de sa tombe où gît une couronne monstrueuse formée de soixante-dix défenses pareilles aux cornes dont parle l'Apocalypse. Il est maintenant ce que sont devenus Cambyse, Sennacherib et Teglathphalasar ; son empire est ce qu'est le leur : puissants empires, forces qu'a détruits la force, flots qu'ont submergés d'autres flots : le voyageur passe et tout cela n'est plus (1).

Ce fut dans ce lieu terrible où s'élevait autrefois l'un de ces empires, où tonne la cataracte de Mosi-oa-Tounya, où le grand justicier Sébitouané vainquit et punit les Batokas, que Livingstone prit congé du fils de Sébitouané (20 novembre 1855).

Jusqu'au jour de l'adieu, Sékélétou fut ingénieux à prévenir les moindres besoins du missionnaire : pendant l'orage qui semblait annoncer de sa voix émue leur dernière séparation, le chef des Makolotos détacha son manteau, l'étendit sur son hôte endormi et n'eut plus rien pour se couvrir lui-même.

« Je suis profondément touché, écrivit Livingstone sur son journal (3 novembre 1855), de cet acte de généreuse bonté. Il serait bien dommage que la civilisation dût anéantir de pareils hommes, ainsi qu'on a vu disparaître certaines races d'animaux à l'approche d'espèces nouvelles destinées à les remplacer. Que Dieu

____

(1) Voir : *Le Zambèze et ses affluents*, trad. Loreau, p. 185.

permette au moins, si pareille époque doit venir, qu'ils aient reçu l'Évangile afin que leur âme soit consolée à leurs derniers moments (1). »

Le 18 décembre 1855, Livingstone passa le Kafoué; le 14 janvier 1856, la Loangoua; ce sont les principaux affluents du Zambèze sur sa rive gauche. Les deux peuples dont le missionnaire redoutait l'hostilité, les Batokas et les Portugais esclavagistes, étaient, les premiers, affaiblis par une récente invasion, les seconds, condamnés à l'innocuité par un traité de paix. Le voyage, entrepris au moment le plus favorable à son accomplissement, s'effectua promptement. Après Sébitouané, après Pingola, après tant de conquérants armés, ce conquérant pacifique trouva les populations disposées à le recevoir, cherchant à réparer par l'agriculture et le commerce les maux qui leur avaient été légués par de longues guerres, humiliées, souffrantes et préparées au christianisme. Les habitants des villages accouraient à sa rencontre et battaient des mains, les femmes le saluaient en murmurant un chant monotone et doux.

« Il serait bon, disait l'une d'elles, de pouvoir dormir enfin sans rêver de quelqu'un qui vous poursuit avec une lance. — Nous sommes fatigués de fuir, s'écriaient les infortunées victimes des invasions, donnez-nous le sommeil. » Elles exprimaient au missionnaire la joie qu'elles éprouvaient des paroles de Jésus-Christ : *Paix sur la terre aux hommes de bonne volonté.*

Quand Livingstone approcha des possessions portugaises, deux vieillards vinrent le trouver et lui dirent avec une surprise mêlée de tristesse : « Vous êtes donc de cette tribu qui a un cœur pour les noirs ? » Les es-

____

(1) *Voyage dans l'Afrique australe*, p. 511 et suivantes.

claves de Teté dirent à leurs maîtres : « C'est notre frère qui approche ; nous vous quitterons tous pour aller à lui. »

Il parvint à Teté le 1er avril 1856, à Senna le 20, et le 2 mai à Quilimané. Il avait voyagé du Cap à Lynianti, de Lynianti à Saint-Paul de Loanda, de Saint-Paul de Loanda à Lynianti, enfin à Quilimané ; aux trois extrémités de cette croix qu'il avait involontairement tracée comme un signe mystérieux sur le vieux continent, la Providence avait sauvé sa vie. Au sud, il devait périr victime des Boers ; à l'ouest, être englouti dans le naufrage du *Forerunner* ; à l'est, être confondu avec les blancs et tué par les indigènes, mais cette Providence adorable qui fait suivre les moindres actes humains de conséquences dont elle a le secret voulut que son ami n'habitât plus Colobeng quand les Boers vinrent y porter le pillage et la mort, qu'il ait repris le chemin de Lynianti au moment du naufrage du *Forerunner*, enfin qu'au moment où la guerre esclavagiste sévissait à Teté, il voyageât sous les forêts de Londa pour se rendre à la côte occidentale.

A Quilimané les Makololos insistèrent tous pour l'accompagner en Angleterre. Il eut beaucoup de peine à leur faire entendre qu'il ne les pouvait emmener. Ce ne fut pas sans regret qu'il se vit obligé de résister aux prières du dernier qui l'eût suivi jusqu'à la côte. « Vous ne pouvez m'accompagner, lui disait-il, le froid qu'il fait dans mon pays vous tuerait. — Cela m'est égal, répétait le Makololo, laissez-moi mourir à vos pieds. »

Celui qui parlait de la sorte s'appelait Sécouébou. C'était un homme aussi prudent que bon. Il possédait les dialectes des tribus que Livingstone avait rencontrées sur son passage. Il eût été difficile sans lui d'atteindre la côte. Pour récompenser ses services Livingstone consentit à l'emmener : hélas ! il eut bientôt sujet de s'en repentir.

Le pauvre nègre était habitué seulement à manier les pirogues sur les flots tranquilles du Lyambie étoilé de lotus. Quand il vit la mer ouvrir, en mugissant, sa gueule énorme, menaçant d'engloutir le frêle esquif qui le conduisait au navire, le vertige de l'abîme emporta sa raison.

A bord, il se calma, mais il s'imaginait être au pays des blancs. « Vos compatriotes, disait-il à Livingstone, sont extrêmement aimables... Mais quel pays est le vôtre ! de l'eau, toujours de l'eau... » Il regardait tout autour de lui et ne voyait rien que l'espace et des flots, des flots à l'infini... Le vertige alors le reprit, il menaça les matelots de sa lance, lui-même il voulut mourir : il s'enfuit à l'arrière en s'écriant : « Laissez-moi ! je dois mourir seul ! vous ne devez pas mourir vous ! ne venez pas, ou je vais me jeter à l'eau ! »

Livingstone lui dit : « Sécouébou, viens, nous allons retrouver Ma Robert. » Ces mots allèrent à son cœur : « Ah oui, dit-il, — où est Robert ? »

Livingstone ne voulait pas le mettre aux fers, de peur que, plus tard, il se souvînt de ses chaînes.

Sécouébou redevint furieux : attiré par l'abîme, il s'y précipita.

Tandis que Livingstone se rapproche de l'Angleterre, en Afrique les peuples gardent pieusement sa mémoire partout où il a passé faisant le bien. Une reine des rives du Zambèze, Ma-Mbourouma, a vu son fils tué par les chasseurs d'hommes. Elle pleure et ne veut point être consolée, elle ne peut plus habiter au milieu des siens, tant son cœur souffre; elle s'est enfuie de son village. Elle demande aux traitants noirs dont les canots remontent le Zambèze, s'ils n'ont pas de nou-

velles de l'homme blanc qui a passé avec des bœufs:
« Il est tombé dans la mer, lui répondent-ils, mais nous
appartenons à la même race. » — « Oh non, reprend la
femme, inutile de me dire cela, il ne prend pas d'esclaves et désire la paix. Vous n'êtes pas de sa tribu (1). »

(1) *Exploration du Zambèze*, p. 101.

VII

L'ENTREPRISE DU MAGOMERO

(6 août 1861)

Le 20 décembre 1856 Livingstone salua sa chère et vieille Angleterre. Il dit publiquement devant ses compatriotes l'influence civilisatrice des relations commerciales et les espérances qu'il fondait sur elles : le gouvernement ne repoussa point ses ouvertures ; une nouvelle expédition fut décidée : elle eut pour but d'explorer le Zambèze et ses affluents. Le ministère en faisait les frais ; Livingstone en était le chef.

Le voyageur partit (11 mai 1858), retrouva les Makololos qu'il avait laissés à Telé (8 décembre 1858), remonta le Zambèze, mais dut s'arrêter à Kebrabasa où l'eau tourbillonne entre les rochers (janvier 1859).

Il revint alors sur ses pas pour explorer le Shiré qui, sorti du lac Nyassa, vient se mêler au Zambèze, sur la rive gauche, à trente lieues de l'embouchure de ce fleuve.

Malgré les obstacles de tout genre dont le plus sérieux était la traite, il découvrit la source du Shiré : le Nyassa aux eaux tempêtueuses (1). Une population de pê-

(1) 19 septembre 1859.

cheurs se presse sur les rives escarpées de ce grand lac pour voir glisser, sur les eaux d'un azur sombre, la blanche voile de l'étranger. Des femmes, leurs bébés sur le dos, pêchent à la ligne du haut des rochers, tandis que, pareilles à des navettes infatigables, des pirogues sans voiles vont et viennent sur les eaux du Nyassa.

Quand il eut exploré le contour de cette mer intérieure et compris de quel intérêt il serait de l'ouvrir au commerce légitime, Livingstone, le 4 février 1861, revint accompagné d'un évêque anglican, envoyé d'Oxford pour s'établir non loin du lac, sur les hauts plateaux.

M. Makensie, c'était le nom de cet évêque, se proposait de faire poindre à l'orient de l'Afrique l'aurore de jours meilleurs. Il avait une âme aimante et un cœur large. Il se demandait avec inquiétude si, parmi les indigènes, il trouverait les éléments d'une famille chrétienne, lorsqu'une aventure inespérée lui fit quitter ce souci.

Livingstone, nous l'avons vu, ne se proposait pas de fonder une mission locale; les Boers à Colobeng, les fièvres à Lynianti l'en avaient empêché; il voulait exercer une action plus large, sinon plus efficace, au moyen du commerce. Cependant il se fit un devoir et fut heureux de conduire M. Makensie et ses auxiliaires sur les hauts plateaux voisins du Nyassa et d'où coulent vers le Shiré plusieurs petits affluents.

L'expédition partit de Teté et laissa imprudemment dans cette ville une grande partie de ses bagages.

La route se fit d'abord par eau, sur le Shiré, ensuite par terre, au milieu des tribus complices du rapt des nègres.

Les milles succédaient aux milles et partout les vesliges des Portugais témoignaient de la cruauté de l'homme pour l'homme.

Un petit piège amorcé avec une souris et destiné à prendre la genette était d'ordinaire le premier symptôme auquel les voyageurs reconnaissaient l'approche d'un village. Le chant du coq, le bruit du pilon à farine, ou les cris joyeux des enfants leur apprenaient que les cases étaient à une distance de quelques pas.

Les villages *Manjanjas* sont entourés d'un rempart d'euphorbe vénéneux, impénétrable aux flèches comme à l'incendie : à l'entrée s'élèvent de grands arbres : c'est à leur ombre que l'étranger assis sur une natte de roseaux reçoit les présents de l'hospitalité : une chèvre, une volaille, un panier de farine.

Les *missionnaires* étaient parvenus à l'un de ces villages situé sur le versant d'une colline, près d'une petite rivière appelée le Magomero, lorsqu'ils entendirent distinctement au fond des bois le son triste du cor.

Il précédait la troupe enchaînée des esclaves qui quittaient la patrie pour ne la plus revoir, l'oublier peut-être, sous un joug abrutissant.

Il roulait au loin sous les bois, et de plus en plus rauque et sauvage, il se rapprochait.

« Quel est ce bruit? dit M. Makensie.

— Ce sont des esclaves, répondit Livingstone.

— Où vont-ils?

— A Teté.

— A qui sont-ils destinés?

— Au gouverneur.

— Au gouverneur !

— Oui, cela vous inquiète, mylord évêque !

— Sans doute : notre fortune est perdue.

— Perdue? je ne vous comprends pas.

— Elle est perdue si nous délivrons ces esclaves.

— Et pourquoi ne les délivrerions-nous pas?

— Parce que le gouverneur de Tété tient nos bagages entre ses mains. Ces esclaves sont à lui. Si nous le
privons de sa propriété il ne laissera pas de s'emparer
de la nôtre.

— Et vous en concluez, mon cher évêque, qu'il nous
faut abstenir.

— Je ne dis pas cela.

— Voyez un peu ce que dit la Bible. Ouvrez ce livre
et lisez-moi ce verset du Deutéronome. »

M. Makensie lut : Tu ne repousseras pas l'esclave
qui vient se réfugier près de toi. »

Il ajouta : « Tel était aussi le langage que me tenait
celui qui parle dans la conscience.

— Il s'agit de sauver nos semblables et nous délibé-
rons?

— Agissons! agissons! » s'écria la caravane tout entière. A ce moment-là même une longue file d'hommes,
de femmes, d'enfants, liés à la suite les uns des autres
et les mains attachées, sortit de la forêt, serpenta sur
la pente de la colline et prit le sentier du village.

Les agents des Portugais placés à l'avant-garde, sur
les flancs et à l'arrière-garde de la bande, marchaient
d'un pas délibéré. Ils étaient noirs, vêtus de blanc et
coiffés d'une calotte rouge. Ils tiraient de leurs cors des
sons effrayants et prenaient des airs de gloire comme
des gens persuadés qu'ils ont fait une noble action. En
effet, ils venaient de brûler la cervelle à un petit enfant,
parce que sa mère ne pouvait porter, en même temps
que lui, un autre fardeau. Ils avaient fendu d'un coup
de hache un homme fatigué qui ne pouvait suivre les
autres.

Ces triomphateurs, à peine eurent-ils aperçu les Anglais, se précipitèrent dans la forêt, si tremblants et

d'un pas si pressé qu'on ne fit qu'entrevoir la plante de leurs pieds.

Les esclaves s'agenouillèrent.

On coupa les liens des femmes et des enfants; mais il fut plus difficile de délivrer les hommes.

Chacun de ces malheureux avait le cou pris dans l'enfourchure d'une forte branche de six à sept pieds de long, maintenue à la gorge par une tige de fer rivée aux deux bouts. Cependant, au moyen d'une scie qui fut trouvée dans les bagages de l'évêque, la liberté leur fut rendue.

« Femmes, dit Livingstone, prenez la farine que vous portiez et faites-en de la bouillie pour vous et pour vos enfants. »

Elles restèrent immobiles, c'était trop beau pour être vrai.

L'invitation leur fut renouvelée. Aussitôt elles se mirent à l'œuvre, firent un grand feu, y jetèrent les cordes et les fourches, leurs compagnes de tant de journées pénibles et de tant de nuits douloureuses.

Un petit garçon dit :

« Les autres nous attachaient et nous laissaient mourir de faim; vous nous avez détachés, vous, puis vous nous donnez à manger; qui donc êtes-vous? et d'où venez-vous (1)? »

Quatre-vingt-quatre esclaves furent libérés ce jour-là (2). On leur dit qu'ils étaient libres et pouvaient aller où ils voudraient; ils aimèrent mieux rester, et M. Makensie n'eut plus à se demander quels seraient les néophytes de sa mission. Parfois les pois-

---

(1) Ce jeune garçon, nommé Chouma, fit partie pendant trois ans de l'entourage de l'évêque Makensie et, durant huit autres années, il fut le serviteur fidèle de Livingstone.

(2) 18 mars 1861.

sons abondent miraculeusement dans le filet du pêcheur d'hommes.

Le lendemain une longue suite d'indigènes serpentait encore sur la pente des montagnes.

C'étaient les Ajahouas, alliés des Portugais et, comme eux, chasseurs d'hommes : ils ne s'enfuirent point en voyant les Anglais et commencèrent à décocher avec une grande force leurs flèches empoisonnées. Un des serviteurs de M. Makensie eut le bras traversé par l'une d'elles.

Les sauvages, se rapprochant de plus en plus, se formèrent en cercle et exécutèrent une danse hideuse. Derrière eux s'élevaient les flammes d'un incendie qu'ils avaient allumé, et les hurlements des veuves et des mères se lamentant sur leurs morts.

Les missionnaires firent leur retraite derrière la montagne et les esclaves des Ajahouas profitèrent de l'alerte pour s'échapper.

L'évêque s'indignait à la seule pensée de voir les néophytes dont il prenait la direction capturés par les voleurs d'hommes. Il proposa de reprendre l'offensive et de chasser les *Ajahouas* du pays.

Tous les membres de l'expédition applaudirent à ce projet, excepté le docteur Livingstone.

« Les Ajahouas, dit-il, sont poussés par les marchands de Teté. Si on leur montrait les avantages qu'ils pourraient retirer d'un autre commerce, peut-être en changeraient-ils.

— Mais si les hommes du pays, reprit l'évêque, réclament notre appui contre les Ajahouas; ne serait-ce pas le moment d'agir? ne devons-nous pas rallier autour de nous les opprimés et combattre pour eux?

— Non, répondit Livingstone : vous souffrirez, mais n'intervenez pas dans les querelles des indigènes. »

Et le digne pasteur écrivit honnêtement ces paroles dans son journal.

Jésus aussi eût pu faire appel aux douze légions d'anges, mais il préféra l'abnégation à la défense légitime et nul ne soutiendra qu'il eut tort.

Livingstone retourna dans la direction du Nyassa, afin de l'explorer et d'ouvrir ce lac, s'il était possible, au commerce légitime : pendant son absence M. Makensie envoya reconnaître le pays ; ses envoyés tombèrent aux mains d'une de ces peuplades corrompues par le contact des Portugais et qui faisaient le commerce des esclaves.

A peine eurent-ils été faits prisonniers que leurs femmes vinrent trouver l'évêque : elles le supplièrent de délivrer leurs maris, et tous les jours elles renouvelèrent leurs instances en pleurant.

L'évêque anglican, qui représentait à la fois l'Église et l'État, oublia la recommandation de Livingstone et crut devoir secourir les membres d'une famille qui l'avait reconnu pour chef. Il fit saisir les captifs et le village ennemi fut incendié.

Quand Livingstone fut de retour, il se fit conduire au bord d'une forêt épaisse où les indigènes enterraient leurs morts. Là aussi était la tombe de M. Makensie : il était mort en mars 1862 de la fièvre et de la faim, sur les rives du Shiré, en cherchant à rejoindre l'ami qui naguère lui donnait le conseil, si excellent, de rester toujours pacifique.

VIII

RUINES ET TOMBEAUX

A la place d'une mission prospère, il était douloureux de trouver un tombeau : mais une pensée consola Livingstone :

Ce n'était pas en vain que du haut des montagnes il avait vu briller le Nyassa le 2 septembre 1861, un navire y circulerait bientôt; la vente de l'homme allait disparaître en présence d'un commerce plus lucratif.

« Voilà, disait-il, mon œuvre propre. Elle est indépendante de toute station locale, elle peut se passer du succès des missionnaires d'Oxford. » Il la poursuivait avec énergie, et lorsque les secours du gouvernement ne suffisaient pas aux dépenses qu'elle exigeait, il y suppléait de sa fortune.

Cinq fois il explora le Shiré de janvier 1859 à septembre 1861, et ce fut d'abord au moyen d'une petite chaloupe à vapeur et à rames, baptisée *Ma-Robert*. Il se trouva que la construction en était vicieuse. Les fourneaux, mal établis, consumaient le bois trop vite; la coque était percée de petits trous et parcourue en tous sens par de légères fêlures. L'embarcation pouvait malaisément se tenir à flot. Elle finit ~ar échouer sur un banc de sable.

Un nouveau vapeur, le *Pionnier*, arriva d'Angleterre en janvier 1861. Il était bien construit, mais, à cause de son fort tirant, impropre à remonter une rivière de l'Afrique orientale. Il fit la même fin que le *Ma-Robert*, il échoua sur un banc de sable.

Livingstone craignit de fatiguer la patience du gouvernement en demandant un troisième bâtiment. Il dépensa personnellement 6,000 livres sterling pour faire construire la *Dame du lac*. Jamais navire ne fut plus parfait, ni mieux adapté à sa destination. La *Dame du lac* tirait trois pieds d'eau, c'était juste ce qu'il fallait pour naviguer sur le Shiré et le lac Nyassa. Elle allait être uniquement consacrée au service de la cause confiée à Livingstone par le gouvernement britannique. Elle aborda le 30 janvier 1862 aux bouches du Zambèze, et rien n'empêchait qu'elle ne fût mise à l'épreuve, quand, tout à coup, sur des rapports inexacts, l'explorateur perdit la chose du monde à laquelle il tenait le plus : sa mission.

Une dépêche du comte Russel rappela Livingstone le 3 juillet 1863 (1).

Il obéit au ministre, et, s'improvisant capitaine, il prit à sa solde un certain nombre de Makololos, auxquels il apprit à manier le gouvernail, et courut la chance de gagner en un mois, sur son frêle navire, la côte de Bombay. Il fallait y parvenir avant la saison des orages. Idi erdit beaucoup de temps à s'agiter sur la mer silencieuse, entouré de dauphins, de requins et de poissons volants ; il y eut six jours de fortes brises : on sentit l'approche d'une heure terrible, celle du renversement de la mousson. Un instant Livingstone pensa qu'il aurait pour épitaphe : « A quitté Zanzibar le 30 avril

____

(1) Le salaire de l'équipage devait cesser au 31 décembre 1863.

1864, depuis lors on n'a plus eu de ses nouvelles. »

Dans les premiers jours de juin les Makololos se mirent à danser au moment où ils aperçurent des algues et des serpents. Ils crurent distinguer une côte élevée ressemblant à la côte africaine, et la forêt de mâts du port de Bombay apparut vaguement dans la brume. La *Dame du lac* venait de faire deux mille cinq cents milles.

C'était un si petit navire que personne ne remarqua son arrivée. Livingstone le vendit pour la somme de 2,000 livres sterling dont il fit un banquier dépositaire. Peu de temps après, ce dépositaire fit banqueroute.

Livingstone avait perdu sa fortune.

Un tel revers eût pu l'accabler si son but eût été l'argent, mais son but était le salut des païens. Il n'eût été brisé que par la perte irréparable de ces sauvages pour lesquels il s'était lui-même fait sauvage, afin de les élever à la connaissance du Dieu qui se fit homme. Qu'étaient-ils devenus, ces Makololos, qui naguère avaient renouvelé pour lui l'hospitalité des anciens âges, ces hommes de bonne volonté qui n'avaient point repoussé le règne de Jésus-Christ?

Livingstone avait voulu le savoir après l'exploration au Shiré.

Le 25 avril 1860, il remonta le Zambèze, accompagné du petit nombre de Makololos qu'il avait laissés à Teté, puis emmenés au lac Nyassa.

Son voyage fut une marche triomphale. Partout il était reconnu, il entrait dans les bourgades, il sortait aux acclamations des villageois. Les femmes répétaient de leurs voix aiguës : la paix! la paix !

Sur le plateau dévasté des Batokas, là où tonne dans la solitude la cataracte du Zambèze (1), où naguère Pin-

(1) Mosi-oa-Tounya, appelée par Livingstone chute de Victoria, décrite dans le chapitre intitulé : L'autel. Elle a été depuis visitée par

gola, puis Sébitouané passèrent ainsi que des torrents, un joli *tisserin* noir à épaules blanches, se posait sur les brindilles les plus élevées des grands arbres, et jetait aux voyageurs sa mélodie, comme si, au milieu des villages déserts, il était joyeux de revoir la figure de l'homme.

On arriva de nuit chez les Makololos. Un héraut fit au milieu du silence une proclamation qui produisit l'effet le plus saisissant :

« J'ai rêvé! J'ai rêvé! J'ai rêvé! toi Morale et toi Pekonyané, ne soyez plus abattus, n'ayez plus le cœur malade. Nous revoyons Monaré (1), croyez toutes les paroles de sa bouche, car son cœur est blanc comme le lait pour les Makololos. J'ai rêvé qu'il arrivait et que la tribu sera sauvée si vous priez le Seigneur et si vous écoutez les paroles de Monaré. »

Le lendemain matin, Livingstone fut surpris de la tristesse empreinte sur tous les visages. Une sécheresse exceptionnelle avait tué les grains dans leurs germes et détruit les herbages de Lynianti. Le peuple était dispersé, cherchant des racines. La polygamie avait réduit la population et la fièvre atteint les indigènes eux-mêmes. La sœur de Sébitouané racontait qu'après la mort de ce grand chef beaucoup de gens s'étaient mis à trembler comme s'il faisait un froid excessif. Jamais personne n'avait vu pareille chose. On fit de grands feux : on posa devant la flamme les malheureux qui tremblaient; mais on eut beau multiplier les feux, on ne parvint jamais à faire rentrer la chaleur dans leur

le P. Depelchin qui sur les bords prédestinés de ce grand abîme a célébré le sacrifice de la messe. Il a signalé le premier que deux rochers rapprochés l'un de l'autre formaient un entonnoir au milieu de la chute.

(1) *Monaré*, c'est-à-dire le docteur Livingstone. *Exploration du Zambèze*, p. 213.

corps, et ils tremblèrent jusqu'au moment où ils moururent.

Sékéletou lui-même, atteint de la lèpre, se rendait nuisible. Il était devenu soupçonneux, il avait fait exécuter plusieurs des hommes les plus considérables du royaume ainsi que leurs familles, parce qu'il se croyait victime de maléfices. Des bruits étranges couraient sur lui : on publiait qu'il avait des ongles crochus comme ceux d'un aigle et la figure si horriblement déformée que personne ne le pouvait reconnaître. On insinuait qu'il pourrait bien ne pas être le fils du grand Sébituané, si fort dans la bataille, si habile dans le conseil.

« Au temps du grand lion, disait-on, le pays était sagement gouverné : mais Sékéletou ne sait pas ce que font ses agents, et ils le méprisent. »

Il s'était aliéné les peuplades noires que son père avait conquises par sa bravoure et plus sûrement subjuguées par son équité. Les Barotzès désertaient, les Batokas au milieu de leurs ossuaires sentaient remuer les os de leurs aïeux : la mort de Sébituané n'avait pas été la mort d'un seul, mais l'écroulement de tout un empire. C'en était fait des Makololos ; Livingstone le comprit.

Voyant que la mort ne s'était pas reposée pendant son absence, il crut devoir, avant de les quitter pour toujours, parler à ses amis de la vie future où le divin pasteur réunirait leur peuplade dispersée sur la terre, de l'immortalité des âmes et de la résurrection des corps :

« Mais, dit un vieillard, ceux-là qui ont été tués dans le combat et dévorés par les vautours, ceux dont les hyènes ou les lions ont fait leur proie ou qu'on a jetés dans la rivière et qui ont été mangés par plusieurs crocodiles, comment pourront-ils ressusciter?

— Certains hommes, répondit Livingstone, prennent une balle de fusil et la changent en un sel (1) ; ils dissolvent ce sel dans l'eau, de même que nos corps sont dissous dans l'estomac des hyènes et des vautours : après avoir été complètement fondu, le sel est de nouveau changé en plomb. Avec cette balle, ces hommes ont fait le rouge et le blanc dont sont peints nos chariots, et la peinture peut redevenir le plomb dont la balle était formée. Si des hommes d'une nature exactement pareille à la nôtre font de semblables choses, que ne peut pas accomplir celui qui a créé l'œil pour voir et l'oreille pour entendre? »

Les Makololos disparurent et Livingstone perdit en eux ses amis.

Il revenait triste en suivant la rive du Zambèze, lorsque, au confluent de ce fleuve avec la Loangoua, il heurta du pied une cloche brisée (2).

Elle gisait dans l'herbe, portait les initiales J. N. S. accompagnées d'une croix.

Près de là s'élevaient, à quelques mètres du sol, les ruines d'un édifice en pierre. Une église? s'écria Livingstone, une église à cent vingt lieues dans l'intérieur des terres ! Mais cette fille de Sion était là comme dans une vigne un abri délaissé. Nul n'eût pu dire pourquoi le Seigneur avait renversé sa tente.

L'enceinte était désolée... L'oiseau sauvage, effrayé du bruit des pas, s'envolait en poussant un cri aigu, rauque. Des buissons épineux ravagés par les termites, de mauvaises herbes, de grandes plantes aux capsules hérissées avaient envahi le sanctuaire. L'hyène obscène avait souillé l'autel, et le hibou dégorgeait sur les murailles les restes non digérés de son repas nocturne.

(1) Acétate de plomb.
(2) 1er novembre 1861.

Il était difficile de ne pas s'attrister à l'idée qu'en cet endroit où des voix humaines s'unissaient pour chanter ces paroles : « Tu es le roi de gloire, ô Christ ! » les indigènes ignoraient même le nom de Jésus-Christ. Une inexplicable superstition leur faisait éviter ce lieu sacré comme s'il eût été maudit. Livingstone y pensait amèrement : des missions qu'il avait essayé de fonder, il ne restait pas même des ruines. Il ne valait pas mieux que ses pères et son âme ne pouvait retrouver la force si ce n'est en s'élançant vers ce dernier avenir qui consolait ceux qui pleuraient dans Sion.

La mort accélérait ses coups. Livingstone apprit le trépas d'un de ses compatriotes qui, comme lui, s'était rendu chez les Makololos en apôtre. Aux bouches du Zambèze, le 4 janvier 1861, il fut étonné de voir les indigènes couverts de bandelettes taillées dans des feuilles de palmier. C'était le signe de la maladie et du deuil. Trois compagnons de M. Makensie, MM. Burup, Dickenson et Scudamore moururent de la fièvre en 1862. La même année, le *Gordon* de la marine royale remorquait un break portant madame Livingstone. Elle connaissait les dangers du séjour en Afrique, mais, dans son désintéressement, elle avait voulu reprendre sa tâche et l'influence qu'elle avait exercée naguère sur les tribus de l'intérieur. Au lieu du labeur, Dieu voulut qu'elle trouvât le repos (2 janvier 1862). Elle mourut, elle aussi, de la fièvre, au coucher du soleil. Elle fut confiée à la terre à Shupanga, sous un gros baobab, et près de sa sépulture les matelots veillèrent plusieurs nuits.

Cependant l'âme de Livingstone s'élève et se détache de la terre, son caractère se fortifie, le progrès de son zèle se mesure à la progression de ses malheurs et, frappé coup sur coup par l'infortune, il se sent le favori des cieux qui ne lui sont pas avares de douleurs. Le gouvernement révoque son mandat le 2 juillet 1863, mais sa conscience le lui rend. Il dépense sa fortune au service de la liberté des noirs, mais la publication de ses voyages, la libéralité de ses amis, la libre souscription, lui procurent soit à Bombay, soit à Londres, assez d'argent pour entreprendre de nouvelles explorations. Il ensevelit son épouse sur le sol africain ; ce sol ne lui en est que plus cher ; il dit avec l'Écriture : « Je mourrai dans la terre où vous serez enterrée, et j'y choisirai ma sépulture. »

A peine fut-il de retour en Angleterre que le comte Russell, mieux informé de sa conduite, estima si éminents les services qu'il avait rendus dans les cinq expéditions du Shiré, qu'il députa vers lui un conseiller de la reine. Ce personnage devait consulter Livingstone sur le genre et l'étendue de la récompense qu'il pouvait souhaiter. Oublieux de sa personne et négligeant les intérêts de sa famille, Livingstone répondit à l'envoyé : « Je n'ai pas besoin de rien pour moi, mais si vous arrêtez le trafic que les Portugais font des esclaves, vous comblerez mes vœux au delà de toute mesure (1). » C'était ainsi que Richard Cobden, quand il eût fait gagner au peuple anglais un milliard par an sur le prix de son pain, refusa la récompense que lui décernait la couronne, content du témoignage que lui rendaient sa conscience et la reconnaissance de la nation.

(1) *Vie et voyages de Livingstone* par H. Stanley, traduit par Gabriel Marcel.

TROISIÈME PARTIE

DERNIERS VOYAGES

(1866-1873)

I

LE JUNGLE

En 1866 Livingstone entreprit une nouvelle exploration ; il conçut le projet de revenir aux lieux où naguère il avait vu souffrir une partie de l'humanité. Il se proposa de gagner le lac Nyassa par la voie de la *Rovuma*, s'il était possible, et non par celle du *Shiré*. Lorsqu'il aurait atteint le lac, il pénétrerait dans l'intérieur du continent et jusqu'à cette Méditerranée de l'Afrique découverte par Burton et Speke et qui s'appelle le Tanganika. Il en achèverait l'exploration commencée par ses devanciers et s'avancerait encore au-delà du Tanganika du côté de l'occident. Le 19 mars il aborda sur la côte de Zanzibar, et à peine eut-il mis le pied sur le littoral qu'un des grands spectacles de la nature se développa devant lui : c'était le jungle. Vaste, infranchissable plus que le désert, l'océan et les montagnes, il couvre les hauts plateaux de l'Afrique orientale, ondoie sous les brises de l'Océan Indien qui le nourrit de ses effluves, ensevelit comme une caravane de fourmis en voyage les hommes avec les buffles et les chameaux (1).

Chacun de ses détails est aussi merveilleux que son ensemble. Ici germent des lianes étranges, fantastiques, qui tantôt rampent sur la terre, que l'on coupe en vain, dont on croit s'être dégagé et qui reparaissent à vingt mètres au delà, hérissant sur leurs arêtes des bouquets de longues épines, et comme avides de nuire, se courbant en arc, se tordant sur elles-mêmes, tournant de tous côtés leurs pointes acérées. On croit marcher sur une terre maudite et pourtant cette terre a conservé quelque chose de sa beauté primitive. Là, c'est l'arbre à copal : ses feuilles sont lustrées, il ruisselle d'une gomme dorée qui s'enfonce dans la terre et reste en dépôt pour les générations futures. Là ce sont des faisceaux de bambous dont les tiges rapprochées ressemblent aux faisceaux de colonnettes des piliers gothiques, des lianes inoffensives s'enroulent parfois aux lianes épineuses. L'une laisse transparaître sous son écorce des stries d'un vert tendre et d'un vert foncé qui rappelaient à Livingstone les anneaux qui couronnent la tige des vieux arbres : au lieu d'épines, elle a des frisures pareilles à celles que le charpentier détache de la planche en la polissant, et serait digne d'orner, formée en couronnes, le front des explorateurs. Tout à coup toutes les lianes s'affaissent comme les agrès d'un navire désemparé : le jungle s'entr'ouvre ; à travers

(1) P. 28. *Voyage aux affl. du Zambèse.*

les vignettes des taillis, un océan de verdure apparaît, s'enfonce puissamment dans les horizons bleus où s'échelonnent sans fin ses vagues immobiles.

Une chose cependant pouvait étonner le voyageur en présence de ce grand spectacle : c'était l'absence d'arbres séculaires. Évidemment ce pays n'avait pas toujours été à l'état de jungle. Il n'était pas éloigné, le temps où dans cette plaine, solitaire aujourd'hui, bourdonnaient dès l'aurore les ruches humaines. Le manioc, le sorgho, les fèves couvraient naguère des sillons visibles encore. Que l'homme disparaisse et que l'herbe haute couvre sa tombe, soit, mais qu'une végétation désordonnée envahisse et recouvre, non plus la dépouille humaine qui doit périr, mais l'héritage, la propriété, la civilisation, tout ce qui doit survivre à l'homme, voilà un fait anormal dont on ne peut être témoin sans une tristesse profonde. Voici les grands euphorbes doublés d'ombellifères qui forment l'enceinte d'un village : au centre de cette enceinte pleure le figuier *religieux :* voici des vases brisés, des banquettes d'argile changées en brique par un incendie, voici la pierre des foyers, les soufflets de forge, les hauts fourneaux, l'enclume et le marteau de granit ; partout des reliques d'une civilisation morte et bien jeune encore pour périr, à moins qu'un mystère d'iniquité ne se cache dans ces fourrés, où la nature, reprenant possession de son règne, semble interdire à l'homme de pénétrer une seconde fois. Malheur à l'âme corrompue et déjà évangélisée, malheur à la terre en friche et déjà cultivée : toutes les deux deviennent presque impénétrables, l'une à Dieu, l'autre à l'homme.

Livingstone y pénétrera pourtant, il saura pourquoi ces villages sont déserts, ces moissons abandonnées, pourquoi le feu de la forge et du foyer s'est éteint, pourquoi la nature a repris son empire et quel mystère d'iniquité fait reparaître, comme après le premier péché, la ronce et l'épine.

Il accepte avec empressement les services des Makonndès, pauvres bûcherons qui vivent de peu sur les rives de l'Océan Indien. Pour un mètre de calicot, ils travaillent toute une journée : ils coupent et ils abattent : ils sont armés de serpes adaptées au défrichement des lianes, ils se servent de la cognée pour abattre les arbres. Lianes et tiges disparaissent devant eux comme des nuées devant le soleil (1).

Trente-sept hommes, six chameaux, quatre buffles, cinq ânes, deux mules entrent à la file sous la voûte haute et sombre creusée par les bûcherons : on parcourt ainsi des lieues, on traverse des clairières, on descend jusqu'à la Rovuma dont on remonte le cours.

Un soir un des serviteurs de Livingstone s'étant écarté du sentier suivi par la caravane rencontra dans une clairière des ombres accroupies qui cachaient entre leurs genoux comme une face humaine : elles semblaient endormies du sommeil de la faim, à moins que ce ne fût de la mort. On reconnaissait des esclaves abandonnés, à la fourche qui serrait leur cou. Exténués de fatigue, ils s'étaient assis dans ce jungle et la parole expirait sur leurs lèvres; ils ne pouvaient dire ni d'où ils venaient, ni où ils allaient; ils n'exhalaient plus qu'un léger râle pareil à ce petit souffle qui hérissa la chair de Job. La mort tardait à les affranchir : le vautour dormait sur son arbre, le tigre dans son antre éloigné de cent lieues; il semblait que la nuit dût les consoler en étoilant déjà leur tombeau.

Livingstone poursuivit sa route dans la direction du

____

(1) *Exploration du Zambèze et de ses affluents.*

lac Nyassa. Plus il s'avançait vers l'Ouest, plus les fourches fraîchement coupées et tous les vestiges des chasseurs d'hommes se multipliaient. Le 19 juin on passa près d'une femme morte attachée à un arbre par le cou. Une autre poignardée ou tuée d'une balle gisait dans une mare de sang. Le 26 juin ce fut encore une femme que la fatigue avait fait chanceler et qu'on avait tuée sur place. Le lendemain on vit un homme mort de faim. Le propriétaire de ces victimes ne pouvait plus les faire avancer, et furieux de leur perte, il les tuait pour qu'elles ne devinssent pas la propriété d'un autre. Les meurtres ne sont pas seulement le résultat de la colère, ils ont pour but d'inspirer aux captifs une terreur qui les aiguillonne. Le 8 septembre Livingstone écrivait sur son journal : « Il est douloureux de voir des crânes et des ossements épars, on voudrait n'y pas faire attention, mais leur vue est si frappante qu'il est impossible de ne pas les remarquer. »

Ne demandons plus maintenant pourquoi ce pays est dépeuplé ; voilà tout le mystère : l'homme traqué par l'homme ainsi qu'une bête fauve pour être ensuite spolié du fruit de son travail au profit de la Perse ou de la Turquie, des nations de proie et de joie, oui, tel était le secret du jungle. A cause du crime de l'esclavage la terre célébrait les sabbats de la solitude; la voix de l'époux et la voix de l'épouse, le bruit de la meule, le son de la marimba et de la sanza, la voix des poètes qui chantent le soir autour des feux, la flamme du foyer, la lumière de la lampe, tout s'était éteint, tout avait disparu. Livingstone marchait au milieu d'un profond silence que ne troublait pas même le chant des oiseaux, bien que pour eux les eaux fussent toujours vives et la nourriture toujours abondante. Livingstone marchait et n'apercevait pas une âme vivante : voici comme il a peint sa première rencontre : « Le premier signe que nous ayons eu de notre approche de la demeure de l'homme a été une jeune femme qui tirait de l'eau d'une fosse. J'étais seul; elle s'est agenouillée, et, selon l'usage du pays, elle m'a tendu son vase rempli d'eau en l'élevant avec les deux mains. »

Lorsque le Père céleste veut annoncer à une partie du monde l'alliance que son fils unique veut contracter avec elle, il semble reproduire les coutumes patriarcales. Rebecca tend son urne encore à un nouvel Éliezer. Livingstone n'était-il pas pour l'Afrique esclave le messager du Dieu d'Abraham, d'Isaac et de Jacob ?

II

ROLE DE LIVINGSTONE A L'EST DU LAC NYASSA

(1866)

L'obstacle le plus difficile à surmonter n'était pas le jungle, c'étaient les hommes; et quels hommes ? ceux-là mêmes, dont la solitude était l'œuvre. Les Portugais? non, les métis arabes qui, sur les rives de la Rovuma, rivalisent avec les Portugais du Zambèze.

Le métis arabe est grand, nerveux, impressionnable, il a le visage pâle et défait, les yeux malades et sans expression, et pourtant, à de certains moments, il y monte quelque chose de l'homme intérieur, infecté des vices de la race africaine et de la race asiatique, à la fois sensuel et féroce. Il est poli, serviable en parole, mais, sous son burnous blanc, on voit luire deux longs pisto-lets. Il rampe devant le riche, il est sans pitié pour le pauvre. Il professe des maximes conservatrices telles que celle-ci : rien pour rien, vivre et mourir dans une peau intacte.

Il importe dans l'Afrique orientale le vice, la famine et l'incendie, les maladies honteuses et contagieuses, la lèpre, la punaise, la vermine. Il exporte de l'Afrique orientale une marchandise dont l'empreinte est la représentation de la divinité. Il fait, du reste, en l'exportant, une mauvaise affaire : qu'importe ? Il cherche un vil profit et l'impunité dans le nombre de ses victimes. Comme le rat d'Europe chassé le rat d'Afrique, comme la mouche européenne renvoie la mouche des indigènes, comme la fourmi noire dévore la blanche, et comme le trèfle tue les fougères, ainsi l'Arabe extermine le nègre des rives de la Rovuma. Il fait rentrer dans le chaos les grossières ébauches de civilisation que la nature esquisse dans ces pays où le Christ n'a pas eu son jour. Où l'Arabe a passé l'herbe pousse, une herbe longue, drue et verte ; le bien et le mal ne se distinguent plus, la terre se tait ; on n'entend pas même un oiseau, — l'oiseau c'est l'ami de l'homme, — le vautour seul tournoie et plane dans l'air, semblable, dit Longfellow, à l'âme implacable d'un chef massacré dans la bataille, et qui sur des degrés invisibles monte et escalade le ciel.

Fils de Mahomet, le père du mensonge (1), l'Arabe est prodigue de serments (2). Il est grand observateur de la lune : la disparition de cet astre est pour lui l'instant de la prière (3), et si pendant la nuit la lune vient à s'éclipser, on l'entend bruyamment invoquer Moïse. Il est aussi grand observateur des rites, il ne tue les animaux que d'une certaine façon à lui particulière (4). Il est superstitieux, il a conservé même un reste de la science occulte qui régnait en Arabie avant la prédication de Mahomet. On le voit tracer sur le sable des figures cabalistiques (5), faire des charmes, rendre un

(1) « L'appropriation que Mahomet s'est faite des connaissances gagnées à Damas et obtenues des juifs est simplement révoltante. Pas un de ses actes n'a eu de témoin, c'est lui qui les raconte et qui es affirme. » (LIVINGSTONE.)

(2) Stanley.

(3) *Dernier voyage*, t. I, p. 257.

(4) *Dernier voyage*, p. 238.

(5) T. Ier, p. 108, 109.

culte à la terre d'un tombeau situé dans la Perse, à Kourbelow, insérer cette poussière dans les plis de son turban (1). Ces pratiques ne l'empêchent pas de boire en cachette l'eau-de-vie défendue (2). Il tue son esclave dans l'ombre des forêts, et quand la nuit est sans nuage, il ouvre les toiles de sa tente, il élève vers Allah des mains teintes de sang.

Quel contraste entre la conduite des Arabes et celle de Livingstone ! Dernier né des chevaliers, le voyageur exerçait quelque chose de leur vie sur une terre féodale. Il était secourable aux faibles, il parlait de l'infortune avec délicatesse :

« Une pauvre petite esclave qui était malade s'est éloignée du sentier. Nous l'avons attendue, puis cherchée jusqu'au lendemain sans la retrouver ; elle était grande pour son âge, frêle et mince comme un roseau parce qu'elle avait grandi trop vite. Fatiguée par la marche, elle se sera couchée dans les bois, aura dormi jusqu'au soir, et se réveillant dans l'ombre, elle aura perdu son chemin. »

Image de l'Afrique couchée dans l'ombre de la mort, attardée sur le chemin de ces progrès que le Christ fait accomplir, oubliée de la caravane humaine, et dont un homme du moins s'est souvenu : Livingstone ! Qu'importent ses découvertes, s'il découvre une misère, s'il trouve et sauve sur les rives de la Rovuma, dans une case déserte, une petite abandonnée, s'il arrache une vieille femme aux mains des Arabes (3), s'il est le seul à donner un morceau de pain à un enfant dont la mère est morte (4), s'il peut montrer aux nègres

(1) T. Ier.
(2) *Dernier voyage*, p. 254, 298, 251.
(3) *Dernier voyage*.
(4) *Id.*

que la Providence est mère et ne meurt jamais ?

Un jour qu'il passait dans le voisinage d'une case il s'entendit appeler : une voix l'implorait avec tant d'autorité que tous les voyageurs s'arrêtèrent pour l'entendre.

« Arrêtez, criait-elle, et soyez témoins de la violence qu'on me fait. Je suis parente d'un chef, je retournais chez mon mari lorsque cet homme que voilà m'a saisie, séparée de ma servante et soumise à l'état dégradant où vous me voyez réduite. »

La femme qui parlait ainsi portait le carcan des esclaves; une fourche pesante et fraîchement coupée meurtrissait son cou délicat autour duquel on voyait briller une quantité de beaux grains de verre enfilés dans un crin d'éléphant. Son costume était riche, ses manières indiquaient une personne de haute condition.

Livingstone la reconduisit à son mari, le frère d'un chef, et partout dans les villages elle racontait chaleureusement l'infamie dont elle avait été victime et la manière dont elle avait été sauvée : les femmes s'indignaient avec elle et la félicitaient de sa délivrance. Partout elle chantait les louanges de son libérateur, elle le défendait en cas d'injustice; elle allait jusqu'à porter ses bagages, elle prenait elle-même et portait sur sa tête un sac de verroteries, elle achetait les provisions et obtenait le double de ce que Livingstone aurait eu pour le même prix. Elle présentait son libérateur à l'un de ses beaux-frères, qui ne le laissa manquer de rien dans son village : au moment où Livingstone était trahi, comme on le verra, par les hommes de son escorte, elle faisait pour son entreprise tout ce que peut le cœur d'une femme reconnaissante.

Alors même que Livingstone n'avait point rendu de service aux indigènes, ceux-ci venaient à lui, poussés par un instinct secret qui leur faisait deviner un ami.

Un jour — toujours sur les bords de la Rovuma — une femme s'approche de lui : sa démarche est superbe et douce ; elle tient un bouquet de sorgho, le dépose aux pieds du voyageur, montre le point de la rive où s'était arrêté Livingstone en 1852 : « Je vous ai déjà vu ici », lui dit-elle.

Plus loin le chef Hassané se prive de son repas pour l'offrir au libérateur qui passe. Livingstone lui dit : « Venez donc, et mangez avec nous. — Non, répondit-il, vous êtes étranger et de plus en voyage, je suis chez moi, je me procurerai autre chose. »

Le chef Matamora se prête gracieusement au passage du Lœndi, un affluent de la Rovuma. Il attend sur la rive que tous les bagages du voyageur aient passé la rivière, puis se lève, entre dans le canot où se trouve Livingstone et ne le quitte point sans qu'il se soit rassasié du poisson né dans les eaux qu'ils ont franchies ensemble (1).

Le chef Kimsousa offre tant de vivres à la caravane qu'elle est incapable de les emporter.

Ainsi les indigènes savaient discerner leur bienfaiteur.

Les Arabes, apprenant que Livingstone était un Anglais, parcouraient des milles afin d'éviter sa rencontre. Ils s'écartaient du sentier, se jetaient dans le jungle plus tremblants que les herbes et croyaient entendre le bruit d'un homme armé lorsqu'une feuille se détachait au milieu du repos des sentiers. Livingstone était comme une apparition subite de la conscience humaine dans les forêts. Tandis que l'Arabe laissait

(1) L'étiquette cérémonieuse extérieure à l'homme et conventionnelle n'est point inconciliable avec la barbarie. Voy. *Dernier journal*, p. 142, 152, 218, 221, 224, 234 et 314.

après lui je ne sais quel sillage de haine qu'il était périlleux de suivre (1), lui, laissait un sillage de lumière où les faibles aimaient à marcher. Un chef voulut s'attacher à ses pas : « Laissez-moi, disait-il, vous suivre partout où vous irez et jusque dans votre patrie. »

Tandis que Livingstone remplissait en Afrique ce rôle chevaleresque, en Europe on publiait qu'il était tombé sons la hache des Mazitous, habitants des pays qu'arrosent les affluents de la Rovuma.

Aussitôt M. Ed. Young, officier de la marine royale, fut envoyé pour savoir si la nouvelle était exacte. Il se rendit par le Zambèze et le Shiré, sur les confins du lac Nyassa, et voici ce qu'il apprit :

Livingstone avait à son service douze cipahis de la marine de Bombay et dix naturels de Johanna ; mais, serviles et gourmands, ces serviteurs étaient pour lui ce qu'est au bœuf la tsetsé qui s'attache à sa peau et voyage avec lui. Les chameaux disparaissaient, puis les ânes, puis les bœufs, puis les étoffes, puis les perles et la poudre ; bref les serviteurs de Livingstone ne se proposaient rien moins que de faire échouer son expédition et de le faire mourir lui-même. Ils s'étaient heurtés à une volonté de fer, ils avaient été déjoués par une surveillance minutieuse ; sur le point d'être congédiés ils avaient déserté, et, pour toucher la somme qu'ils auraient gagnée s'ils eussent été fidèles, ils avaient dit au consul de Zanzibar : Livingstone est mort, les Mazitous l'ont tué (2).

____

(1) Le docteur Boscher fut assassiné pour avoir pris le costume des Arabes.
(2) 1866.

III

DU LAC NYASSA AU LAC TANGANIKA

La région du Nyassa. — L'arrivée des pluies. — La famine. — La maladie. — Le Tanganika.

(8 août 1866 — 2 avril 1867)

Le 8 août 1866, en revoyant le lac Nyassa Livingstone éprouva deux sentiments: l'un de joie, l'autre de mélancolie. Il revenait dans une ancienne demeure qu'il n'espérait plus revoir, il se plongeait de nouveau dans cette eau délicieuse, il entendait le bruit de ces vagues, il luttait contre leurs remous et leurs chocs, il se nourrissait de ces insectes qui bourdonnent à la surface du lac comme des essaims d'abeilles. Il couchait dans les roseaux gigantesques du Pamalombé (1); il admirait sur le rivage et les montagnes dentelées et les bois funéraires, et les cultures qui lui rappelaient les champs de l'Angleterre et jusqu'à ces feuilles jaunes et roses qui s'ouvraient si tendrement à la lumière orientale.

Il était plus heureux encore de revoir les pêcheurs riverains du lac, de leur parler encore de l'ami, du

(1) Lac voisin du Nyassa; on le trouve en descendant le Shiré.

Père de tous les hommes, du crime que l'on commet en vendant un des enfants de ce commun Père, de la prière qui lui parle, de la Bible qui parle de lui, de la vie future où les justes le connaîtront.

Ces enseignements n'avaient-ils pas été donnés à des pêcheurs aux bords d'un lac, en présence d'une nature aujourd'hui desséchée, mais aussi verdoyante au temps de Jésus-Christ que les beaux rivages du Nyassa.

D'un autre côté (spectacle digne de larmes!) l'ignorance et l'imposture antiques dominaient les âmes dégradées et recevaient un culte sur les monts.

Au midi du Nyassa, s'élevait à pic une montagne quadrangulaire, et sur sa plate-forme, une vache énorme était nourrie. Pareille à l'apis d'Égypte ou bien aux divinités antiques qu'on adorait sur les hauts lieux, elle prophétisait la guerre par ses mugissements (1).

D'un autre côté la région du Nyassa était pour Livingstone la région des éternels regrets. C'était là que sur les plateaux salubres il avait voulu fonder une mission, supprimer la traite de l'homme par la concurrence pacifiquement victorieuse d'un commerce légitime, et le Seigneur (il ne savait pour quel secret motif) avait dit : non; et les négriers prospéraient sur ces mêmes eaux où devait passer et repasser le pavillon de l'Angleterre. L'évêque était mort : Mary Moffat reposait sur la rive droite du Zambèze. Livingstone avait vu s'évanouir dans cette région toute espérance de voir

(1) Souvenir de la religion des Égyptiens. Voir *Expl. dans l'Afr. aust.*, la coutume que les Batokas ont de s'arracher les incisives, pour ressembler aux bœufs, et celle qu'ont les femmes des bords du Nyassa de s'allonger la bouche à l'imitation du canard (*Exp. du Zambèze*); voir aussi les funérailles, la coiffure, les instruments de travail, le visage et mille autres similitudes avec l'Égypte. Voir aussi les p. 266 et 282, t. I, *Dernier journal* : « Les traits fins qu'on rencontre au bord du Tankanika sont pareils à ceux que représentent les peintures de l'ancienne Égypte. »

peuplée de chrétiens cette terre promise à l'Évangile. Il fallait que, précurseur des biens qu'il annonçait, il marchât solitaire dans des sentiers où, pour un demi-siècle peut-être, nul autre chrétien ne marcherait.

Lorsque les pléiades paraissent à l'Orient aussitôt après le coucher du soleil, les pluies sont attendues à l'ouest du lac Nyassa. En effet, le 21 octobre 1866 un orage fut le précurseur de la saison pluvieuse. Des averses tombaient parfois, mais elles ne faisaient encore que lustrer la jeune feuillée et que rafraîchir l'atmosphère. Le 20 novembre les courants supérieurs de l'air poussèrent sur la chaîne des monts Mtchinedjé de grandes nuées qui venaient du sud-est.

Au commencement de décembre on marchait sous le poids d'une atmosphère électrique et nuageuse, aux roulements du tonnerre lointain et sans qu'une goutte d'eau s'échappât des nuées.

A partir du 11 décembre il plut tous les jours dans l'après-midi. Les grandes pluies avaient commencé.

La terre ferma ses crevasses et toutes les plantes surgirent, grandirent, cachèrent les traces qu'on eût pu suivre. Les arbres se couvrirent de lichens, les rivières inondèrent leurs rives d'une eau transparente.

Des nuées orageuses fondirent en averse sur la pente septentrionale des hautes terres, et les torrents, poussés par le vent du nord, tombèrent sur les rochers avec des vibrations profondes et solennelles comme celles des hautes cordes d'une harpe. L'écho répondait à l'écho, l'abîme à l'abîme, comme dans le psaume, et tandis que les torrents se parlaient entre eux, à voix haute, de tous les côtés de l'horizon (1), annonçant l'inondation prochaine, Livingstone accélérait sa marche

(1) *Dernier voyage*, t. I, p. 211.

au milieu d'un ancien lac, afin de gagner les hauteurs respectées par les eaux et d'échapper à leur marée montante par sa rapidité. Une rivière barrait-elle le chemin? Vite, on laissait tomber un arbre d'une berge à l'autre. On n'avait pas le temps de chercher un gué.

La caravane eut la bonne fortune de passer à gué le Tchimeboué, mais Livingstone oublia de donner des ordres au sujet d'un petit caniche qui l'avait suivi gaîment depuis la côte et qui s'appelait Tchitané. La rivière était tourbeuse, défoncée par les éléphants, infestée de sangsues. Tous étaient trop occupés de garder l'équilibre pour songer au vaillant petit animal. Il nagea courageusement jusqu'à bout de forces, puis il sombra.

Livingstone avait pour les plus faibles créatures cette sympathie universelle qui caractérise les amis de Dieu. Il écrivit sur son journal l'éloge, sur sa carte le nom de son caniche. Les dynasties africaines qui dorment embaumées sous les monuments de leur orgueil seraient maintenant jalouses du sort de Tchitané, car une montagne porte son nom (1).

L'arrivée des pluies fut la première épreuve du voyageur.

La seconde fut la famine.

Le jour de Noël 1867 Livingstone ressentit les premières atteintes de la faim. Ce n'était pas que le gibier fût absent de la forêt, mais de si loin qu'il apercevait le chasseur sous les branches des bauhinias, il fuyait avant que le plomb pût l'atteindre. Livingstone était donc réduit à la nourriture végétale. Le 29 décembre il ne put obtenir du chef malamboué qu'une petite quantité d'éleusine. C'était une graine noire à l'écorce sèche

____

(1) P 211, t. I, *Dernier journal.*

et amère. Baker la traite de pourriture et déclare qu'il est impossible d'en manger même en temps de famine. On la sème dans l'Ouganda, dit Speke, pour une seule raison, c'est que les oiseaux eux-mêmes n'y touchent pas. Qui s'en nourrit peut dire que la cendre est son pain : l'éleusine grince sous la dent, irrite l'estomac, engendre une faim factice et dévorante; tantôt elle mord le patient, tantôt le fait défaillir, et nuit et jour rêver des jours meilleurs et des viandes savoureuses.

Le 5 janvier Livingstone fut heureux d'acheter un senzé, animal qui ressemble au rat. Il fit torréfier, puis bouillir des grains d'éleusine, et s'imagina que cette graine était du café. Il se détourna de sa route à la quête des champignons et des fruits sauvages, il se nourrit de feuilles et de racines, et son mets le plus recherché fut l'éléphant mort dont la viande est amère comme l'aloès.

Le 31 janvier au sortir de la forêt un village apparut : une triple enceinte le dissimulait. L'estacade centrale était entourée d'un fossé et d'une haie de solanée épineuse, la porte ornée de vingt-quatre têtes de Mazitous.

C'était la résidence du chef Tchitapangoua.

Ce grand personnage reçut Livingstone en audience, lui fit donner en guise de siège une dent d'éléphant, puis le conduisit, après l'audience, vers un troupeau de vaches et désignant une des bêtes lui dit : Elle est à vous.

Ce cadeau fut accepté volontiers. Il fut généreusement payé par une belle étoffe assez large pour envelopper non seulement Tchitapangoua, mais la plus grosse de ses femmes (1).

(1) *Dernier voyage*, t. I, février 1867.

Le roi fit aussi présent à celui qu'il appelait le grand anglais, *Inglese mokoulou*, d'un couteáu d'étain à étui d'ivoire qu'il avait longtemps porté (1). Ces présents n'étaient pas sans rappeler ceux que se faisaient les rois de la Grèce homérique; mais quand Ulysse voyageur recevait des héros des trépieds d'airain et des coupes d'or, Ulysse ne cherchait que sa patrie, tandis que Livingstone avait quitté sa patrie pour chercher à réaliser l'unité de la famille humaine.

La famine avait affaibli le voyageur. Au moment d'arriver au Tanganika, une fièvre acheva de l'épuiser. Il marchait le dernier, lui qui toujours précédait la caravane, et chaque pas qu'il faisait retentissait dans sa poitrine en la déchirant. Il s'évanouit un jour à la porte de sa hutte et ses serviteurs étendirent une couverture devant lui pour que personne ne vît sa faiblesse.

Sa détresse en vint à son comble. Deux de ses hommes désertèrent, emportant sa boîte de médicaments. Ce lui fut comme une sentence de mort, mais persuadé que « rien n'arrive sans la permission du Père qui veille sur tous avec la plus tendre sollicitude, il voulut croire que ce malheur tournerait à son avantage », et, privé de remèdes, « mit sa confiance dans le Seigneur qui guérit son peuple. »

Pour lui la nature fut une consolatrice. « Dans les endroits les plus retirés de la forêt un léger bourdonnement témoignait de la joie des insectes; on les voyait par millions voltiger au soleil et raser de leur aile brillante les feuilles inondées de lumière. Que de my-

(1) C'est ainsi que Livingstone reçut d'un chef habitant la côte septentrionale du lac Nyassa, deux bracelets de fer orné de cuivre, bijoux précieux dont son hôte se détacha avec une charmante cordialité.

riades dont la vue échappait, et qui agitaient dans l'ombre leurs suçoirs avides, leurs mandibules infatigables, qui vivaient dans l'intérieur des tiges, l'épaisseur des tissus, la chair des fruits, la moelle des arbres, sous l'écorce des racines et l'épiderme des tubercules ! Partout la jouissance à plein bord, la vie organique enveloppant la terre d'un tissu d'existences heureuses nées du sourire de l'Être bienfaisant qui a créé tous les mondes (1). »

Un explorateur, venu depuis, confirme les observations de Livingstone et leur ajoute :

« Quand le soleil se couche et que, vers sept heures, la nuit envahit les jungles, il vous semble qu'un grand silence se fait dans la plaine. Seulement, lorsqu'on prête l'oreille, un bruit étrange, vague, sortant de partout, et si léger qu'il semble créé par l'imagination toute seule, s'élève comme la voix mystérieuse et indistincte d'un esprit qui habiterait ces lieux. Ce doit être une feuille qui tombe, un oiseau qui se réveille, un insecte qui bourdonne, peut-être un fauve qui passe, mais ce n'est au juste rien de tout cela : on dirait la forêt qui respire (2). »

Les oiseaux chatoyaient dans les branches et formaient des chœurs. Le martin-chasseur égrenait dans l'air un chapelet de notes perlées que l'on eût dit produites par un sifflet dans lequel on aurait mis un pois (3).

Le coucou conduisait les chasseurs aux ruches des abeilles en faisant entendre un bruyant ramage. Il se posait non loin de la ruche, il attendait que le miel fût récolté; puis il mangeait les débris des gâteaux de cire; c'était sa part.

(1) *Dernier voyage*, t. I, p. 193 et 211.
(2) Le P. Leroy.
(3) *Dernier voyage*, t. I, p. 116.

Le souimanga à poitrine rouge et à gorge écarlate cueillait les insectes sur les feuilles et sur l'écorce du baobab, sans se poser autrement que sur ses ailes (1).

Les clairières étaient colorées des nuances variées des herbes : gingembres bleus ou jaunes, orchidées rouges, orangées ou d'un bleu pur, de pâles lobélies, formaient avec la verdure monotone du paysage une diversité agréable (2).

Livingstone analysait les détails de ce tableau, et du haut des froides hauteurs il en considérait l'ensemble : une ligne jaunâtre indiquait le cours de la Loangoua qui se rend dans le Zambèze, et jusqu'à cette limite extrême se continuait, à flots pressés et moutonneux, une forêt d'un vert sombre.

Le 2 avril 1867, au sommet d'une petite chaîne de collines, le Tanganika miroita dans les arbres. Le matin, c'est une nappe d'argent bruni ; à midi ses vagues prennent, sous une brise qui se lève à cette heure, une teinte bleuâtre ; le soir il rayonne comme un océan d'or en fusion. A de certains endroits une écume verte éteint le scintillement des eaux. Elles sont sémées d'îlots verdoyants où les palmes s'étendent sur les chaumières, comme les mains de la nature, cette gracieuse mère, au-dessus du berceau de ses enfants. Ces enfants de la terre sont de pauvres pêcheurs vêtus de l'écorce des dattiers sauvages, et qui, craignant les Arabes et les Mazitous, sont venus chercher près des eaux l'image

(1) *Id.*, p. 172.

(2) On trouve dans Livingstone une étude toute spéciale de la flore. Il observa deux plantes bien remarquables, l'une à l'ouest, l'autre à l'est du continent, l'une près de Loanda, l'autre près de Teté. La première s'appelle rosée du soleil, elle exsude un liquide qui la fait briller comme une étoile durant les chaudes heures de midi. L'autre est une fleur blanche comme la neige qui tapisse les bords du Zambèze et qui se fane avant le milieu du jour, ne pouvant supporter plus d'une heure l'ardeur du soleil matinal.

et la garantie de leur paix. La basse retentissante de l'eau qui tombe sur les rochers, la chanson des esclaves et le bruit cadencé des rames animent, sans la troubler, la paix inaltérable de ces eaux.

Tel est le Tanganika vu des hauteurs qui le dominent ; mais il faut descendre jusqu'à ses grèves et s'imaginer que, sur la plage, on voit surgir une falaise à pic, de deux mille pieds d'élévation, et dont les escarpements composés de schiste argileux règnent autour du Tanganika comme une enceinte de tours écarlates. Au sommet de ces tours croît comme une touffe d'herbe l'élaïs, dont les grappes exigent deux hommes pour être portées, comme les fruits de la terre promise : au sommet de ces tours, l'éléphant s'évente de ses larges oreilles, les buffles errants cherchent leur pâture, les lions rugissent aux étoiles (1); du sommet de ces tours, des torrents se précipitent, forment des cascades de trois cents pieds de haut et bondissent en voûtes larges et blanches à travers la feuillée d'un vert splendide et les rochers couleur de sang (2).

(1) *Dernier journal*, t. I, p. 223.

(2) *Id.*, p. 279. Le Tanganika connu des géographes du xviiᵉ siècle, ainsi que le cours du Congo et du Zambèze, a été redécouvert en 1858, par Burton et Speke. Il est situé entre 27° et 29° de longitude est, entre 2°,18 et 8°,47 de latitude sud. C'est une vraie mer d'eau douce qui ne compte pas moins de 22,000 kil. carrés, il a une longueur de 699 kil., une largeur variant de 18 à 83 kilomètres. Les côtes ont un développement d'environ 1100 kilomètres.

IV

DÉPART DU LAC TANGANIKA POUR LE LAC MŒRO

A peine les populations des bords du lac Tanganika eurent-elles vu de près les démarches et le genre de vie du nouveau venu, qu'elles le tinrent pour un ami et saisirent toute occasion de lui manifester leur dévouement.

Ainsi, pendant que Livingstone était malade, les Arabes arrivèrent au bord du Tanganika pour acheter de l'ivoire dans l'*Ouloungou*, et apprenant qu'un Anglais les avait précédés, demandèrent où il se trouvait. Les indigènes, effrayés des intentions qu'ils supposaient à ces marchands, affirmèrent que l'Anglais n'était nulle part dans le pays et pressèrent Livingstone de se réfugier dans une île du lac où leur peuplade aurait veillé sur lui.

Une autre fois Livingstone s'était embarqué sur le lac pour explorer l'embouchure d'un affluent du Tanganika, le Lofou :

« Je vous en supplie, lui dit un chef, ne vous engagez pas plus loin dans la direction du nord-ouest. La guerre vient d'éclater entre les Arabes et le grand chef Nsama ; vous seriez pris pour un Arabe, et l'on vous tuerait. »

C'était une manière de personnage que ce Nsama : assez dénué de sens moral, aventureux et sanguinaire, il était le Napoléon de l'Afrique équatoriale. Son visage ressemblait aux figures représentées sur les monuments de Ninive : il était invincible avec l'arc et les flèches; il avait fait de grandes conquêtes. Nul ne pouvait tenir devant lui, mais vingt mousquets arabes l'ont battu dans ses propres murs, il a fui; de là, grande émotion dans toute la contrée.

Pendant trois mois et demi les Arabes et les indigènes négocièrent la paix, buvant le sang les uns des autres pour cimenter leur union. Pendant trois mois et demi Livingstone fut arrêté.

Il lisait la Bible, étudiait la langue et les mœurs des indigènes, observait les bergeronnettes qui sortaient pour la première fois de leur nid.

Enfin la guerre se termina par un mariage. Nsama donnait sa fille à Hamis, le plus considérable des Arabes. La fiancée se fit attendre et déjà l'Arabe ne comptait plus sur elle, lorsqu'elle arriva, suivie d'une escorte, montée sur les épaules d'un héraut. Dans ce pays-là, le chef et sa famille ne pouvaient employer un moyen de locomotion plus honorifique.

La jeune fille avait les traits fins et délicats. Elle n'avait pas le type nègre, elle avait le type africain, ce qui est tout différent, et bien que noire elle était belle, gracieuse et modeste. Livingstone s'entretenait avec l'époux au moment où l'escorte arriva, et comme il passait devant lui pour se retirer, il l'entendit qui se disait à lui-même : « Hamis-ouad-im-tagh, où en es-tu arrivé (1)? »

Ce mariage n'en était pas moins une circonstance très heureuse pour Livingstone, il allait pouvoir se diriger vers l'ouest, il allait voir le lac Mœro (14 juillet 1867).

(1) *Dernier journal*, t. I, p. 253.

Il croyait n'avoir plus rien à craindre des Arabes. Ceux-là du reste n'avaient rien de commun avec les métis qui chassent à l'homme entre l'Océan Indien et le lac Nyassa (1).

C'étaient d'honorables négociants de Zanzibar, et Livingstone n'eut qu'à leur présenter une lettre du sultan, il fut immédiatement pourvu de vivres, de cotonnade et de verroterie (2); mais, comme tant d'hommes généreux, Livingstone fut un instant la dupe des hypocrites. Ces chercheurs d'ivoire doivent aux obstacles vaincus, aux périls surmontés, quelque chose de fier et de hardi qui rappelle les anciens conquistadores et qui n'est pas sans inspirer quelque respect. Ils parurent à Livingstone sincèrement religieux suivant la lumière qu'ils possédaient. Ils étaient demeurés simples dans leur vie et dans leurs mœurs. Les sacrifices et l'encens dont ils faisaient usage reportaient son esprit plein de visions bibliques aux anciens temps du judaïsme. Les exigences de sa position le forçaient d'afficher au dehors des semblants d'amitié pour eux. Il leur concédait que Mahomet avait eu raison de leur défendre l'idolâtrie et de leur enseigner le culte du Dieu unique, alors que leurs ancêtres étaient agenouillés devant des arbres et des pierres; il ajoutait sur un ton qui n'avait rien d'offensant : « Pour moi je ne crois pas en lui, je suis un enfant de *Jesus ben Miriam*. » Il partit avec eux pour le *Mœro*, mais il n'eut pas fait dix lieues qu'il s'aperçut du danger que l'on court en accompagnant une caravane de traitants honteux, déguisés en chercheurs d'ivoire.

La défaite de Nsama avait frappé les tribus d'une terreur que nulle assurance ne pouvait calmer. Si le

(1) *Id.*, p. 281.
(2) *Dernier journal*, t. I, p. 280.

puissant Nsama avait été mis en fuite par vingt fusils, qui pourrait tenir contre les marchands, si ce n'était le Casembé, et celui-ci avait donné les ordres les plus sévères pour empêcher les vainqueurs de Nsama de pénétrer sur son territoire. Les Arabes adressèrent des présents aux différents chefs. Leurs avances furent mal accueillies (1). En vain on assurait à ces chefs qu'on n'avait d'autre projet que de traverser leur pays, que s'ils voulaient fournir des guides on éviterait leur village, la terreur était si vive que les chefs ne voulaient entendre parler de rien.

En vain Livingstone leur montrait ce qui leur serait donné en échange de farine :

« Nous allons appeler les femmes, et elles vous en vendront, » fut-il répondu ; mais les femmes ne vinrent pas.

Les habitants quittaient les villages, et l'on ne trouvait sur le seuil des demeures qu'un bouquet de feuillage ou de tiges de roseau, ce qui voulait dire : « On n'entre pas ici. » Personne n'était là pour garder les greniers, et pour tout signe de vie, quelques poulets oubliés allaient et venaient effarés en gloussant leur plainte.

(1) *Dernier journal*, t. I, p. 283.

V

DÉCOUVERTE DU LAC MŒRO — VISITE AU CASEMBÉ

(24 octobre — 24 novembre 1867)

On a traversé les villages déserts, on approche du *Mœro*, et le long d'un mur rocheux de mille pieds d'altitude, puis au milieu d'opulentes prairies, trois groupes d'hommes marchent, bannières déployées, au rauque son de la trompe qui fait naître chez les esclaves une sorte d'esprit de corps, et même lorsqu'ils sont devenus libres, les fait tressaillir encore comme un souvenir amer et doux de leurs maux et de leur enfance. Les conducteurs sont costumés d'une façon bizarre : ils ont des perles et des plumes sur la tête, une étoffe rouge autour du corps, et des ornements de fourrure.

L'épouse du chef marche à la tête des femmes, elle est coiffée d'un châle blanc bordé d'or et d'argent, elle a l'allure dégagée, le pas alerte et jamais ne faiblit, même dans les plus longues étapes : des anneaux de cuivre d'un poids considérable portés au-dessus de la cheville semblent n'avoir pour effet que de lui rendre la marche plus facile.

Si par hasard l'un des camarades éprouve la moindre mésaventure, qu'une branche inaperçue lui jette son fardeau par terre, tous les témoins jettent des cris moqueurs. Si l'un des hommes, n'en pouvant plus, s'assied au bord du chemin, ce fait est salué des mêmes cris dérisoires.

Un homme suit la caravane, pensif et pâle, c'est Livingstone. Il se console de marcher à la suite des Arabes et des esclaves, esclave lui-même d'une alliance compromettante, en pensant qu'il verra tout à l'heure, du côté de l'ouest, bleuir le lac *Mœro* (1) (8 novembre 1867).

Le voici; c'est une belle nappe endormie sous le soleil équatorial. Vers le sud, elle se déploie comme la mer calme jusqu'à l'invisible, jusqu'à l'inconnu; vers l'ouest, on voit émerger de son azur les montagnes sombres du Roua. C'est au flanc de ces montagnes que se trouve, dit-on, une ville souterraine. Elle s'étend sur une longueur de vingt milles, un ruisseau coule au milieu, et elle est l'œuvre de la main de Dieu. Une épaisse ceinture de végétation entoure le Mœro. C'est là que des pêcheurs ont fait leur nid comme des alcyons.

Le lac n'est qu'un anneau d'une chaîne de grands lacs reliés entre eux par le *Loualaba*. Ce cours d'eau de plus de cinq cents milles et connu d'abord sous le nom de *Chambezi* alimente un premier lac appelé *Bangoueolo*, puis un second, le *Mœro*, puis un troisième, le *Kamolondo*, puis un quatrième encore, et continue son cours erratique vers l'occident inexploré (2).

Livingstone et les chercheurs d'ivoire longèrent la rive orientale du *Mœro*. Ils suivirent, en tournant au sud, un sentier qui se déroule entre deux chaînes de

(1) Vu de la hauteur qui le domine vers le sud, le Mœro paraît avoir de 70 à 100 kilomètres de largeur. Sur les bords se trouve une source d'eau thermale capable de cuire la cassave et le maïs.

(2) Lettre insérée dans le *Dernier journal*, t. I, p. 281.

montagnes et conduit à des villages où des artisans coupent l'écorce des arbres et tissent de ses fibres une étoffe blanche, rayée de noir. Ils côtoyaient le lac sans le voir : de temps en temps le rideau des forêts s'entr'ouvrait, les falaises s'écartaient pour laisser passer un affluent du Mœro (1), et l'on apercevait, au milieu des vignettes formées par les branches, la grande nappe unie comme une glace : elle disparaissait de nouveau derrière les monts et les bois pour briller encore un peu plus loin sous le sourcil des Mvoulés : puis on ne la revoyait plus.

Le sentier descendait vers le sud.

Il traversa des champs de cassave où çà et là perçait le toit aigu de maisonnettes assez rapprochées les unes des autres et formant comme une ville éparse dans la campagne.

Quelques habitants parurent.

Ils offraient une particularité singulière, ils n'avaient point de mains, ni d'oreilles.

Nous sommes chez Casembé! s'écrièrent les Arabes. Héritier d'une dynastie africaine telle que celle des *Matiamvo* dans le *Londa*, des Kabaka dans le Ganda ou celle des anciens *Pharaon* en Égypte, le dernier des *Casembé* n'avait point un renom de clémence. Pereira, le Portugais, avait visité sa cour, il parlait d'une armée permanente de vingt mille soldats, il avait vu le sacrifice quotidien de vingt victimes humaines....

Déjà l'on apercevait la demeure du monstre. La haute porte, béante au milieu d'une palissade de grands roseaux, avait une archivolte de crânes blanchis, et sur le seuil était un canon, braqué sur les arrivants.

Ceux-ci se rassurèrent.

(1) Le Kalongos, le Monatozé, le Mandapala, le Tchurongo. *Dernier journal*, p. 364 et 266.

Le canon était superbement drapé d'étoffes coloriées : on le traitait comme un personnage, on lui payait tribut pour passer devant lui et sans doute aussi pour le dédommager de ne pouvoir nuire.

D'un geste brusque, Livingstone écarta les péagers et, sans rien payer au canon, il entra (1).

Le Casembé n'était plus qu'un lion peu redoutable à qui l'Arabe donnait le coup de pied de l'âne. Déjà son despotisme n'avait plus d'aliment à dévorer. Il avait si souvent coupé les oreilles et les mains, mutilé de toute manière, vendu les petits enfants, qu'à la fin son royaume s'était dépeuplé. Ses sujets avaient fait leur exode malgré les efforts insensés du nouveau Pharaon pour les retenir.

Livingstone trouva le Casembé assis devant sa porte sur un siège carré. Sous ses pieds étaient étendues des peaux de lion et de léopard. Ce prince avait quelque chose du type chinois et des yeux louchant en dehors (2). Il était vêtu, comme son canon, d'une cotonnade de Manchester, imprimée bleu et blanc et formant de larges plis. Un bonnet, des manches et des guêtres en perles de diverses couleurs et faits avec soin lui couvraient la tête, les bras et les jambes. Les hauts dignitaires, chacun à l'ombre d'un parasol, allèrent s'asseoir à droite et à gauche du trône. Différents corps de musiciens les imitèrent.

Un vieux conseiller, auquel le bourreau avait coupé les oreilles, prenant alors la parole, donna au chef tous les renseignements qu'il avait pu recueillir sur les Anglais en général et sur Livingstone en particulier. Le fait de sa précédente traversée du Londa, au couchant de la province et de sa visite à des chefs qu'ils connais-

(1) *Dernier journal*, p. 268.
(2) *Id.*, p. 271.

saient à peine, éveilla chez les auditeurs la plus grande attention.

Après le rapport, le Casembé dit à Livingstone : « Soyez le bienvenu dans mon royaume.»

Il était cependant une question que le rapport n'avait pas éclaircie et que le monarque africain ne pouvait résoudre :

Pourquoi Livingstone était-il venu?

« Vous me paraissez, lui dit le chef barbare, un voyageur bien altéré. Si vous avez besoin d'eau, il est inutile d'aller plus loin, nous en avons assez dans le voisinage. »

Il ne faut pas que les savants se pressent trop de sourire. Il en est parmi eux qui ne comprennent pas davantage le but de Livingstone. Ils se figurent que ce but fut la science, et que, simple explorateur, il a voulu marquer sur la carte des lacs et des fleuves qu'on ne connaissait pas avant lui.

C'est là se méprendre aussi grossièrement que le Casembé.

Le but de Livingstone n'était pas la science, mais l'ÉVANGILE.

Il buvait dans sa route l'eau du torrent; il faisait avancer la géographie, il est vrai; mais les fleuves, la science elle-même, n'étaient pour lui que des moyens.

Pour lui, les fleuves, ces *chemins qui marchent*, étaient les sentiers du Seigneur, et c'était sur les eaux que, porté comme aux premiers jours, viendrait l'esprit créateur.

Livingstone entreprit de persuader au Casembé qu'il était dangereux de vendre ses sujets. Le Casembé l'écouta, et, pour toute réponse, il vanta l'étendue de ses riches États et la majesté de sa toute-puissance. Le despotisme est partout le même; en tout pays, il fait des phrases.

Un Arabe noir, à la barbe blanche, se permit une simple remarque : « Les autres chefs ont donné à l'Anglais des moutons et des bœufs, tandis que le Casembé n'a pu lui offrir que du poisson et une pauvre petite chèvre ; non, dit-il en terminant, je ne sache que deux souverains : le sultan de Zanzibar et la reine Victoria (1) ! »

A l'issue de l'audience du Casembé, Livingstone reçut la visite de la principale épouse du roi. Elle était grande, d'un brun clair, et d'un visage finement dessiné. Sa main droite tenait deux lances. Comme elle se trouvait à une quarantaine de mètres, Livingstone lui fit signe d'approcher, mais son geste déconcerta la gravité de l'escorte qui éclata de rire : la reine en fit autant et prit la fuite avec tout son monde (2). Depuis ce temps elle aimait à passer devant la case de Livingstone portée par douze hommes sur un palanquin, précédée de serviteurs brandissant des armes et d'un timbalier.

Après la reine, un groupe de belles jeunes filles de la maison de Casembé vinrent donner à l'étranger une poignée de main à la façon du pays : elles placent leur main droite transversalement sur votre main gauche et l'étreignent, puis elles la serrent plusieurs fois à deux mains, et renouvellent la pose transversale. Ces jeunes filles faisaient une visite à Livingstone afin de pouvoir dire un jour à leurs enfants qu'elles l'avaient vu (3).

(1) *Dernier journal*, p. 287.
(2) *Id.*, p. 270.
(3) *Id.*, p. 276.

VI

DÉCOUVERTE DU LAC BANGOUELO

(18 juillet 1868)

La nostalgie qui tue l'Anglais et l'isolement mortel à ceux qui ont vécu puissamment de la vie humanitaire pesaient à Livingstone.

Je ne puis, dit-il, être plus longtemps sans journaux, sans lettres, sans nouvelles de l'Europe.

Un Arabe partait pour le marché d'Oujigi, situé sur la rive orientale du Tanganika; il accepta de le suivre.

Cet homme, Livingstone ne s'en était pas aperçu, cherchait tout simplement à fuir le Casembé qui n'était pas sans raisons de le faire arrêter. Mohammed-ben-seli n'allait pas au but qu'il disait. Il se garda bien d'informer son compagnon que des inondations interceptaient la route entre le Mœro et le Tanganika. Livingstone dut revenir après avoir perdu cinq mois :

« S'il faut retourner sur ses pas, dit-il, que ce soit jusqu'au lac Bangoueolo. »

Et, seul, il entreprit cette exploration nouvelle.

Il fut bien accueilli dans le village : une femme, Naïna Kasanga, le reçut avec une cordialité pleine d'estime, le fit asseoir sous son figuier, et se montra désolée de ce que son hôte partît sans avoir bu de sa bière.

Parfois Livingstone s'asseyait au bord du sentier d'où l'on aperçoit, à travers les forêts et la dentelure d'une chaîne de montagnes, les eaux, sans bornes apparentes, du Mœro. Les passants sortaient du chemin parce qu'il était assis là ; ils n'auraient pas trouvé respectueux de couvrir de leur ombre même une partie de sa personne (1).

« Mon village est le vôtre, lui dit Tounga-Tounga, faites ce qui vous convient et mangez mes provisions. »

Casembé, malgré l'opposition de ses courtisans, le reçut de nouveau.

Livingstone quitta la cour de ce monarque absolu, au temps où le sorgho est officiellement déclaré mangeable (2), et marchant toujours dans la direction du sud, il fut admis à la cour d'un autre roi, frère de Casembé.

La réception fut solennelle ; le roi traînait un interminable manteau que soutenait un page. Six cents hommes se rangeaient en armes autour de lui. Des tambours, des tympanons composaient un orchestre auquel un barde ajoutait ses chants :

> J'ai été voir Saïdi (3),
> J'ai été voir Mirepoute (4),
> J'ai été voir la mer.

A la fin de juin 1868, Livingstone s'aperçut qu'il approchait de la source des eaux. Le pays qu'il parcourait était évidemment le lieu de formation de quelque grand fleuve. Le Loualaba coulait en effet vers le nord, à la droite du voyageur, et le lac *Bangoueolo*, d'où sortait

(1) *Dernier voyage*, t. I, p. 314.
(2) On voit que ce n'est pas seulement en France, mais dans les pays sauvages, que l'État se charge de tout.
(3) Le sultan de Zanzibar.
(4) Le roi de Portugal.

ce fleuve, n'était point à une grande distance dans le sud.

Livingstone assistait au grand travail de la terre et de l'atmosphère pour concentrer en un réservoir unique les grandes eaux qui s'épancheront ensuite sur le continent. C'était le moment de l'incendie des herbes. La fumée noire entraînée par le vent du sud-est courait sur des milliers de kilomètres. Elle s'élevait dans les régions supérieures de l'atmosphère ; alors un vent du nord-ouest la saisissait et l'entraînait dans un sens opposé. Ces vents se recouvraient l'un l'autre, et le premier venait de l'Océan Indien, l'autre de l'Atlantique. A certaines époques ils se rencontrent et c'est l'heure des grandes pluies.

La terre noire et poreuse absorbe les masses d'eau qui l'inondent, elle s'imbibe et se gonfle ainsi qu'une éponge.

L'eau s'arrête à huit pieds de profondeur sur une couche de sable fin et blanc. Au-dessus de cette couche, elle forme un marais, sec en apparence, mais d'où jaillissent des filets d'eau fangeuse sous le pied du passant. Un mois après les grandes pluies, l'éponge dégorge et ruisselle (1). Une rivière se creuse au milieu, puis elle coule à travers des plaines inondées où la profondeur et la rapidité de son courant permettent de la distinguer encore. Elle se jette dans le Bangoucolo, et avec elle des millions de rivières semblables issues de milliers d'éponges qui forment la zone humide où s'alimente le lac.

On peut se faire l'idée d'un pareil système hydrographique en imaginant que la carte du Loualaba supérieur est représentée par la coupe verticale d'une

____

(1) *Dernier journal*, t. I, p. 353.

plante bulbeuse. Une telle plante se compose d'une chevelure de radicelles qui puisent la sève en terre, la concentrent en une racine principale, réservoir ovale où convergent les radicelles, et d'où s'échappe la troisième partie de la plante : la tige. Ainsi le système hydrographique du Loualaba consiste en un écheveau de rivulettes qui soutirent, à la façon des radicelles, l'eau des terres spongieuses ; puis en un réservoir de forme ovale où les rivulettes convergent et condensent l'eau de toutes les éponges : c'est le Bangoueolo, d'où sort, comme une tige puissante, le fleuve appelé Loualaba.

Le caractère du paysage est la mélancolie. Vue à vol d'oiseau, l'éponge ressemble aux végétations licheniformes que la gelée produit sur les vitres. Si l'on regarde de plus près, on aperçoit des courants d'oxyde de fer qui se traînent lentement dans de petits glaciers rouges.

Entre les éponges s'élèvent des forêts : les arbres sont revêtus de lichens, les uns de forme aplatie couvrent les troncs et les branches, les autres en longues touffes de fil, pareilles à des barbes de vieillards, flottent au vent (1). Longfellow a vu de ces arbres en Amérique et les compare aux ménestrels chenus dont la barbe repose sur la poitrine (2).

Un petit sentier se glissant entre leurs troncs énormes conduisit Livingstone à un tertre jonché de fleurs, couvert d'ombres, où des mains inconnues et pieuses avaient déposé des chapelets de perles bleues. Le sommet de ce *tumulus* était arrondi comme si quelqu'un eût été sous la terre *assis* suivant l'expression biblique et la coutume africaine. Pour la première fois, chez

(1) *Dernier journal*, p. 352.
(2) *Evengeline*, t. I.

ces peuples sans souvenirs, Livingstone rencontrait un tombeau.

« C'est là, dit-il, le genre de sépulture que je préférerais entre toutes : reposer dans ces grands bois si calmes, si calmes! où personne ne troublerait mes os.

« Dans nos cimetières les tombes m'ont toujours paru misérables, surtout celles que l'on creuse dans l'argile humide et froide; puis elles sont trop pressées les unes contre les autres.

« Mais je n'ai qu'une chose à faire : attendre que le dispensateur des jours décide où je dois me coucher et mourir.

« Pauvre Mary est à Shupanga (1)! »

• D'autres veulent être ensevelis dans leur patrie, mais le chrétien ne le désire pas : qu'importe au réveil où il a dormi? Le Père universel qui préside à la transformation des êtres, à supposer qu'il ait besoin de la poussière, saura la retrouver pour l'animer d'une vie éternelle; et Livingstone, ami du salut des races étrangères, voulait leur laisser ses os, comme un guerrier jette sur la terre à conquérir les insignes de son commandement, pour qu'un jour les croisés de la civilisation aillent chercher les reliques de l'initiateur qui leur aurait montré le chemin.

L'ombre toujours plus dense de la forêt entretenait en lui ce pressentiment de la mort, lorsqu'il arriva sur les bords du Bangouéolo : un village, celui de Mapouni, s'offrit d'abord au regard, et derrière le toit aigu des huttes arrondies, gémissait d'une plainte infinie le plus vaste et le plus lointain réservoir du Zaïre (2).

Les indigènes se pressaient sur la rive autour de

____

(1) *Dernier journal,* t. I, p. 331. 18 juillet 1869.
(2) Loualaba, Congo, Zaïre, trois noms pour désigner ce même fleuve Ce vaste réservoir est le Bangouéolo.

l'homme blanc. Ils ne pouvaient se rassasier de contempler sa personne. Ils voulaient tout voir, ses notes, ses papiers, ses instruments. Il leur montra d'abord son journal, leur en expliqua l'utilité, et leur dit : « *Qu'il n'était venu de si loin que pour faire connaître au reste du monde les pays étrangers et ceux qui les habitent.* » Les sujets de Mapouni écoutaient avec attention. Le voyageur exhiba sa montre, sa boussole, expliqua la manière dont l'une indiquait l'heure, l'autre le chemin. L'étonnement des indigènes allait croissant. Livingstone montra le miroir ardent : l'admiration fut au comble. Vous n'avez rien vu, dit-il, voilà le plus intéressant : quoi donc? Et le missionnaire ouvrit l'écriture de vérité, la lut, la commenta : « *Nous sommes les enfants du même Père, il a voulu nous mettre en relations les uns avec les autres afin que nous puissions nous visiter amicalement sans avoir rien à craindre* (1). » Et les nègres des bords du Bangoueolo connurent Celui qui efface les anciennes iniquités.

Le son lugubre du tambour africain l'accompagna jusqu'au rivage. Un bois funéraire s'élevait dans une île du lac (2) et se reflétait profondément dans les eaux. Les arbres étendaient vers le nord-est une vaste ramure, mais du côté opposé leurs branches étaient élaguées, tordues et desséchées. C'était que nuit et jour, pareils à Jacob dans sa lutte avec l'ange, ils se débattaient contre l'effort des vents soufflant avec impétuosité du sud-est et entraînant avec eux des nuées d'insectes et la prochaine abondance des pluies.

Livingstone traversa, malgré le vent, les eaux peu profondes du Bangoueolo, et laissant à sa gauche la

(1) *Dernier journal*, t. I, p. 339.
(2) Le Bangoueolo a 315 kilomètres de longueur sur 166 de largeur.

première île, il aborda vers la fin du jour dans une seconde île, l'île Mpabala.

Un homme se présenta qui voulut savoir l'origine et la condition des arrivants. Une hutte fut requise de cet indigène.

« Est-ce que les étrangers demandent des huttes quand il fait nuit? » répondit l'habitant. On coucha donc en plein air, et Livingstone fut transporté pour une nuit dans cette patrie qu'il désirait tant revoir au commencement de son excursion. Il rêva même qu'il avait un appartement à l'hôtel Mivart, le lieu du monde qui l'avait toujours le moins occupé.

VII

LE PARADOXE

A l'époque où l'hirondelle regagne les bords du lac Bangouéolo, Livingstone reprit la route du Tanganika. Il n'avait pas vu le Loualaba, mais il en avait pour ainsi dire entendu murmurer l'onde. Il savait que ce fleuve traînait de lac en lac vers le nord, à travers les prairies et les forêts (1), ses eaux rapides et brunes, parsemées d'îles (2), et sur ses flots, pareille à la feuille que le vent du lac arrache aux arbres de ses rives, errait sa pensée inquiète. Ce fleuve allait-il par la voie du Congo se perdre dans l'Océan, allait-il au contraire sous le nom de Nil féconder l'Égypte et s'épancher dans la Méditerranée?

Des missionnaires qui, dès le XVIᵉ siècle, avaient dépassé les cataractes du Congo, l'avaient vu descendre du nord; d'un autre côté l'Albert Nyanza, d'où s'échappe le Nil, et le cours supérieur du Loualaba étaient rapprochés l'un de l'autre.

Il était permis d'hésiter.

Livingstone, il est juste de le dire bien haut, suspendit son jugement.

(1) *Dernier journal*, 6 octobre 1869, t. I, p. 361.
(2) *Id.*, t. II, p. 151, 153, 143, 129, p. 301. Stanley, *Comment j'ai retrouvé Livingstone*, p. 310.

Est-ce à dire qu'il n'inclinât pas vers l'une ou l'autre solution?

Il eût voulu croire que le Loualaba n'était autre que le Nil, et ce n'était pas sans motifs qu'il se hasardait à le penser : une erreur dans le calcul des altitudes, les rapports des Arabes ignorants et menteurs, l'induisirent momentanément dans une hypothèse erronée.

Il fit preuve aussi dans ce cas d'une excessive crédulité et d'une confiance trop naïve en de vagues rumeurs venues du passé. Interrogés par Hérodote au sujet des sources du Nil, les prêtres de Saïs auraient répondu que ce fleuve sortait de quatre fontaines dont les eaux divisées arrosaient tout le continent connu des anciens. Trois mille ans après eux, les indigènes de l'Afrique, interrogés par Livingstone au sujet des sources du Loualaba, firent une réponse analogue à celle des prêtres de Saïs : « Quatre fontaines donnent naissance à quatre fleuves et l'un d'eux est le Loualaba. »

Le Loualaba sortait de quatre fontaines, le Nil sortait de quatre fontaines : plus de doute, le Nil n'était autre que le Loualaba !

Par une coïncidence encore plus merveilleuse, la Bible, elle aussi, ne parlait-elle pas des quatre fontaines et des quatre fleuves de l'Éden ? Il fallait justifier la Bible, et c'était peu d'être le Nil, il fallait encore que le Loualaba fût l'un des fleuves de l'Éden !

Il restait à trouver les quatre fontaines : elles étaient situées dans le sud, et, disait-on, près de Katanga.

Comment Livingstone pouvait-il arrêter sa pensée à ces coïncidences fortuites de la Bible avec des bruits sans consistance? C'était qu'il ne savait pas faire abstraction de sa croyance, alors qu'il s'agissait non de

croire mais d'observer, et trop souvent chez lui le parti
pris de l'apologiste exerça l'influence la plus funeste
sur l'activité intellectuelle du savant.

Son caractère aussi, ce caractère qui ne pouvait supporter l'indécision, fit qu'il supposa résolu le problème
du Nil, et son génie paradoxal et novateur lui fit adopter la solution la plus hardie. M. Cameron en a dé-
montré l'inexactitude, mais ce qu'on n'a pu ni contes-
ter, ni mépriser, c'est l'audace et l'originalité d'une
telle solution.

Si l'on s'en souvient, en effet, tous ceux qu'une ému-
lation fatale et féconde et la curiosité scientifique
avaient poussés jusqu'alors à la recherche du *caput
Nili*, depuis les centurions de Néron, jusqu'à la jeune
Anglaise miss Tinné qui les dépassa, depuis Ptolémée
le géographe, jusqu'à Samuel Baker qui découvrit le
lac Albert, tous avec des fortunes diverses avaient
suivi le même chemin, tous avaient traversé l'Égypte,
tous étaient arrivés par le nord.

Livingstone venait à son tour. Il dédaignait le chemin déjà parcouru, il se levait du midi comme le géant
des explorateurs ; plus loin que les monts fantastiques
de Crophi et de Mophi entrevus par les légionnaires
fatigués, plus loin que la pierre où Debono grava ses
initiales, plus loin que l'Albert Nyanza et le Victoria
Nyanza où l'on marche sur des tapis d'herbes flottantes
étoilées de lotus, plus loin que la ligne du partage des
eaux, il apparaissait. Il disait victorieusement à Ptolémée le géographe, à Speke, à Grant, à Baker, à Debono,
à l'histoire et à la géographie :

« Vous vous êtes trompés ; le vieux Nil s'est moqué
de vous tous en cachant sa tête à plus de cinq cents
milles au-dessous des sources que vous avez cru découvrir. »

Il entreprit, au péril de sa vie, la démonstration de ce paradoxe, devenu pour lui une idée fixe autant qu'impérieuse, un devoir auquel il devait sacrifier, non sans résultats ni sans gloire, la seconde moitié de sa carrière. Attardé dans le sud, entravé par les marécages, il empruntait la nacelle aérienne du rêve, que du moins l'Arabe ne pouvait arrêter ni l'indigène refuser, et voguant avec elle sur les lacs Albert et Victoria, il fuyait, sans obstacle, à travers l'écheveau des fleuves qui forment le Nil Blanc, il voyait, en passant, une cité morte « baigner dans l'eau ses pieds de pierre » : Meroë, bâtie dans une île par Moïse en l'honneur de Merr, sa mère et sa nourrice. Il voyait encore au-delà les champs de l'Égypte blonde et « les monts bâtis par l'homme » et les sphinx dont il avait dérobé l'énigme, et l'Angleterre où ses enfants l'attendaient, où son nom volait de bouche en bouche...

Tel était son rêve, « mais jamais, écrit-il, je ne rêve que lorsque je suis malade ou sur le point de l'être (1). »

Il ne savait quel pressentiment de sa mort s'offrait à lui partout sur les rives du Bangouelo et donnait à ses projets les plus héroïques un démenti qu'il savait accepter.

Bientôt une pneumonie l'arrêta dans sa marche vers le Tanganika. L'organe central de sa puissante organisation fut gravement atteint : il toussa nuit et jour, cracha le sang, devint d'une maigreur effrayante. Pour la première fois, il fallut le porter.

La marche en litière ou kitanda lui fut même pénible à l'excès. Elle n'était que montées et descentes en approchant du lac Tanganika. Il avait la tête en bas, les

(1) *Dernier Journal*, t. I, p. 185.

pieds en haut, puis la tête en haut, et supportait patiemment des secousses affreuses. Le soleil vertical brûlait et soulevait la peau dans tous les endroits où le vêtement ne la cachait pas. Le malade préservait son visage avec un bouquet de feuilles, et la nature avait beau lui sourire au travers, il souffrait de la nostalgie, et, dans son isolement pire que l'exil, il se consolait de l'Angleterre perdue en songeant à la terre que les petits du lion n'ont pas foulée et dont l'aigle lui-même ignore les sentiers. Le chrétien consolait l'Anglais. La lecture de la Bible, le commerce avec les anciens conducteurs des peuples, lui faisaient oublier la compagnie des enfants d'Ismaël. Il disait adieu pour jamais aux lieux deux fois étrangers de son pèlerinage. Il se voyait mort sur la route d'Oujigi; il y voyait des lettres qu'il attendait devenues inutiles. Quand il pensait à ses enfants et à ses amis, ces lignes vibraient dans sa tête où elles se répétaient sans fin :

« J'aurai les yeux sur vos visages, j'écouterai vos paroles, et quand vous me croirez bien loin, je serai souvent près de vous. »

De leur côté ses amis pensaient à lui; il en avait de connus et d'inconnus. L'Europe et l'Amérique se donnaient, en le contemplant, un de ces spectacles que les anciens eussent déclarés dignes des dieux, mais qui sont les jeux des races nouvelles. Homère, Virgile, n'ont rien à raconter de plus digne d'éloge que les hauts faits de ces coureurs qui, sur la mer ou dans le stade, luttaient de légèreté, de vitesse ou de force. Ces jeux sont renouvelés au dix-neuvième siècle, mais le but est à des milliers de stades. Le vainqueur doit atteindre les sources du Nil. Déjà les coureurs sont partis; ils s'appellent Burton, Speke, Baker, Linné, Shwinfurth, Livingstone. Les uns partent par Zanzibar, les autres par l'Égypte, les uns par l'orient, les autres par le nord, et l'un a l'audace de venir par l'occident./Ils se donnent rendez-vous au but mystérieux. Deux mondes les suivent du regard..... Tout à coup l'un des coureurs disparaît dans l'éloignement. Le bruit de sa mort circule en Angleterre et, pleins d'inquiétude, les amis de Livingstone se regardent entre eux.

VIII

JAMES GORDON BENNETT ET HENRI STANLEY

(Octobre 1869)

Διὸ; δ' ἐτελείετο Βουλή.
(*Homère.*)

Au moment où Livingstone se posait le problème du Nil, un Américain, qui ne l'avait jamais vu, pensait à lui. C'était un directeur de journal, non un de ces charlatans qui veulent modeler à leur effigie et à leur profit l'âme naïve du peuple, mais un esprit assez élevé pour comprendre la mission du journalisme moderne : il embrassait du regard la terre entière, afin de faire connaître à ses lecteurs tout ce qui se passait dans l'univers et d'unir tous les hommes par une même vie intellectuelle; James Gordon Bennett vint à penser que ce voyageur, dont l'Europe avait perdu la trace, était vivant, dans la détresse peut-être, et que le trouver, le secourir, serait mériter au *New York Herald* une bonne renommée. S'il eût fallu dépenser dans ce but un capital de 100 ou de 200,000 francs, il n'eût pas hésité sans doute, mais un travailleur manquait à ce capital pour lui faire porter des fruits dignes de la main qui le mettait si généreusement au service du malheur, de la science et de l'union des peuples.

En ce moment-là même (16 octobre 1869), à Madrid, un journaliste, arrivant du carnage de Valence, était tourmenté de la même pensée. Le dégoût de la guerre civile qui déshonorait l'Espagne, le désir d'annoncer à l'Europe des nouvelles un peu moins vieilles que le sang répandu, la philanthropie qui le sollicitait à entreprendre quelque chose de grand, enfin la sympathie qui l'attachait à l'homme dont les voyages avaient charmé son adolescence : tels étaient les mobiles du *reporter* Stanley. Nul n'oserait dire qu'il fut mû par des inspirations moins élevées que le rédacteur de l'*Herald*, mais il manquait à Stanley ce qui fait défaut à tant d'hommes du plus magnanime vouloir : l'argent.

La libre union du travail et du capital est voulue de la Providence, et, dans le cas particulier qui nous occupe, une suite d'événements ayant toujours pour point de départ une idée généreuse, et comme une impulsion divine, mirent en rapport le capitaliste et le travailleur.

Le 16 octobre, à 10 heures du matin, M. Stanley reçut une dépêche où se trouvaient les mots suivants :

« *Rendez-vous à Paris. Affaire importante.* »

Le télégramme était de James Gordon Bennett junior, directeur du *New York Herald*.

Au moment même où les deux journalistes se rencontraient et s'entendaient à Paris, en Afrique centrale, Livingstone, traversant le Tanganïka, arrivait à la station arabe d'Oujigi, s'y reposait, écrivait au consul de Zanzibar, afin que de nouvelles marchandises et de nouveaux hommes lui fussent envoyés, et, croyant trouver au nord-ouest le Nil supérieur ou Loualaba, il prenait la route du Manyema. Sa santé s'était rétablie : « En persévérant, écrivait-il dans son journal, j'ai recouvré la force et elle s'est accrue par l'exercice. » Le prompt oubli des maux, le sang renouvelé dans ses veines, la lucidité de son esprit rajeuni, lui permettaient d'entrevoir la possibilité de nouvelles découvertes, de races dégradées à relever et quels longs chemins lui restaient à parcourir.

Le projet des deux journalistes était donc sans but. Leurs pressentiments étaient sans objet. Livingstone n'avait plus besoin d'être secouru. Tous deux l'ignoraient; toujours était-il que leur entreprise était aléatoire dans le temps comme dans l'espace : l'Afrique, l'avenir, le sort de Livingstone, tous les éléments de la réussite étaient inconnus.

Ils n'en persistèrent pas moins dans leur résolution; il s'agissait pour eux de trouver, non pas un monde comme jadis pour Colomb, mais une âme vivante, utile à ce globe et plus grande que lui.

« Vous assisterez d'abord, dit M. Bennett à son envoyé, à l'inauguration du canal de Suez; de là vous remonterez le Nil pour vous informer de l'expédition de Baker; vous reviendrez par Jérusalem, Constantinople, le Caucase, la Perse et l'Inde, d'où vous vous embarquerez pour l'Afrique et pénétrerez dans l'intérieur. »

Ce qui fut dit fut fait. Le reporter vit le canal de Suez, les champs de bataille de Crimée, Stamboul; il vit les marques des ouvriers de Tyr sur les fondements du temple de Salomon, il écrivit son nom sur les monuments de Persépolis, enfin, en août 1870, il arriva dans l'Inde, pendant que Livingstone entrait dans le Manyema. Les deux voyageurs partaient en sens inverse l'un de l'autre; l'un s'enfonçait de plus en plus dans l'Afrique et l'autre dans l'Asie, et, sans le savoir, ils se fuyaient au lieu de se rencontrer.

IX

ÉTAT PHYSIQUE ET SOCIAL DU MANYEMA

(20 septembre 1869)

Arrivée à Bambarré. — Forêt autour de Bambarré. — Villages situés à l'ouest et villages situés au nord de cette résidence. — Absence de lien national. — Rumeur peu rassurante.

A Oujigi, Livingstone s'allégea d'une partie de ses bagages qu'il remit aux mains d'un négociant appelé Shérif, fit venir de Zanzibar des étoffes et des vivres, afin de se ravitailler en cas d'insuccès, et s'engagea dans le Manyema (22 mai 1869). Après avoir traversé la vallée du Lobamba, il chemina dans de vastes plaines couvertes de manioc, de gingembre et de fougères; les affluents du Lobamba les fécondent, de joyeux villages les émaillent, et la fumée noire des herbes et des roseaux incendiés les couvre parfois comme un dôme et les protège contre le soleil. Marchant ensuite à l'ouest, le voyageur escalada des roches de granit et prit un de ces chemins profondément creusés au sommet des montagnes par les pas multipliés des générations sans histoire. Tandis que cette voie s'allongeait en serpentant sur une crête, Livingstone voyait, à 2000 pieds au-dessous, une masse compacte, muette, où l'éléphant blessé se retire pour échapper au chasseur (1), où les redoutables orages des régions tropicales bercent à peine le nid des pigeons bleus, où, quand la nuit tombe, sans rien changer aux ombres, la lumière sidérale s'assoupit dans la fraîcheur des mousses, une *forêt vierge*, au-dessus de laquelle il marcha pendant quatre-vingts heures jusqu'à ce qu'enfin, redescendant les rampes, il aperçut Bambarré, qui devait être le centre de son exploration (20 septembre 1869).

C'était là qu'un ami du commerce et de l'hospitalité, le roi Moïnecous, venait de mourir. Son héritage s'était transmis à ses deux fils. L'un gouvernait et l'autre conseillait; tous deux, bien différents de leur père Moïnecous, se défiaient des étrangers. Seuls au milieu des forêts, sans appui que leurs fétiches, ils disaient : « L'homme blanc veut nous tuer, car il ne s'est point fait annoncer. » Il se trouva fort heureusement que Bogharib, un Arabe dont la caravane accompagnait celle de Livingstone, demanda l'échange du sang.

Une petite incision fut faite à l'avant-bras de chacun des échangistes.

Ils se déclarèrent amis, promirent qu'il ne serait pris ni volaille ni homme.

Quelques gouttes de sang furent alors portées de l'un à l'autre sur une feuille de figuier, et mêlées à celles qui coulaient des deux incisions.

Ensuite on offrit aux deux frères les présents d'usage.

Les villageois se pressèrent autour des arrivants, comme des enfants bruyants et curieux, tous à la fois parlant et regardant.

Livingstone se fit bâtir une maison parmi leurs cases,

(1) *Dernier journal*, t. I, p. 62.

et Bambarré devint le point d'où son expédition rayonna dans le pays tout entier.

Une peinture de la contrée nouvelle eût intéressé les lecteurs du *Dernier journal;* mais une telle peinture n'était pas le fait de Livingstone; il excellait à décrire les exploits de la fourmi, les palais soyeux et féeriques de l'araignée, le nid de la fauvette ou de la veuve, mais, habitué comme le sont les Anglais à toujours particulariser et à juger de tout avec nombre, poids et mesure, il n'avait pas le sentiment d'un grand ensemble. On peut essayer de reconstituer cet ensemble en combinant ces détails majestueux ou charmants, ces couleurs d'une palette divine qu'il observait et qu'il analysait.

Les montagnes ont des palmiers sur leur sommet ; leurs frondes gracieusement incurvées ondoient sous la brise avec une beauté souveraine qui réunit tous les caractères de la grâce et de la grandeur. Des armées tantôt tumultueuses, tantôt profondément calmes d'arbres gigantesques, aux branches appesanties par les lichens, peuplent les vallées et couvrent des lieues, parfois les arbres ont 20 pieds de tour et leur première branche est à 70 pieds du sol.

Au-dessous des branches pend un réseau de lianes. Elles sont consumées chaque année par un incendie que dominent et que bravent les vieux géants de la forêt. Souvent aussi, au lieu de brûler ces lianes, on les détache, on s'en sert pour suspendre d'énormes lances au-dessus des trébuchets que foulera l'éléphant, on les étend au bord des cultures comme des fils protecteurs. On y suspend le maïs du pays par sa tigelle recourbée en forme de faucille, et souvent le village se trouve entouré d'un grenier vertical, aérien, où les habitants, plus généreux que les fils de Moïnecous, puisent pour rassasier l'étranger.

On fait avec ces lianes des échelles hautes de 150 pieds, pareilles à l'échelle de Jacob, mais où grimpent, au lieu d'anges, les paddas, oiseaux aux ailes blanches, l'ibis religieux, les bergeronnettes et les tourterelles. L'homme y monte à son tour pour atteindre au nid du perroquet. L'oiseau favori des Manyemas dépose sa couvée sur les cimes, près de l'azur et de la lumière qui colorent son plumage. Au bord du Loamo l'indigène aussi construit ses huttes au sommet des arbres, car la flèche de son ennemi n'en peut atteindre la cime.

A l'ouest de Bambarré les villages sont suspendus aux pentes des montagnes pour que l'eau n'y séjourne pas. Les rues sont orientées de l'est à l'ouest pour que le soleil y fasse ruisseler sa lumière. A l'extrémité de l'une d'elles s'élève une maison destinée aux réunions publiques. Les toitures sont couvertes avec des feuilles qui ressemblent à celles du bananier. Une entaille faite au pétiole dans le sens de la longueur permet d'agrafer la feuille au chevron, qui lui-même est souvent fait de la tige d'une fronde de palmier. L'eau coule rapidement sur cette toiture sans la mouiller. Les étincelles d'une forge y roulent comme ferait du sable.

Aux lieux où prédominent les vents du sud-est, la maison se tourne à l'ouest et la toiture se prolonge assez bas pour que la pluie n'atteigne pas la muraille; ces demeures restent debout fort longtemps; il arrive souvent que des hommes reviennent au village qu'ils ont quitté dans leur enfance et réparent le mur endommagé.

L'habitation, de forme carrée, se distribue en deux pièces.

Dans la première, trente vases de terre arrondis et d'une belle tournure sont suspendus à la voûte comme des lampes d'église, au moyen d'échelottes en cordes d'une fabrication très soignée. Il s'y ajoute souvent un nombre égal de paniers suspendus de la même manière et une provision de bois de chauffage rangée sur des tablettes.

La deuxième pièce sert de chambre à coucher : le lit est élevé sur une plate-forme.

Devant la porte est une petite véranda.

Au point du jour, toute la famille se rassemble autour d'un feu qui tempère la fraîcheur du matin, et tout en jouissant du brasier, respire un air pur, et parle des affaires domestiques. Les femmes ont une petite jupe de couleur voyante et à plis nombreux. Elles causent entre elles et leur voix sonore met en fuite les bêtes de la nuit.

Au nord de Bambarré les villages sont perdus dans les bois. Les habitants ont laissé l'herbe obstruer les sentiers, ils ont ainsi caché leur trace à leurs ennemis, car ils sont entourés de peuplades hostiles, et sans défense au milieu de leur forêt. Malheur à eux si soudain le cri d'alarme allait retentir ! ils tremblent à cette seule pensée ; aussi ont-ils soigneusement dissimulé leur demeure. L'étranger n'a qu'un moyen d'arriver chez eux, c'est de suivre le cours des eaux, il touche au village et ne s'en doute point. Le village est là pourtant. C'est un point obscur au milieu de la verdure transparente ; tel un nid forme une tache sombre sur le feuillage lumineux d'un buisson : l'enceinte est une haie vive enveloppée elle-même d'une plante aux larges feuilles. Au dehors, rien n'apparaît.

Le sentiment patriotique s'éveille dans ces villages où la beauté de la nature se joint à la souffrance en commun pour faire aimer à l'homme la terre où il est né. Le petit enfant des Manyemas transporté en Europe préfère aux merveilles de la civilisation le souvenir de son village. Dispersés par la guerre, les habitants d'une même commune se reconnaissent à ce patriotisme tenace, étroit du reste comme le patriotisme ancien et limité à ceux qui sont nés dans la même enceinte de feuillage. Ce droit des gens à qui toute humanité fut étrangère, et qui fit la triste originalité de Rome, est la loi de ce patriotisme, si tant est qu'on puisse appeler droit des gens un état social où l'homme en dehors de son pays natal est privé de toute protection. Les indigènes refusaient d'accompagner Livingstone à une distance de 3 milles parce qu'ils auraient trouvé dans le village voisin les meurtriers de leurs pères, de leurs oncles ou de leurs grands-pères.

Certes si Livingstone avait voulu s'engager dans leurs luttes, et, comme les traitants, prendre parti dans leurs querelles, les malheureux n'auraient pas manqué de l'accompagner! Ils auraient exterminé volontiers les autres habitants d'une contrée où la faiblesse du pouvoir sans limites fait surgir la *vendetta*. Dans ce pays, Caïn frappe toujours, et la clameur inconsolée du sang d'Abel s'échappe toujours de la terre. A cette voix, la vendetta grandit, s'étend aux parents, aux amis de la victime, à son village, à sa postérité : ce n'est plus la vendetta, c'est la guerre, la guerre permanente. Au lieu de la grande image d'une patrie commune, le bruit d'interminables combats plane au-dessus de tout le Manyema comme un murmure perpétuel au-dessus des forêts.

Les Arabes insinuaient qu'à ces guerres s'ajoutait un crime plus odieux encore. Le 28 décembre, un indigène passa près de Livingstone, portant une feuille dans laquelle était enveloppé un doigt humain. Les Arabes virent dans ce fait une preuve de cannibalisme, mais

Livingstone, plus honnête que les Arabes, s'informa d'abord avant d'accuser. Le doigt était celui d'un homme tué par vengeance et devait servir de talisman.

Les Manyemas avaient été bons pour le voyageur, ils avaient hébergé, nourri, ramené ses compagnons égarés dans la forêt; de plus il avait remarqué chez certaines peuplades telles que les Makondés une répugnance au cannibalisme allant jusqu'à ne pas manger les animaux féroces parce que ceux-ci dévoraient la chair humaine.

Comment les habitants du Manyema pouvaient-ils être cannibales? Nul d'entre eux ne souffrait de la faim. Leur terre était fertile en vin et en huile; le lait et le miel y coulaient; la liqueur de palme, le sorgho, la cassave, la patate sortaient du sol presque sans culture ou du moins sans labourage; il suffisait de gratter la terre et d'en enlever l'herbe. Le sucre était fourni par la canne et les bananes; la viande ne manquait pas; les chèvres, les moutons, les volailles abondaient dans les villages; les éléphants, les buffles, les zèbres, les antilopes dans les forêts; les poissons dans tous les cours d'eau. Celui qui donne la pâture aux petits des corbeaux, lorsque le matin ils l'appellent par leurs cris, mit au matin des siècles les premiers hommes dans un paradis terrestre à cause de leur innocence, et les races dégradées à cause de leur déchéance et par pitié pour elles, dans un pays où l'âge d'or trouve encore aujourd'hui sa réalité. Le cannibalisme régnerait dans ce pays où la famine du moins ne pourrait lui servir d'excuse! cela paraissait scientifiquement inadmissible.

Cependant les indigènes n'osaient aller d'une bourgade à l'autre.

— Et pourquoi ? demandait Livingstone.

— De pour d'être mangés.

Cette réponse laissait à penser. Ces hommes après tout avaient l'appétit dépravé, la nature sanguinaire ; quelques-uns portaient la peau du chat musqué, ou les plumes écarlates du perroquet, et c'étaient là les insignes honorés de l'homicide. Les querelles de ménage avaient souvent pour conclusion le meurtre de la femme par le mari qui mangeait le cœur de la défunte. Il transpirait que le père de Moïnecous avait tué cinq personnes pour se repaître de leur corps : la tête de Moïnecous lui-même, cette tête décharnée à laquelle on soumettait encore les affaires publiques, avait été mangée ; et pourtant, disait Livingstone, un jury d'Écosse répondrait encore : *not proven*. Enfin, un jour que le voyageur avait sauvé la vie d'un assassin, les indigènes vinrent en foule pour dévorer celui qu'ils croyaient mort ; plus de doute : ANTHROPOPHAGES !

Ainsi s'entre-dévoraient ces hommes primitifs à la veille du jour, prochain, hélas! où devait disparaître leur race.

X

TROIS EXCURSIONS A LA RECHERCHE DU LOUALABA

(1869 — 1870)

Entouré de la profonde nuit des forêts, de la fâcheuse compagnie des Arabes et de la défiance des Manyemas, Livingstone s'établit à *Bambarré*, et de là, comme un général bloqué sur la terre ennemie, il fit trois sorties principales, la première à l'ouest, la seconde au nord, la dernière au nord-ouest, pour rejoindre ce fleuve, l'un des plus grands de notre planète et par où devaient pénétrer au cœur de l'Afrique la civilisation et le royaume de Dieu.

I

Où coulait le *Loualaba* ?

Nous l'avons vu, disaient les Arabes, à l'ouest de Bambarré.

Ce fut donc vers l'ouest que se fit la première tentative ; l'expédition suivit la même direction qu'un affluent du *Loualaba*, le *Louamo*.

Or les Arabes avaient passé là : le district était désolé. Justement défiants, les indigènes accouraient armés de grandes lances, de boucliers de bois, et suivaient les voyageurs en troupes menaçantes. Les chefs étaient priés de leur refuser le passage. Les femmes surtout étaient exaspérées ; elles ne voulaient pas faire de différence entre eux et les Arabes. Livingstone dit à l'une d'elles :

« Voyez si je suis de la même couleur que l'Arabe Dagambé. »

Elle répondit avec un rire amer :

« Alors c'est votre fils (1). »

On approchait du Loualaba, on était à 10 milles de son confluent avec le Louamo. Les Manyemas refusèrent leurs canots pour descendre cette rivière, il fallut revenir à Bambarré (19 décembre 1866), et peut-être Livingstone n'y fût-il jamais revenu s'il avait descendu la rivière jusqu'à son embouchure. Là des rapides l'attendaient. Plus tard, quand il eut appris le péril, il remercia le guide invisible qui tirait pour lui le bien du mal, et son salut de ses ennemis eux-mêmes.

II

S'il est vrai, pensa-t-il, que le Loualaba soit le fleuve d'Égypte, on doit le rencontrer au nord, et le 1er janvier 1870 il commença la seconde excursion. Il suivit le chemin des éléphants défoncé par leurs pieds énormes. Il marchait dans les fondrières, et les herbes ruisselantes se rejoignaient au-dessus de sa tête et l'inondaient.

Il pleuvait.

« Une petite rainette d'un demi-pouce de long sauta sur la feuille d'une herbe, et se mit à chanter d'une voix mélodieuse, non moins sonore que celle de beaucoup d'oiseaux. Il était surprenant d'entendre une

______

(1) *Dernier Journal*, t. II, p. 39.

si grande musique venant d'un si petit musicien. »

C'était ainsi que le plus petit messager de la Providence suffisait pour rendre au missionnaire la sérénité ; son âme était pareille aux herbes hautes des marécages ; la pluie l'abattait un instant, mais un rayon, un parfum, un chant la relevaient aussitôt.

Parfois aussi la fatigue l'emportait sur l'enthousiasme ; il se couchait à l'ombre d'un dattier sauvage, sur un rocher, et dormait sept heures sous la pluie.

Il pleuvait, il pleuvait, et le Loualaba n'apparaissait pas.

Des Arabes vinrent et dirent :

« Le fleuve ne coule pas au nord, comme vous le pensiez, mais au sud-ouest. »

Était-il donc le Congo ?

Peut-être : oui, pouvons-nous dire aujourd'hui (1).

La pluie tombait. A force de recevoir les averses, de boire l'eau fangeuse, Livingstone fut repris de la fièvre, il ressentit en même temps les sourdes attaques du choléra. Tous ses serviteurs le quittèrent ; il ne lui resta que Chuma, Souzi et Gardner.

En vain il essayait de poursuivre au sud-ouest le *Loualaba* qui semblait fuir devant lui : ses pieds écorchés se couvraient d'ulcères envenimés par la fange. Un flot de sérosité sanguinolente s'échappait nuit et jour de ses plaies. La douleur, écartait de lui le sommeil, et pendant ses insomnies, il entendait les cris de ses malheureux compagnons qui souffraient du même mal que lui. Les ulcères allaient s'élargissant, ils rongeaient les muscles, les tendons et les os.

Il n'eût pas été prudent d'aller plus loin vers l'ouest, d'autant plus qu'on apercevait la fumée de villages en

______

(1) Stanley et Cameron l'ont prouvé.

flammes, et que, unis enfin dans la vengeance, les Manyemas pouvaient se lever contre l'étranger.

Il reprit le chemin de Bambarré (21 juillet 1870).

Là, condamné par ses plaies à rester immobile pendant quatre-vingts jours, il demandait aux caravanes
qui passaient des nouvelles d'Oujigi.

Les hommes qu'il avait demandés au Dr Kirk, consul
d'Angleterre à Zanzibar, se faisaient longtemps attendre. Il s'étonna, quand ils arrivèrent, qu'ils fussent
d'anciens esclaves banians, sans honneur, comme sans
intérêt à le suivre dans les hasards. A défaut de l'estime
de celui qu'ils devaient aider, ceux-ci se concilièrent
l'estime de l'Arabe Hassani en priant huit fois par jour
devant sa porte, et complotèrent avec ce traitant de
livrer leur maître, Livingstone, aux Manyemas. Et
c'était avec de tels serviteurs qu'il fallait voyager, sans
parler des Arabes, dont les nobles exploits seront ra-
contés dans le chapitre suivant.

III

La caravane partit dans la direction du nord-ouest,
et la dernière tentative de Livingstone atteignit son but.

Il vit le Loualaba (31 mars 1871) !

Pour se donner le temps de négocier l'achat d'une
pirogue destinée à remonter ce fleuve jusqu'à son embouchure inconnue, il se construisit à *Nyangoué*, sur la
rive, une maisonnette salubre dont les murailles étaient
d'herbe, le plancher d'herbe et de roseaux.

Cependant ses serviteurs disaient aux habitants de
l'autre rive :

« Il ne cherche ni esclaves ni ivoire, mais un canot
pour aller tuer les Manyemas. »

Les indigènes avaient l'*esprit ensanglanté*; ils n'avaient jamais entendu parler d'un homme blanc, ils crurent à cette calomnie, ils refusèrent la pirogue. Un chef offrit bien un canot, mais il appartenait à son voisin ; il fallait en le prenant de vive force satisfaire quelque ancienne vengeance, et Livingstone ne voulut pas franchir le fleuve à ce prix.

Le même jour les Arabes, moins scrupuleux sur les moyens, obtenaient sans difficulté neuf grandes pirogues, et leur bande partait pour le pays de Babisas. Elle descendit le Loualaba, et bientôt atteignit ce point de la rivière où les roches de *Kiria* se projettent sur les deux rives en deux promontoires qui ne sont pas en face l'un de l'autre. Resserrée par cette projection, la masse d'eau se précipite contre l'un des deux promontoires, en fait le tour, est rejetée contre le suivant, et forme un tourbillon qui saisit la première pirogue des Arabes et la brisa contre les rochers. Cinq hommes furent tués.

Si Livingstone eût été du voyage, il eût eu le même sort. Les Arabes se seraient fait un point d'honneur de lui donner la préséance et se seraient tenus à une distance respectueuse en attendant que sa barque, les précédant, tentât l'épreuve du passage. Les esclaves banians avaient cru faire échouer son entreprise en persuadant aux indigènes de lui refuser une embarcation ; en réalité la vie de leur maître avait été préservée par leur trahison, et le Seigneur étendait une fois de plus sur lui sa main paternelle. Il se servait d'une calomnie des banians pour faire que son serviteur ne heurtât pas le pied contre la pierre.

XI

L'ESCLAVAGE

« Le sujet ne permet pas qu'on
exagère. »

(LIVINGSTONE.)

Depuis que le chamelier de Médine a fondé cette organisation sociale qui divise l'humanité en deux classes, celle des fils d'Allah, et celle des infidèles, l'une à qui sied l'oisiveté, l'autre à qui ne sont dus que les supplices et la mort, l'esclavage a eu sur la terre un principe permanent. Les privilégiés du prophète, pour qui le travail est un déshonneur, ne veulent pas de ce déshonneur pour leurs fils plus que pour eux-mêmes; aussi sont-ils réduits par leur principe même à voler quelque part, dans quelque lieu où nul ne soit témoin de leur crime, une race entière qui puisse travailler pour leur race, sans salaire et sous leur bâton. Comme la paresse et l'orgueil poussent le musulman à s'emparer des enfants d'autrui, la polygamie le pousse à se saisir de la femme de son prochain, quand ce prochain est un infidèle. Toute autre explication de l'esclavage est accidentelle et temporaire, sa cause unique et fondamentale est dans les principes mêmes de cet Orient qu'ont célébré les poètes, qu'ont chanté les peintres par les harmonies et par les magies de la couleur, et qui sous le tapis bariolé de ses richesses et de son luxe cache toujours les soupirs silencieux et le sang répandu. L'Orient, c'est la sirène des mers antiques, belle et souriante par sa partie supérieure, mais dont la croupe déroule dans un mystère sa suite funeste et tortueuse. Ce qu'on voit ce sont les minarets, les palmiers, les tentures, les fraîches eaux, les plaisirs; ce qu'on ne voit pas ce sont les boutres chargés de squelettes vivants, arrivant les épaules meurtries, les mains liées avec les lianes des forêts natales, la nuit sur les plages d'Arabie; les longues chaînes de captifs, marchant un bâillon dans la bouche, la fourche au cou, un fardeau sur les épaules, les menottes aux mains et poussés pendant 300 lieues sous le fouet des métis; ce qu'on ne voit pas, ce sont les maisons incendiées; les victimes périssant dans les flammes, plus heureuses toutefois de périr ainsi que de souffrir les maux de la route pour aller vers le déshonneur; ce sont les hyènes suivant les caravanes, harcelant de leurs morsures répétées les misérables qu'on abandonne! voilà ce que n'ont pas vu les poètes chanteurs de l'Orient, et pourtant ce sont là les conséquences de la doctrine du plaisir.

Ainsi pour que leurs sérails ne manquent de rien, les musulmans, qui peuvent si malaisément se maintenir en Europe, se sont créé des empires en Afrique, de l'Égypte au Sénégal. Ils ont converti par la force la partie la plus vigoureuse de la population, l'autre partie est tenue à l'engrais pour être exploitée par la traite. Quand la Turquie, l'Arabie, la Perse ou l'Inde demandent des esclaves, ce qu'elles font sans cesse, le roi ordonne des battues dans les provinces où le gibier humain est comme parqué.

Plus loin, dans l'Afrique orientale, entre le Haut-Nil, le Congo et le Zambèze, les musulmans ne laissent jamais

échapper un prétexte de déclarer la guerre aux indigènes : tantôt c'est une dette dont ils exigent le paye-
ment par les armes après avoir forcé les indigènes à la
contracter; c'est une guerre civile dans laquelle ils
interviennent du côté du plus fort; le plus souvent c'est
le caprice des *métis* qui, pour un rang de perles volé par
les naturels, brûlent un certain nombre de villages;
c'est le désir de répandre la terreur; c'est l'ironie : ils
font souffleter les indigènes par leurs esclaves, allument
l'incendie dans les villages pour que les naturels n'aient
pas de maison. A la suite de toutes ces provocations
vient le massacre, et c'est ainsi qu'il périt par an deux
millions de victimes pour entraîner en Orient trois cent
mille esclaves.

De tous les témoins appelés à déposer aujourd'hui
dans le procès de l'esclavage, il faut placer au premier
rang Livingstone : homme pacifique, il voulait unir
entre eux les hommes divisés, et le premier il dénonça
dans les Arabes les perturbateurs et les provocateurs.

Un agent arabe se vantait d'avoir tué quarante
hommes. Livingstone lui dit : « Vous êtes envoyés
pour trafiquer, non pour assassiner.

— On nous envoie pour tuer; les Anglais aussi tuent
les hommes !

— Oui, les négriers qui se conduisent de votre sorte, »
répondit le voyageur.

Il voulait introduire en Afrique un commerce légitime qui fît disparaître en partie la traite et servît à la
propagation de l'Évangile, comme le commerce des Juifs
et des Syriens avait déjà facilité l'apostolat de saint
Paul. Les Arabes au contraire représentaient en Afrique
la spoliation violente, le commerce illégitime et tous les
vices qu'il entraîne chez les spoliateurs et chez les
spoliés. Ils avaient un marché d'esclaves qui se tenait

chez Nsama dans l'Itahoua. Ils promenaient leurs captures dans la foule en criant le prix, jetaient un bâton pour que, le rapportant, l'esclave montrât ses allures, ils séparaient l'enfant de sa mère, la femme de son mari.

« Un vieux traitant nommé Mohammed ne se faisait aucun scrupule de prendre pour esclave épouse la femme d'autrui. En vain le mari offrait-il une brasse d'étoffe à carreaux, trois houes et deux rangs de grosses perles pour la racheter, le vieux traitant la garda. »

Il faut citer encore et textuellement.

On lit dans le *Dernier journal* la note suivante :

« 28 juillet. Prière avec des litanies ; une pauvre vieille femme et un enfant sont parmi les captifs. L'enfant peut avoir trois ans et paraît être le favori de sa mère ; ses petits pieds sont écorchés pour avoir marché au soleil. On l'a offert pour deux brasses de calicot, et la mère pour une seule. Il a très bien compris et s'est mis à sangloter en s'accrochant à elle ; mais sa mère n'y pouvait rien, on les a séparés à Karoungou. »

Arrachés aux plus beaux lieux de la terre, aux bords du Tanganïka par exemple, où les élaïs leur fournissent l'huile et le breuvage, les bananiers des fruits délicieux, les grands arbres des pirogues, les rochers un abri contre la tempête, la terre des épis luxuriants, les natifs étaient conduits à coups de fouet, la fourche au cou, vers la côte, où, croyaient-ils, on allait les engraisser et les manger (1). Ils enduraient la chaîne tant qu'ils étaient sur le territoire de leur pays ; mais quand ils avaient vu couler entre eux et leur village quelque grand fleuve, ils étaient saisis d'une étrange maladie. Ils ne se plaignaient que du cœur, posant la main à la place exacte où gît cet organe, bien qu'à leur croyance

____

(1) Y. Stanley.

il fût sous le sternum. Les traitants étaient surpris de les voir mourir encore qu'ils ne travaillassent point et ne semblassent affectés d'aucune apparente blessure.

Ils étaient contraints de marcher avec leur fourche d'un poids de 30 à 40 livres, tout en ayant un fardeau sur la tête, et les enfants eux-mêmes supportaient la fatigue avec une force étonnante; mais il arrivait qu'en passant près d'un village, le bruit d'une danse, le son joyeux d'un grelot ou d'un tambourin, venaient frapper leurs oreilles; alors le souvenir des heureux jours, évoqué tout à coup, les suffoquait; ils éclataient en sanglots; leur cœur était brisé, et depuis ce moment ils commençaient de s'éteindre.

Un bel enfant d'une douzaine d'années ne pouvait plus se soutenir; quand il fut près d'expirer, on le posa doucement au bord du chemin, et l'on creusa sa fosse. Lui aussi disait n'avoir mal nulle part, excepté au cœur.

Très souvent les Arabes promettaient à des villageois du poisson séché s'ils voulaient leur servir de guides, et lorsque les malheureux se trouvaient à une certaine distance de ceux qui auraient pu les défendre, ils étaient saisis et boulonnés dans la fourche dont on ne se délivre pas. Désespérés, ils mouraient bientôt du mal mystérieux que Livingstone a décrit, parlant jusqu'au dernier soupir de leurs femmes et de leurs enfants à qui jamais ne serait reportée l'annonce de leur destin (1).

Ils n'avaient de consolation que dans la croyance des Africains à l'immortalité de l'âme: mais quelle croyance! et quelle consolation !

On en jugera :

Livingstone rencontra leurs caravanes proscrites, ils chantaient, comme s'ils n'avaient pas senti leur abjec-

____

(1) *Dernier journal*, t. II, p. 162.

tion. Le voyageur leur demanda la cause de leur gaîté : ils répondirent qu'ils se réjouissaient à la pensée de revenir, après leur mort, tourmenter et tuer ceux qui les avaient vendus.

« Vous m'avez envoyé à la côte, disait le chant, mais quand je serai mort, je n'aurai plus de joug, et je reviendrai vous hanter et vous tuer. Et tous reprenaient le refrain, formé du nom de chaque vendeur. Récit tout d'amertume et de larmes fait par des opprimés (1). »

Puis, quand ils étaient partis, ou quand ils étaient morts, quand le pays était désert, Livingstone voyait une femme venue de très loin qui construisait avec un soin extrême une case en miniature. Elle la faisait à la place où s'élevait naguère la maison maternelle brûlée par les chasseurs d'hommes ; la maisonnette achevée, elle y déposait une offrande d'aliments, comme les anciens en offraient aux morts. Nul doute que cet acte de piété filiale ne soulageât son pauvre cœur (2).

Depuis Livingstone, beaucoup de ces faits individuels qui vont parfois plus directement au cœur que la statistique abstraite des ensembles, ont été colligés par les explorateurs : le cardinal de Carthage a fait dresser des cartes où sont précisément délimités les ravages du fléau. Longtemps avant ce noble rédempteur d'âmes, Mgr Gaume avait écrit sous la dictée d'une petite esclave

____

(1) *Id.*, t. I, p. 330.

(2) *Dernier journal*, p. 184. Dieu le veut ! c'était sur ce cri que saint Bernard poussait les peuples à la délivrance d'un sépulcre ; aujourd'hui Dieu ne VEUT-IL pas qu'une partie de la race humaine soit affranchie du brigandage des traitants ? Pourquoi l'initiative individuelle ne formerait-elle pas une chevalerie nouvelle composée d'hommes résolus à combattre en Afrique où règne encore l'insécurité des temps féodaux, les ennemis héréditaires de la civilisation chrétienne ? Avant le fusil, la peur seule aurait bientôt exterminé du continent les farouches enfants du prophète (note d'une première édition de ce livre en 1881).

le récit de son histoire qui n'a rien d'exceptionnel parmi des millions de semblables destins :

« Mon pays, dit Suema, est bien beau : on y voit beaucoup de ruisseaux qui traversent de grandes plaines couvertes de grandes herbes, et des rochers à pic qui sont le refuge de nos villages en temps de guerre; ils sont si haut qu'on dirait qu'ils touchent le ciel.

« Mon père fut tué par un lion. Un créancier de ma mère me vendit moi-même à un Arabe : ma mère le supplia de l'emmener elle-même avec moi : « Je ne « suis pas encore vieille, dit-elle, malgré la couleur de « mes cheveux, blanchis par le chagrin, je suis encore « assez forte pour porter une dent d'éléphant : de grâce, « ne me séparez pas de ma fille qui est mon unique « consolation dans les malheurs qui m'ont accablée. « Du reste, je suis sobre et me contente de peu de chose, « je sais faire de la poterie en terre, je vous serai utile « comme esclave, je vous promets de toujours bien « travailler : de grâce emmenez-moi. »

« L'Arabe consentit à nous réunir toutes deux, mais il fit plus d'attention aux travaux de poterie qu'aux larmes de ma mère.

« Le premier jour, chargée de sa dent d'éléphant, elle marcha à la tête de la colonne, le deuxième elle se trouvait déjà au milieu, et le troisième elle eut peine à suivre la queue de la caravane. A tout moment elle déposait son fardeau, sa respiration pénible trahissait la fatigue, et chaque pas montrait les efforts surhumains qu'elle faisait pour continuer son chemin... Le soir j'entendis cet ordre barbare : « La mère de Suema ne « sert de rien, elle n'aura plus de ration. »

« A force de dissimuler je parvins à partager avec elle ma nourriture.

« Le féroce Arabe s'aperçut de la ruse et me fit frapper jusqu'à faire couler le sang.

« Le jour suivant ma mère eut pour toute nourriture quelques sauterelles, quelques feuilles de mtama et un peu de terre rouge.

« Je ne pouvais manger : je fus forcée d'avaler la nourriture sans avoir la consolation de la partager. »

Le lendemain la caravane entra dans une vaste plaine à laquelle on venait de mettre le feu, et l'incendie s'était étendu à perte de vue. On n'apercevait plus nulle part un brin d'herbe verte : plus d'insectes, plus d'oiseaux.

Ce qui frappait la vue, c'était une immense étendue de terre carbonisée et noircie par le feu.

Il était impossible à la mère de Suema de se procurer la moindre parcelle de nourriture, pas même de la terre rouge pour tromper son estomac.

Pendant cette journée, sa fille la vit tomber plusieurs fois épuisée de fatigue et d'inanition. Ce n'est que grâce à des efforts désespérés qu'elle réussit à parvenir jusqu'à l'étape du soir.

Au moment de la distribution de la nourriture : « Qu'on chasse cette vieille, dit le maître, et surtout qu'on veille bien à ce que personne ne lui donne rien à manger, quiconque enfreindra cet ordre sera puni sévèrement : demain, s'il plaît à Allah, nous en serons débarrassés ; demain elle nous laissera tranquilles, je l'espère, c'est aujourd'hui sa dernière étape : elle n'en peut plus. » Ces paroles étaient accompagnées d'un rire féroce.

La nuit on campa à la belle étoile, l'incendie de la savane ayant consumé toutes les herbes et toutes les broussailles. Lorsque Suema crut tout le monde endormi, elle se glissa comme un serpent en dehors du camp. A peine éloignée de quelques centaines de pas, elle retint son haleine, écoutant de toutes ses oreilles de manière à saisir le moindre bruit. Bientôt elle entendit de sourds gémissements qui lui firent reconnaître la voix de sa mère; elle se mit à courir dans la direction des plaintes et d'aussi loin que possible cria : « Maman, consolez-vous, voici votre enfant qui vient pour vous soulager. »

La mère entend ces paroles qui lui font pousser des soupirs d'attendrissement. Elle serra sa fille dans ses bras amaigris, posa sa tête sur ses propres genoux, et pleura. Elle la berça autant que ses forces le lui permirent : elle chantait tout bas en sanglotant, comme on chante en Afrique, aux enterrements.

« Suema, mon enfant, pourquoi n'es-tu pas morte avec tes sœurs? j'aurais eu au moins vos tombeaux, ce bien que personne n'aurait pu me ravir.

« Heureuse est la mère qui peut rendre l'âme en pleurant sur les tombeaux de ses enfants !

« Les tombeaux de tes frères et de tes sœurs sont loin, et tu vas te séparer de moi à jamais.

« Et moi malheureuse ! je n'ai ni la force de te suivre ni celle de retourner auprès des ossements chéris des nôtres.

« Oh ! où vas-tu?

« La mort n'est pas aussi amère que l'esclavage.

« Qui va désormais peigner et tresser tes cheveux?

« Qui va laver ta tête?

« La rosée froide du matin et les pluies de la mauvaise saison lavent la tête de l'orpheline.

« Les larmes lavent la tête de l'esclave.

« La terre humide est sa mère.

« Le tombeau est sa patrie, seul endroit où elle pourra reposer son corps endolori. »

Le bercement et la voix plaintive de sa mère endorment Suema : au point du jour elle se sent serrée : c'est sa mère qui la presse dans ses bras ; elle entend résonner les pieds des hommes qui la cherchent ; l'Arabe cherche à l'entraîner ; sa mère la tient embrassée, l'homme ne réussit pas à les séparer, et les traîne quelque temps toutes deux par terre. « Frappez cette maudite vieille ; exterminez-la à coups de bâtons, hurla-t-il d'une voix rauque et tremblante de colère. »

Aussitôt une grêle de coups tombe sur tout le corps de la mère : malgré toutes ses souffrances elle ne desserre pas les bras et tient sa fille collée contre elle : « Frappez ! frappez tant qu'il vous plaira, dit-elle d'une voix éteinte, frappez pour que je meure avant de me séparer de mon dernier enfant. »

Le maître entend ces paroles et dit : « Frappez ! frappez fortement la petite. »

Enfin les forces manquent à la mère, ses bras s'ouvrent, on saisit Suema et on l'emporte.

Faisant un dernier effort, la mère se met à genoux et tend douloureusement les deux mains dans la direction de l'endroit vers lequel on entraîne sa fille.

Un instant après, elle s'affaissa sur elle-même évanouie : Suema se débattait, on essayait en vain de la faire marcher à coups de bâton : à chaque pas elle cherchait à retourner auprès de sa mère et, accablée de coups et de douleur, elle tombait par terre.

Un esclave la reprit et la porta ; bientôt la caravane parvint au sommet d'une colline ; Suema regarda en arrière, et au milieu de la plaine brûlée, aperçut pour la dernière fois sa pauvre mère, les bras étendus vers elle.

Elle vit une énorme quantité de corbeaux voltiger autour de sa tête, attendant avec impatience le moment de sa mort pour la dévorer. En arrivant à Quiloa, la petite esclave était comme un cadavre, elle vivait pourtant, on la mit dans une natte et on la porta vivante au cimetière. Les chacals commençaient de la mordre : un chasseur la délivra. Transportée à la mission, elle ne se croyait plus vivante et prit une religieuse pour l'ombre de sa mère morte.

Qu'était cette frêle voix d'enfant racontant son histoire ? la même, hélas ! que celle de toute sa race !

Des larmes stériles et rares coulent bien, mais l'Europe n'écoute pas, les nations s'entre-regardent avec des yeux de haine, elles méditent les revanches interminables : tout à coup le pontife à la robe de lin déchire le rideau du théâtre humain, et montre, dans l'ombre, un continent plein de misères...

Une diversion se fera-t-elle à nos discordes ? la haine se changera-t-elle en pitié ?

L'heure est solennelle : sommes-nous au dix-neuvième ou au treizième siècle ? le *Dieu le veut* retentit : Pierre l'Ermite n'a rien perdu de son éloquence pour s'appeler Lavigerie ; Godefroi de Bouillon, de sa vaillance, pour s'appeler Joubert ; Urbain, de sa majesté pour s'appeler Léon XIII. Les grands jours chrétiens peuvent renaître, mais hâtons-nous : craignons que le désert couvre tout le continent ; que cesse de brûler, faute de misérables, la flamme sacrée de la pitié ; qu'on ne puisse plus en Afrique, ni secourir, ni commercer, ni vivre ; que les derniers croisés, trouvant, sur la terre dépeuplée, quelques individus semblables à ces feuilles rares qu'on voit aux rameaux noirs des arbres à la fin de l'automne, n'admirent tristement et ne recueillent ces derniers restes, et que du fond du cœur des survivants ne sortent ces paroles : Vous venez trop tard. ô nos frères ! quel malheur est le vôtre et le nôtre ! Pourtant nous nous serions aimés !

XII

LE MARCHÉ

(1er avril 1871).

Nous le savons, une heureuse calomnie fit que Livingstone se vit refuser une pirogue, et dut rester à Niangoué, immobile au bord du fleuve. Il attendit l'occasion de le franchir ou d'en remonter le cours.

Un jour qu'il était assis à la porte de sa maisonnette, dont l'herbe et les roseaux faisaient toute l'architecture, le 10 avril 1871, il vit passer à la suite les unes des autres plus de sept cents personnes. La plupart étaient des femmes. Elles portaient au bras des charges très lourdes et sur l'épaule des vases de terre (1).

Elles se rendaient au marché qui se tient périodiquement et pendant plusieurs jours à Niangoué, et forme l'institution la plus importante et la plus civilisatrice des Manyemas. C'est une institution toute féminine (2). Les hommes y viennent, mais en grande toilette et sans apporter beaucoup d'objets utiles. Les femmes, au contraire, arrivent surchargées des biens qu'elles-mêmes ont su produire. Elles sont belles, bien vêtues et respectées. Elles paraissent en Afrique supérieures aux

(1) *Dernier journal*, I, p. 135.
(2) *Dernier journal*, I, p. 144.

hommes. Qu'il s'agisse de travailler, de labourer la terre, de commander, de remplir les fonctions de chef, elles ne le cèdent en rien à leurs maris. Dans le Manyema le soupçon d'anthropophagie ne pèse point sur elles, et tandis que les hommes des diverses communes se font la guerre, elles viennent au marché comme en temps de paix, et n'ont rien à craindre. Il n'est pas d'exemple que l'une d'elles ait été volée par un homme. Elles sont d'habiles trafiquantes. Marchander, plaisanter, rire, triompher de l'acheteur ou du vendeur, c'est pour elles le bonheur de la vie. Le marché est leur grande fête.

Trois mille indigènes réunis là inspirent confiance ; ils se soutiennent mutuellement et se font rendre justice les uns aux autres.

La horde de Dagambé essayait un jour d'imposer sa domination sur le marché :

« Je veux cette chose, disait l'un.

— Ceci est à moi, dit un autre, personne n'y touchera. »

Les femmes leur apprirent qu'ils ne pouvaient avoir aucun monopole et qu'ils devaient trafiquer loyalement.

C'était une splendide matinée que celle du 11 avril. La journée s'annonçait abondante et favorable à l'acheteur. Livingstone, assis à l'écart, entendait au loin s'accroître de moment en moment le murmure des propos joyeux. Ce fut bientôt comme un rugissement de voix humaines, qui s'élevait de la rive droite du fleuve, et dans cette grande rumeur on distinguait l'accent de l'intérêt et l'éclat du rire, l'emphase de l'offre, le dédain de la demande, l'abondance des paroles féminines, le serment de la ruse, l'éloquence de la bonne foi, les cris de la passion. Tout cela formait un bruit majestueux comme celui de l'Océan.

C'est qu'une grande chose en effet s'accomplit.

Pour qui sait entendre, cette grande rumeur, c'est le retentissement du progrès qui s'accélère en des pays et chez des races où tout semble le nier et le démentir. Un marché n'indique-t-il pas, en effet, la présence de l'échange et de la concurrence? L'échange distingue l'humanité, même barbare, de l'animalité imperfectible. La concurrence a le même résultat. Elle abaisse le prix : si le prix d'une chose utile est élevé, quelques-uns seulement peuvent en jouir : pour peu qu'il s'abaisse, elle devient accessible à des acheteurs habitant au loin, elle descend aussi plus profondément dans le peuple; que le prix diminue encore, elle se communique aux rivages les plus éloignés, elle est à la portée de l'indigence ; que le prix disparaisse, elle devient le patrimoine commun de l'espèce humaine entière; c'est ainsi que la concurrence est pour les étrangers et les pauvres un principe d'émancipation progressive à de certaines conditions et dans de certaines limites.

A mesure que les habitants du Manyema arrivaient au marché, le prix des choses s'abaissait, le bien général s'accomplissait. Nul, sans doute, n'en avait souci, tous ne songeaient qu'à leur intérêt propre.

Si pourtant le bien général était réalisé, il fallait qu'une intelligence cachée pensât à ce bien pour eux tous, et Livingstone, assis à l'écart, croyait entendre, au milieu de la rumeur des voix et des bruits, parler le Dieu dont la voix est comparée, dans l'Ecriture, à celle des multitudes.

Le marché se tenait sur l'une des rives du Loualaba : on apercevait sur l'autre rive dix villages en flammes. Après avoir mêlé son sang d'esclave au sang d'un chef indigène, Manilla brûlait les cases des ennemis de ce chef, s'emparait des hommes et des chèvres. De son côté le traitant Dagambé revendiquait pour lui le monopole du commerce, il attaquait le protégé de Manilla, il exterminait le peuple du chef indigène, et depuis le matin les coups de feu retentissaient au delà du fleuve (1).

Pendant ce temps, l'intérêt et la coutume prévalaient sur la peur, et les femmes ne traversaient pas moins en pirogue le Loualaba. Livingstone lui-même éprouva le désir de voir le marché. Fatigué de la compagnie des traîtres qui le servaient en complotant sa perte, il trouva douce la compagnie des indigènes. Les préventions de ceux-ci tombèrent en le voyant. Ils se plurent à lui faire connaître le nom des poissons et de toutes les marchandises (2).

Les marchands de poissons courent çà et là portant des brochettes et de petits silures fumés, enfilés sur des brindilles, ou bien des assiettes remplies d'escargots, qu'ils échangent pour des racines de manioc, des pommes de terre, du grain, des légumes, ou pour des bananes, de la cassave, de l'huile de palme, de la volaille, du sel, du poivre. Les lépidosirènes sont pris par le cou et sortis du vase pour montrer comme ils sont gras (3). On vend le camwood (4) en pains aplatis, et des boules d'argile telles que les consomment les malheureux atteints de cette maladie qui force à manger de la terre (5). Des lentilles de fer étirées aux deux bouts, afin qu'on puisse juger de l'excellente qualité du métal, s'échangent contre une étoffe tissée des fibres du dattier (6).

Il faut dire aussi qu'un étranger porte, à l'épaule au bout d'une cordelette, un paquet de dix mâchoires in-

<hr>

(1) *Dernier voyage*, t. II, p. 150, 153, 157.
(2) P. 145.
(3) P. 145.
(4) Poudre rouge du ptérolobo santalinoïde.
(5) Le safara.
(6) P. 149.

férieures, dix mâchoires *humaines*. Livingstone l'inter-
roge : cet homme avait tué d'abord, ensuite mangé les
propriétaires de ces mâchoires, et montrait l'instrument avec lequel il avait découpé ses victimes. Livingstone exprime son dégoût ; l'homme sourit (1). Enfin,
spectacle moins disgracieux : deux jolies petites filles
essayent de vendre leur étalage qui se compose de
fourmis grillées (2).

« La scène, écrit Livingstone, est d'un naturel et d'un
entrain inimaginable.

« Les hommes se promènent en coquettant, vêtus
de jupons courts largement plissés et de couleur brillante.

« Les femmes ont de grandes hottes en forme d'entonnoir, dans lesquelles se glissent les marchandises
qui ne doivent pas être vues. Au-dessus des objets con-
tenus dans le panier, elles portent tout un échafaudage
de vaisselle, attaché aux épaules et retenu par une
courroie qui passe sur le front; leurs mains en outre
sont pleines. Jamais on ne ferait porter à un esclave la
moitié du poids dont elles se chargent volontairement.

« Elles travaillent de bon cœur, faisant sonner leur
poterie pour montrer qu'elle est sans défaut, exposant
leurs articles, en détaillant les qualités. Il faut voir et
entendre avec quelle verve les choses s'affirment! Le
ciel et la terre, toute la création prise à témoin de la
vérité du fait. Et quel étonnement, quel mépris lorsque
la marchandise est dépréciée, et quelle insouciance
quand l'acheteur s'éloigne! Des enfants vendent de
l'eau à la tasse aux combattantes altérées, qui la leur
payent avec de menus poissons. »

Livingstone contemplait avec joie ce spectacle fait

(1) P. 150.
(2) *Id.*

pour charmer un Anglais, lorsqu'il rencontra Manilla, puis trois agents de Dagambé. Il s'étonna de voir ces trois hommes armés de mousquets.

Il fut sur le point de leur reprocher d'être venus là avec des armes, ce que ne font jamais les habitants; mais il s'en prit à leur ignorance des usages du pays, et, la chaleur étant suffocante, il résolut de rentrer chez lui.

Comme il s'éloignait, il vit des hommes marchander une poule et s'en emparer. Il n'avait pas fait trente pas hors de la place, qu'une double détonation lui fit comprendre que le massacre commençait.....

« La foule, dit-il, s'élança de tous côtés, chacun jetant ses marchandises et prenant la fuite.

« Trois hommes tiraient sur les groupes qui stationnaient en haut du marché. Bientôt des volées de mousqueterie partirent d'une bande postée en bas, près de la crique du Loualaba, et dont les coups se dirigeaient sur les femmes qui se précipitaient vers les canots.

« Une cinquantaine de pirogues étaient là, pressées les unes contre les autres.

« Dans l'effroi qui les avait tous saisis, les hommes oublièrent leurs pagaies. Les canots ne pouvaient pas sortir tous à la fois; la passe était trop étroite, et, voulant tous partir, ils s'en empêchaient.

« Hommes et femmes entassés dans les barques, blessés par les balles qui continuaient de pleuvoir, sautaient dans l'eau et s'y débattaient en criant. Une longue file de têtes sortant de la rivière montrait que les malheureux nageaient vers une île située à 1500 mètres; pour y atteindre, il leur fallait opposer le bras gauche à un courant de 2 milles à l'heure. Toutes ces têtes au-dessus de l'eau marquaient la ligne de ceux qui devaient périr.

« Les coups de feu continuaient, tombant sur les faibles et sur les blessés. A chaque fois disparaissaient des têtes, les unes tranquillement, elles coulaient à fond et rien de plus; tandis qu'à la place des autres, on voyait des bras se tendre vers le ciel, puis disparaître tour à tour.

« Un canot se chargea d'autant de monde qu'il put en contenir; tous le firent marcher avec les bras, en guise de rames.

« Trois autres allèrent au secours des amis défaillants, et s'emplirent au point qu'ils sombrèrent.

« Seul, dans une longue pirogue, où auraient pu tenir quarante ou cinquante personnes, un homme avait perdu la raison : il remontait la rivière, pagayant sans but, tournoyant, n'allant nulle part et ne regardant pas ceux qui se noyaient.

« Peu à peu toutes les têtes disparurent. »

XIII

LE SAUVETAGE

Quand Dagambé vit autour de lui l'extermination croître (1), il se dit que peut-être les indigènes étaient assez convaincus de la puissance des Arabes et qu'il serait temps de maîtriser l'ivresse du crime qu'il avait laissée déborder sur des créatures innocentes. Il mit de ses gens dans un des canots restés sans maîtres, et les envoya secourir les malheureux, de sorte que d'un côté ses hommes fusillaient, de l'autre ils sauvaient de la mort. Une femme refusa d'être prise à bord, préférant la chance de se sauver en nageant à la crainte d'être esclave.

Le vrai sauveteur était là, celui dont personne ne repoussait la main secourable. Livingstone était debout sur le rivage, son premier mouvement fut de décharger ses pistolets sur les assassins. Dagambé protesta contre son immixtion dans une querelle sanglante. Lui-même se souvint qu'un divin Sauveteur avait dit : Remets ton épée dans le fourreau. Il fit arborer le drapeau britannique, envoya ses hommes dans le champ de carnage recueillir les fugitifs. Les personnes qui vinrent à lui

(1) Quatre cents personnes avaient péri, et ce chiffre donné par les Arabes est bien au-dessous de la vérité, on ne saura jamais le chiffre exact des hommes tués dans ce massacre prémédité.

furent protégées, et les épaves du massacre réunies le soir près de sa maison, à l'abri de son pavillon protecteur.

Pendant que Livingstone et Dagambé, l'un sur le rivage et l'autre sur le fleuve, organisaient le sauvetage, les esclaves du camp et les femmes des traitants organisaient le pillage du marché.

Tout à coup l'on entendit s'élever sur la rive gauche du fleuve des lamentations affaiblies par la distance.

Était-ce que la nouvelle du massacre était parvenue de l'autre côté?

Non, mais le massacre s'y continuait.

Tayamoyo, le principal auteur du crime de la rive droite, tirait sur les habitants de la rive gauche, et ceux-ci se lamentaient sur des morts nouveaux, ignorant combien de leurs amis étaient couchés dans les profondeurs du Loualaba.

Sur la rive gauche, des colonnes verticales de fumée s'élevaient et surplombaient en couches horizontales au-dessus des villages incendiés, tandis qu'à leur base le feu dévorait en un instant et les chaumières et la moisson, et le bois de chauffage soigneusement entassé dans les huttes, et tous les fruits du travail des pauvres.

Livingstone priait le Père dont le règne doit un jour venir. Il faisait promettre à Dagambé d'ordonner la fin de la fusillade et de l'incendie. Toute la nuit, toute la journée suivante, la bande des incendiaires et des meurtriers se gorgea de chèvre et de volaille au milieu des ruines qu'elle avait faites.

Le soir elle reprit son œuvre.

Vingt-sept villages furent détruits.

A minuit, Livingstone se leva pour écouter et regarder l'horizon. L'enfer était toujours devant ses yeux. Toujours il entendait le bruit de la fusillade lointaine.

Le lendemain, 1ᵉʳ juillet, à 1 heure de l'après-midi, les acclamations des femmes du camp lui firent savoir que les limiers de Tayamoyo avaient fini leur besogne. Ils commençaient de repasser la rivière. Ils revenaient possesseurs de quarante-quatre esclaves et portant les têtes de deux chefs notables. Ils marchaient tambour battant, déchargeant leurs mousquets en signe d'allégresse, et jetant des cris de triomphe comme pour dire à tous :

« Saluez le retour des vainqueurs, la venue des héros (1)!

Livingstone dit : « Je pars (2). »

(1) P. 163.
(2) P. 165.

XIV

LE DÉPART

Il voulait partir, et cependant il savait que le Loualaba s'écoulait dans un quatrième grand lac : il avait à cœur de le découvrir : il n'eût pas visité sans intérêt les villages souterrains du Roua. Il avait appris qu'un Loualaba, parallèle au premier, s'unissait à celui qu'il avait déjà vu (1); mais de tous les renseignements qu'il avait pu recueillir, l'un surtout piquait sa curiosité; ces deux Loualaba sortaient de deux fontaines situées dans le sud à quelques journées de Katanga. A dix milles au delà se trouvaient encore deux autres fontaines, sources de deux fleuves qui pouvaient être le Zambèze et le *Zaïre*. Un monticule s'élevait entre ces quatre fontaines les plus remarquables qu'il y eût en Afrique, et qui rappelaient celles dont parlent Hérodote et la Genèse.

Il fallait renoncer en quittant le pays à résoudre ces problèmes à la fois historiques et géographiques, se contenter, au sujet du Nil, d'une hypothèse fortement ébranlée et sacrifier les découvertes les plus précieuses. Il fallait, pour regagner *Oujigi* et le bord oriental du lac Tanganika, faire à pied mille kilomètres en pays ravagé, après avoir nourri et vêtu les esclaves banians pendant vingt et un mois (2).

(1) C'était la Louapula.
(2) *Dernier voyage*, p. 165, 166, 170, 171, 113, 114, 181.

Mais comment marcher plus longtemps dans l'inévitable société de limiers inondés de sang (1), sans passer pour complice de leurs crimes (2). Un homme de caractère, au milieu de ces bandits, n'avait d'autre ressource que celle du moine qui disait : « Prends ton âme! et va-t'en (3). »

Il partit.

« Cependant, s'écria-t-il, cependant je finirai par atteindre le Roua, où je verrai d'abord les villages souterrains; j'irai ensuite à Katanga, puis aux quatre fontaines situées au delà, à huit jours de route : après cela je gagnerai le lac Lincoln (4). »

Au moment de son départ les chefs Manyemas vinrent le trouver et lui dirent :

— Demeurez (5), vous êtes notre seule protection.

— Laissez-moi fuir, répondit-il, je ne puis plus rester dans une pareille agonie (6). Dans la compagnie où vous me voyez, je n'ose plus vous regarder en face (7).

Quatorze chefs le supplièrent alors de faire leur paix avec les Arabes et de se transporter avec eux de l'autre côté de la rivière Loualaba, pour leur partager le pays, leur indiquer où ils devaient élever leurs nouveaux villages et créer de nouvelles plantations (8). Livingstone fut le médiateur de la paix, rendit à leurs familles trente et quelques personnes échappées au massacre. Grâce à son intervention, les maris reprirent leurs femmes, trente-trois canots furent restitués à leurs pro-

(1) *Dernier voyage*, p. 165.
(2) *Id.*, p. 162.
(3) Dominique Lacordaire.
(4) *Dernier voyage*, t. II, p. 166.
(5) P. 166.
(6) P. 166.
(7) P. 164.
(8) Lettre de Livingstone. *Revue des cours scientifiques* du 25 avril 1874.

priétaires (1). Un vieillard du nom de Kabobo vint chercher sa vieille femme. « Est-ce bien là vôtre mari? » demanda Livingstone; elle courut au vieillard, lui passa
tendrement le bras autour de la taille et répondit : Oui.
Celui qui les réunissait ainsi leur donna cinq rangées de
perles pour acheter des vivres, car toutes leurs provisions avaient été brûlées avec leur demeure. La femme
se courba, toucha la terre de son front, en signe de reconnaissance; son vieux mari fit de même, et elle partit
avec des larmes dans les yeux (2).

Livingstone fit au sujet du fleuve une dernière observation scientifique (3), jeta sur les eaux un regard pro-
longé où l'on eût pu lire ses regrets, et vit en s'éloignant
des pirogues le traverser, éviter la crique des morts,
aborder plus haut, au village de Mtamboué (4). Des
femmes sortirent des cabanes comme des ombres plain-
tives. L'une d'elles, blessée au bras, était pansée avec
des feuilles (5). Elles venaient comme la veille au
marché. Elles apportaient du sel pour racheter aux
esclaves du camp de misérables hottes que la peur leur
avait fait abandonner (6).

Évidemment elles avaient l'intention de reprendre
chaque semaine le même chemin. La terreur ne pouvait diminuer le bonheur qu'elles éprouvaient de commercer ensemble et qui les consolait de tant de divisions et d'infortunes (7). La coutume reprenait son
empire, semblable à celui de la nature, et ces femmes

(1) *Dernier voyage*, p. 163.
(2) *Id.*, p. 184.
(3) Il s'agissait d'un abaissement considérable du niveau.
(4) *Dernier journal*, t. II, p. 167.
(5) *Id.*
(6) *Id.*
(7) *Id.* L'une des conditions de la paix dont Livingstone fut
médiateur était le rétablissement du marché : elle fut stipulée
par l'échange du sang.

venaient en vertu d'une loi pareille à celle qui faisait
rouler vers le nord les flots indifférents du Loualaba :
en effet, deux grandes puissances, la coutume et la
nature, travaillent sans relâche à réparer les forces que
l'homme ne cesse d'anéantir par l'esclavage et par la
guerre. . . . .

. . . .

. . . .

Faut-il quitter pour jamais le Manyema sans faire
connaître ce qu'il advint des races qui le peuplaient.
La science s'intéresse avec profit à ces populations,
en qui le droit patriarcal, la communauté primitive de
la propriété, le respect traditionnel de l'autorité et
même quelque ébauche de la monarchie féodale trouvaient un témoignage actuel et vivant d'elles-mêmes.
L'art pourrait rencontrer dans le Manyema des types
fins et forts, modelés comme des statues de bronze, et
qu'il ne trouverait nulle part ailleurs, excepté sur les
murs intérieurs des hypogées libyques. La poésie évo-
querait dans ce pays le passé de l'humanité dans sa
fraîcheur, la race agricole frappant le sol des coups
cadencés de ses houes grossières, et en chantant les
hymnes du labour et celles des semailles, les petits
enfants nus reposant sur les sillons, les héros capables
de chanter quand ils sont tristes, tels qu'Eurybate dont
parle Homère, Eurybate qui fut pour Ulysse un compagnon d'esprit et de cœur, malgré ses cheveux crépus,
sa peau noire et ses épaules rondes; des hommes capables de comprendre Cincinnatus plus qu'Hamlet, et
Caton plus que Faust, et d'exprimer les sentiments les
plus nobles et les plus francs avec une parfaite simplicité de forme; mais, hélas! il est un peu tard de les étudier : ces races sont déjà devenues comme des races
antiques; à peine le monde aura-t-il connu leur exis-

tence, elles sont allées rejoindre les Romains et les Grecs dans un tombeau sans fleurs et sans autels; elles n'ont fait que paraître et disparaître devant l'humanité curieuse de ses commencements, pour montrer ce qu'étaient les anciens, ce qu'ils deviennent, alors qu'ils déchoient toujours, vainement attachés aux restes de la religion patriarcale, cherchant à lire dans les entrailles des victimes je ne sais quel augure de leur misérable sort, finissant par Sodome après avoir commencé par Memphis.

En 1884, un explorateur passa par le Manyema et n'y trouva personne.

Le pays était autrefois peuplé comme l'Irlande et plus grand que cette île.

Les ruines mêmes des villages avaient péri.

Sur les cartes qu'on fait aujourd'hui de l'Afrique, mieux connue qu'au temps de Livingstone, on marque une place en noir aux rives du Congo, où fut le Manyema, comme sur les cartes de France on marque de noir l'Alsace et la Lorraine.

Mais, dans les provinces françaises, les habitants « envahis par l'exil » vivent encore de la vie matérielle.

Dans le Manyema, presque tous sont morts; une minorité d'esclaves vit encore, mais ailleurs que dans le pays natal. Sur quels marchés lointains ont-ils été dispersés, dans quels pays éloignés subissent-ils la loi d'un impur vainqueur? La vaste solitude n'en dit rien.

L'explorateur de 1884 vit encore, le long du Loualaba, descendre des masses bleuâtres comme de l'ardoise; c'étaient des cadavres de femmes liés ensemble et conservés par l'eau depuis longtemps.

Il aperçut aussi, sur la berge, un vieillard dont l'œil hébété regardait couler l'eau qui avait peut-être emporté ses fils : il paraissait abîmé dans une douleur

sans bornes : il avait le front dans les mains, il son-
geait, surpris de vivre après ce qu'il avait vu.

Il recueillait ses souvenirs, plus douloureux que des
cicatrices qu'on rouvre; il racontait qu'une nuit il
avait été réveillé par la fusillade, sous un tourbillon de
fumée qui sortait de son propre toit de chaume.

Avant que le journal de Livingstone vînt apprendre à
l'Europe le massacre de Nyangoué, les Arabes avaient
eu le temps de le renouveler dans tous les villages du
pays; pour prendre un esclave, ils avaient tué deux
cents hommes et fait périr ainsi un million de nègres.
Si le Congo, dans ses rives si distantes, avait tari
pour un instant, il n'eût pas décrû, tant le sang abon-
dait sur ses bords; et maintenant que l'herbe avait
poussé, que les villages avaient disparu, le silence régnait,
la paix s'était faite; les arbres étaient debout encore,
mais hautains et décharnés, le feu avait roussi leurs
troncs bleuâtres et pâles, des guenilles de frondaison
pendaient de leurs larges branches, tristement effilo-
quées; près de ces arbres, au bord du fleuve, les Arabes
avaient dressé comme des trophées lamentables, comme
des menhirs géants érigés pour la sépulture d'un peuple,
quoi? la colonne creusée des longs canots fendus dans
le fût des arbres séculaires; ils ne voyageront plus, les
enfants de ces rives, sur les canots effilés; ils ne chan-
teront plus, en ramant, leurs hymnes aux divinités des
îles, ni, en portant les fardeaux des caravanes, les mélo-
pées monotones de leurs marches; ils ne s'assoieront
plus autour des feux du soir; la plupart sont heureux
pourtant, car tous n'ont pas connu la servitude; ils ne
craignent plus ni la dent des hyènes, ni la griffe de la
panthère, ni la chaleur du soleil équatorial, ni l'abondance des pluies, ni la terre qui tremble et menace au
Cabogo lointain; aucun sorcier ne leur fera boire le

poison de l'euphorbe ; ils sont maintenant dans les jungles épais, cachés par les herbes hautes : que leur dissolution soit paisible, et que les nations qui les ont abandonnés prospèrent sur leurs tombeaux, si la Providence le permet !

XV

LE BLESSÉ DU CHEMIN

Venant de l'occident, une caravane marchait dans la direction d'Oujigi. Elle fuyait rapidement et en rangs serrés à travers les forêts de palmiers et de bananiers, à travers les villages brûlés et désertés. C'était la caravane de Livingstone. Les *Manyemas* s'engageaient à son service, et pour la première fois quittaient le lieu de leur naissance et l'héritage paternel pour suivre l'homme blanc. Les enfants mêmes le voulaient escorter, les femmes venaient le saluer ; elles savaient qu'il n'avait rien de commun avec les Arabes et parlaient de lui comme d'un *homme bon*. C'était là pour le voyageur une consolation bien méritée.

Il la retournait avec reconnaissance vers le Consolateur suprême, et dans son journal écrivait :

« Ezéchiel dit que le Très-Haut a mis sa beauté sur Jérusalem ; s'il ne m'avait pas communiqué de sa bonté, serais-je bon ? S'il n'avait pas mis en moi de sa grâce, je n'aurais pas de douceur dans l'âme et je serais comme ces Arabes en qui Satan exerce son empire, le Dieu de ce monde les ayant aveuglés. »

Les Arabes étaient arrivés à ce point de leur sanglante carrière où le coupable, après avoir été conduit par la logique du crime d'abomination en abomination se trouve en présence du châtiment, brusquement apparu. Au delà du Loualaba, sur cette rive où sans doute ils croyaient trouver des esclaves, les Arabes rencontrèrent les Bakous armés de lances et, des égorgeurs de Nyangoué, ce fut à peine si quelques fugitifs parvinrent à s'échapper. Si Livingstone eût encore été le compagnon de ces malfaiteurs, malade, inconnu des Bakous, incapable de fuir, il n'eût point évité la mort des chasseurs d'hommes : la volonté supérieure qui règle l'enchaînement des effets à leurs causes fit suivre le départ courageux du missionnaire d'une conséquence qui fut le salut, cependant qu'aux actions honteuses des traitants elle donnait pour effet une mort sans gloire. Livingstone fuyait, et derrière lui, devant lui, tout autour de lui, le châtiment se levait, formidable, grandissant peu à peu, surplombant la terre au loin coupable, et comme Lot à Ségor, l'innocent regardait en arrière avec inquiétude. Il entendait croître la clameur des populations indignées, tandis qu'issu des charniers de la Mecque, propagé par les traitants jusqu'à Zanzibar, progressant à travers les jungles de l'Ounya-embé jusqu'au marché d'Oujigi, volant au-dessus des montagnes qui circonscrivent le Tanganïka, ouvrant sur l'Afrique entière ses larges ailes, le choléra atteignait les mahométans dans leurs courses lointaines, et jonchait de leurs os les routes désolées par leurs crimes.

Ainsi marchait le châtiment. Livingstone ressentit les premières atteintes du fléau, et bientôt, confondu par les indigènes avec les coupables, il s'aperçut qu'autour de lui les populations devenaient craintives d'abord, puis hostiles (1) ; une de ses chèvres fut frappée d'une lance par une main invisible (2).

(1) *Dernier journal*, II, p. 175, 171.
(2) *Id.*, p. 173.

Le danger n'était pas loin....

La caravane marchait dans la forêt entre deux murs d'une végétation compacte. Elle arriva dans un endroit où des arbres abattus barraient le passage.

C'était évidemment une embuscade ; mais on ne put rien découvrir et l'on pensa que le projet avait été abandonné.

Toutefois Livingstone, en se baissant jusqu'à terre et en regardant du côté du soleil, aperçut une forme sombre, celle d'un homme plein de haine; un léger bruissement dans le feuillage annonça le jet d'une lance : une seconde lance, dardée à la droite du voyageur, lui effleura les épaules et se planta dans le sol à ses pieds.

Il était seul, à l'arrière-garde, tous les hommes de la caravane étaient passés, lorsqu'une troisième lance passa devant lui. Il s'en fallut d'un pied qu'elle ne le touchât. Deux de ses compagnons tombèrent frappés, les autres, épouvantés, tirèrent: leurs balles s'égarèrent dans le fourré. Ils regardèrent, ils écoutèrent.. rien, si ce n'est un ricanement dans les broussailles, et deux hommes fuyant dans la clairière où s'élevait un arbre gigantesque au sommet d'une fourmilière haute de vingt pieds. Un feu sans doute allumé par l'ennemi brillait entre ses racines.

Déjà Livingstone se croyait à l'abri du péril, il marchait pas à pas dans la clairière déserte; tout à coup l'arbre craque... l'arbre se penche vers lui. Il fuit, mais un coup sourd fait trembler le sol, un tourbillon de poussière enveloppe Livingstone. Il était tué si l'arbre eût eu des branches ou s'il eût fait un pas de moins, et ce lui fut un motif d'élever son âme vers la cause première sans laquelle un arbre de la forêt, aussi bien qu'un cheveu de la tête, ne peut tomber.

Cependant sa fortune semblait changer à partir de Nyangoué; depuis le massacre il éprouvait à la tête une douleur violente, il voyait défiler devant lui dans ses rêves les funèbres scènes de la traite, et tant d'émotions firent saigner de nouveau les stigmates de la boue et du sacrifice qu'il portait à ses pieds déchirés. Il était pris d'une lassitude sans bornes. La frénésie de l'aventure, l'ardeur de la découverte ne le stimulaient plus comme au temps où il marchait en avant. « Je meurs sur pied », disait-il, et chacun de ses pas était une douleur. Il oubliait de manger son pain, il n'avait que la peau sur les os, il était devenu comme le pélican du désert, comme l'oiseau de passage qui se posait, au temps du prophète, sur le pignon d'un toit, il fermait douloureusement ses yeux aveuglés (1) par la poussière du chemin, et la nuit s'appesantissait sur ses sentiers! Il n'avait pas perdu la grande espérance, mais l'espérance de la terre tremblait dans son cœur incertain. En traversant les fourrés où ses compagnons croyaient entendre à chaque seconde le bruissement d'une lance, il lui devenait égal de mourir ou de vivre, il ne craignait plus ni la flèche qui vole pendant le jour ni les nocturnes embuscades. Il en venait à croire que la volonté divine se tournait contre lui (2). Tous les traitants revenaient satisfaits, toutes leurs expéditions avaient été fructueuses, la sienne seule avait échoué, et si près du but (3)! Mais ce n'était là qu'une de ces épreuves auxquelles Dieu soumet ses amis afin qu'eux-mêmes se connaissent.

Tout à coup le tonnerre gronda dans le lointain. Le Kabogo ! s'écria Livingstone, c'est le signal de l'arrivée !

(1) *Dernier journal*, t. II, p. 185.
(2) *Id.*, p. 177.
(3) *Id.*, p. 183.

On n'était plus qu'à dix lieues du Tanganika. Un bruit mystérieux sortait de ses eaux comme si elles se fussent engouffrées sous des roches caverneuses.

Mourant, mais toujours prompt à l'espérance, ce voyage, disait-il, n'est qu'un retard de cinq ou six mois au plus, ce n'est pas une affaire ; je trouve mes bagages à Oujigi, je loue des hommes et je repars aussitôt.

Il arriva.

Le soir de l'arrivée, il vit ses deux serviteurs les plus fidèles, Chouma et Souzi, qui pleuraient amèrement.

Il leur en demanda la cause.

« Nous n'avons plus rien, Monsieur, répondirent-ils, plus d'étoffe ! Shérif a tout vendu !

Ce Shérif dépositaire des valeurs envoyées de la côte avait consulté le Koran. Le livre sacré lui avait répondu que le docteur Livingstone était mort, et l'étoffe n'ayant plus de maître, il l'avait troquée pour de l'ivoire ; à son tour, l'ivoire avait été vendu, le prix dépensé. Le voyageur était sans ressource, il avait bien juste de quoi vivre pendant un mois : après quoi il aurait été forcé de tendre la main aux Arabes (1).

Saïd ben Medjid vint le trouver : « C'est la première fois, lui dit-il, que je suis seul avec vous, parlons d'affaires. Je n'ai pas d'articles d'échange ; mais, je vous en prie, laissez-moi vendre de l'ivoire et vous en donner la valeur.

— Non, pas encore, » répondit Livingstone.

Ce *non pas encore* était d'une dignité superbe. Livingstone voulait jusqu'au bout ne devoir rien à personne. Cette parole exprimait le dernier effort d'une âme fière aux prises avec la fortune contraire et qui ne veut pas se résoudre à mendier.

(1) Stanley.

Le même jour, il écrivait sur son journal :

« Je suis, dans ma misère, comme ce malheureux qui, allant de Jérusalem à Jéricho, tomba entre les mains des voleurs. Mais je n'ai pas à espérer qu'un lévite ou qu'un bon Samaritain passera à côté de moi(1). » 27 octobre 1871.

Et pourtant Livingstone avait été naguère pour une partie de l'Afrique spoliée par la force et la ruse, couchée sur le chemin par où passent oublieux le lévite et le prêtre juif, Livingstone avait été le bon Samaritain.

Il avait voulu l'être pour un peuple, et, pour lui, personne ne devait l'être.

(1) *Dernier journal*, p. 186.

XVI

LA SAINTE ALLIANCE

(3 novembre 1871)

Venant de l'orient, une caravane marchait dans la direction d'Oujigi. A travers un pays calme, infiniment triste et beau, mollement ondulé comme l'océan qui s'endort après la tempête, les voyageurs précipitaient leur marche allègre et triomphante. Dans le même temps, sur la rive opposée du lac Tanganika, Livingstone approchait, lui aussi, d'Oujigi : il se traînait misérablement à la suite de sa pauvre caravane, malade, épuisé, la mort dans l'âme, humainement désespéré. Au contraire, ceux qui venaient de l'autre côté du lac étaient riches d'espérance et de joie, ils foulaient la route d'un pas élastique : à mesure qu'ils gagnaient du terrain, la contrée leur semblait plus heureuse, l'air plus délicat et plus caressant, le soleil plus radieux, les bois plus verts : la nature leur souriait, ils entendaient murmurer une onde invisible, et ce murmure les défiait à la course. Quel contraste entre leur marche et la retraite de Livingstone ! C'était leur chef surtout qu'il fallait voir sourire. Sa jeunesse, sa belle mine, son franc regard, son enthousiasme, subjuguaient ses hommes et les disposaient à le suivre. Sa conscience paraissait aussi légère que sa démarche. Il ressemblait au petit de l'antilope que l'herbe épaisse inquiète, qui gagne les plateaux découverts, lève au-dessus des herbes sa tête légère, au port déjà souverain, et regarde l'horizon d'un œil tranquille et doux.

Chose étrange ! il marchait sans bruit, et ses compagnons imitaient son silence. Voulait-il échapper à l'esclavage, aux tributs (1), à la flèche du brigand mazitous ? Voulait-il surprendre quelqu'un ? Approchait-il d'un but mystérieux ? Qui pouvait fuir devant lui ? Quel était le secret de son silence ? ;

On ne savait ; mais, la nuit, il n'allumait pas de feu, il ne dressait pas de tente, couchait dans un bouquet de jungle ; le jour, il cherchait à se rendre invisible, il se jetait dans le sentier comme les Arabes du Nyassa à l'approche de Livingstone. Les chèvres avaient été muselées de peur que leurs bêlements ne trahissent les marcheurs.

Tout à coup, une voix caverneuse par la derrière l'horizon.....

Est-ce le tonnerre? demanda le jeune chef.

Non, lui fut-il répondu, c'est le Cabogo : un endroit terrible ! Que de nacelles ont péri là ! On y jette des perles blanches pour apaiser le dieu du lac (2).

(1) L'origine des tribus de passage qui se trouvent aux abords des côtes devait être attribuée, d'après Livingstone, à la traite des esclaves. Les négriers qui furent assez osés pour s'aventurer les premiers dans l'intérieur de l'Afrique ne manquèrent pas, pour se concilier les chefs indigènes dont la puissance eût pu faire obstacle à leur trafic, de leur faire quelques cadeaux. Les roitelets nègres comprirent que les traitants ne pouvaient de passer de leur protection, ou tout au moins de leur neutralité : le tribut qui à l'origine était purement volontaire est devenu aussi une taxe à laquelle nul ne peut se soustraire et dont le montant varie selon le caprice des chefs. *Journal des miss. d'Alger*, p. 129.

(2) Stanley, *How I have found Livingstone.*

« Patience, mon âme ! dit le voyageur, dans quelques heures je serai en face de cet homme blanc qui a la barbe grise (1). »

Au village de Niamtaga, il appela son serviteur :

« Selim, lui dit-il, tirez de ma caisse mes habits neufs, cirez mes bottes, passez au blanc mon casque de liège, mettez-lui son écharpe neuve afin que je paraisse en tenue convenable devant l'homme que nous verrons demain, et devant les Arabes d'Oujigi. »

Le pas s'accélère, on gravit sans reprendre haleine des chaînes de montagnes. « De là haut, dit le guide, nous verrons le lac. » On escalade un premier escarpement : ce n'est pas encore là ; toujours plus loin. Enfin là-bas, une lueur, un miroitement entre les arbres...

L'immense nappe apparaît (2).

Hourrah ! Tanganika ! toute la bande répète le cri du chef, l'onde en retentit jusqu'aux rivages éloignés : Tanganika ! redirent les collines et les forêts.

« Que ne donnerait pas John Shaw, dit alors le voyageur, pour être maintenant à ma place ? quel est le plus heureux, est-ce lui, malgré l'abondance qui l'entoure, bon gîte et bonne table, ou moi, debout sur ce rocher, regardant le Tanganika, les yeux ravis, le cœur fier ? »

Il redescend, gagne les jardins d'Oujigi.

« Déployez le drapeau. Chargez les armes !

— Aï ou Allah ! Aï ou Allah bana ! » répondent des voix ardentes.

Un, deux, trois.

Près de cinquante fusils rugissent. Tout le village est ému. « Kirangosi, portez haut la bannière de l'homme blanc : qu'à l'arrière-garde flotte le drapeau de Zan-

(1) Stanley, *Comment j'ai retrouvé Livingstone.*.
(2) *Id.*

zibar. Serrez la file, que les décharges continuent jusqu'à la maison du docteur Livingstone. »

Des Zanzibaristes, des Arabes, des indigènes se pressaient autour de l'arrivant et le saluaient, disant : Yambo bana ! yambo bana ! Tout à coup, il entend « Good morning sir ». Il se retourne — à l'étranger la langue de la patrie fait tressaillir — il voit un homme du plus beau noir, aux cheveux laineux, aux dents éclatantes, et tout joyeux.

— Comment vous nommez-vous ?

— Zouzi, le domestique du docteur Livingstone.

— Le docteur est-il ici ?

— Oui, monsieur.

— Dans le village ?

— Oui, monsieur.

— En êtes-vous bien sûr ?

— Je le quitte à l'instant.

— Zouzi, allez prévenir le docteur.

— Oui, monsieur, et il partit comme une flèche (1).

Le lecteur a sans doute salué, lui aussi, le jeune étranger : à son allure délibérée, à la vivacité de sa parole, à la naïveté de son enthousiasme, à son habitude du commerce des hommes, à son esprit observateur, au sentiment qu'il a des choses du cœur, on reconnaîtra toujours Henri Moreland Stanley, député par un journaliste américain, ou plutôt par la Providence, afin que jamais il ne soit dit : un homme a tout quitté pour la vérité et la justice, il a vécu sur la terre comme un étranger, et cet homme est mort de misère et de faim, loin de ses amis et de ses proches, comme un esclave et comme un maudit.

Mais si M. Stanley est facile à reconnaître, cet

____

(1) Stanley, *Comment j'ai retrouvé Livingstone.*

homme à la barbe grise, qu'entoure un cercle d'Arabes, cet homme si fatigué, si pâle et dont le visage, sillonné laborieusement par les années, est empreint d'un léger ennui, dont les épaules commencent à se voûter, dont l'allure est déjà pesante et tardive, est-il bien Livingstone?

Stanley l'a deviné. Il va droit à lui. Il aurait voulu l'embrasser, mais Livingstone était un Anglais, il ne savait pas comment il serait accueilli : il fit ce que lui conseillaient la couardise et le faux-orgueil ; il lui dit en ôtant son chapeau :

— Le docteur Livingstone? je présume.

— Oui, répondit le docteur avec un bienveillant sourire (1).

Leurs mains se serrèrent et leurs pensées reconnaissantes s'élevèrent à Dieu dans le même instant.

Or, ce jour-là, ce n'étaient pas seulement deux hommes qui se rencontraient sur le chemin du péril et de l'honneur, c'étaient les deux grandes nations anglo-saxonnes qui, personnifiées en deux de leurs fils, se serraient la main suivant le vœu du poète :

> « Peuples, formez une sainte alliance
> « Et donnez-vous la main ! »

Quelle différence entre cette alliance formée en présence du Dieu de la nature, au prix du labeur de deux enfants du peuple, en vue d'un but commun : l'unité de la famille humaine ; et ces alliances éphémères, stipulées dans les cabinets de l'Europe autour d'un tapis vert et dans un but souvent inavouable ! Il était loin le temps où l'Angleterre combattait la vocation de l'Amérique, elle était presque aussi loin cette récente ques-

(1) Stanley, *Comment j'ai retrouvé Livingstone.*

tion de l'*Alabama* qui divisait les deux peuples; l'Amérique oubliait ses ressentiments séculaires, elle tendait à l'Angleterre une main secourable pour marcher à la conquête pacifique d'un continent promis peut-être à la race anglo-saxonne, infailliblement promis aux peuples chrétiens. Comme les lions dont parlent les prophètes, ils monteront vers leur proie, puis, au bord des larges fleuves, au bord du Zaïre, du Nil et du Zambèze, ils se coucheront dans leur repos.

XVII

LE JOURNALISTE DEVIENT HISTORIEN

(1871)

L'Américain remit à l'Anglais un sac rempli de lettres : Livingstone en prit deux qui devaient être de ses enfants ; puis, avant de les décacheter, il dit à M. Stanley :

— Faites-moi connaître d'abord les nouvelles générales.

— D'abord vos lettres, docteur, vous devez être impatient de les lire.

— Ah ! j'ai attendu des lettres pendant des années, j'ai maintenant de la patience, quelques heures de plus ne sont rien. Que se passe-t-il dans le monde ?

Stanley dut trouver qu'un auditeur si magnanime et qui faisait passer ainsi le monde avant sa famille valait à lui seul dès foules auxquelles il parlait naguère. Il leur racontait : quoi ? de menus détails, il recueillait pour elles la poussière des faits quotidiens, quelque chose comme ces tartines de moucherons qu'on mange au bord du lac Nyassa. Maintenant, il racontait des faits d'une grandeur épique, poétisés par la distance comme des souvenirs anciens, il disait l'inauguration du canal de Suez, le chemin de fer du Pacifique, Grant, président des États-Unis, l'Égypte inondée de savants, la révolte des Crétois, Isabelle chassée du trône, Prim assassiné. L'Espagne même tombée dans l'apostasie du catholicisme jusqu'à admettre l'égalité de tous les cultes, le Danemark démembré, l'armée prussienne à Paris, Wilhemshöhe remplaçant les Tuileries, la reine de la mode en fuite, l'enfant impérial à jamais découronné, la dynastie des Napoléon éteinte par Bismarck et de Moltke, la France vaincue. . . . .

. . . .

Jamais les événements n'avaient été plus grands, jamais les âmes en Europe n'avaient moins compris leur langage, tandis que, à deux mille lieues de la France, un homme tressaillait à la rumeur lointaine de ces grandes catastrophes, et pesait gravement dans son cœur à quel prix le progrès s'opère.

XVIII

UN REGARD JETÉ SUR LA PATRIE ABSENTE

(1871)

Des journaux arrivèrent à M. Stanley, et voici ce qu'il y put lire :

« La Commune de Paris était en guerre avec l'Assemblée, les Tuileries, le Louvre, l'ancienne Lutèce en flammes brûlés par ses faubourgs : des troupes françaises tuant et massacrant les hommes, les femmes, les enfants. L'enfer et la vengeance déchaînés dans la plus belle ville du monde ; de jolies femmes converties en démons, traînées par les soldats à travers les rues et au milieu de l'exécration générale à une mort sans pitié. Des enfants en bas âge cloués à terre à coups de baïonnette ; des hommes innocents ou non, fusillés, poignardés, sabrés, lacérés, détruits. Une ville entière livrée à la *summa injuria* d'une armée furieuse et sans frein. . . . .

. . . .

« Pareille chose était inconnue même au centre de l'Afrique. Les voyageurs repoussèrent du pied les journaux. »

Un peuple qu'on a déshérité de son Dieu, de son espérance, et qui ne voit point d'aurore au delà du tombeau, voilà la barbarie! La division haineuse entre les classes et les partis, l'antagonisme entre le pauvre et le riche, entre le prolétaire et le propriétaire, entre le peuple et la bourgeoisie, entre le travail et le capital, entre l'agriculture et l'industrie, entre la campagne et la ville, entre la province et la capitale, entre le régnicole et l'étranger, voilà la barbarie! Un Dieu païen, Arès, ami du carnage, dévorant en un quart de siècle assez d'hommes et de capitaux pour peupler l'Australie, la science mise au service de l'extermination, les hommes de proie dont parle l'Écriture et qui dévorent le peuple comme on dévore le pain, voilà l'anthropophagie des Européens.

> O qui me gelidis in vallibus Hæmi
> Sistet, et ingenti ramorum protegat umbrâ!

disait Virgile, et si jamais un des ouvriers de nos villes, qui cherchent avec tant d'ardeur et de timidité le plus rude travail, lit par hasard ce livre, et ces paroles latines qu'il ne comprendra pas, il s'écriera comme le poète : Qui me transportera dans les fraîches vallées du Zambèze ou de la Liba, où la terre pleine de grâce épanche une vie facile de son sein nourricier? Qui me donnera d'habiter sur les rives enchanteresses du Tanganika une chaumière de pêcheurs ombragée de palmiers ?

XIX

ENCORE UNE SÉPARATION

(12 mars 1872)

I. Repas sous la vérandah. — II. Départ. — III. Ce que vit
M. Stanley. — IV. Chant des adieux.

I

C'était une très pauvre chaumière que la maison de
Livingstone à Oujigi : des murailles de terre, des che-
vrons nus, une couverture de paille qui se prolongeait
pour former la vérandah, quelques peaux de chèvre où
s'asseyait Livingstone lorsqu'il écrivait son journal,
faisaient ressembler cette demeure à celle qu'un Dieu
naissant se choisit entre toutes. Pourtant ce fut sous
cet humble toit que les heures coulèrent délicieusement, au bruit des vagues, au doux murmure d'une
causerie qui se prolongeait jusqu'à ce que l'ombre des
monts envahît les palmiers du rivage. Sous cet humble
toit Stanley, comme un de ces génies bienfaisants que
l'Orient honore, faisait subitement apparaître un luxe
oriental.

On y buvait au triomphe des causes généreuses un
vin de Sillery apporté pour la circonstance, mousseux,

égayant et qu'eussent envié les héros d'Homère. Sur un tapis de Perse étaient placées des tasses avec leur soucoupe, une théière en argent, des galettes frites, des scones de Virginie, sorte de biscuits de maïs que Stanley croquait avec plaisir, tandis que Livingstone préférait les crêpes. En effet, il s'était ébranlé les incisives à l'époque où, dans les forêts de Londa, il était réduit à vivre de maïs vert.

A chaque instant, on voyait sortir de la cuisine une tête de femme, celle d'Halima, fidèle servante du docteur. Elle cherchait à s'assurer de ce fait, qu'il y avait bien deux hommes blancs sous cette vérandah où elle n'en voyait qu'un d'habitude, un qui ne mangeait pas. Tandis que sa langue rapide transmettait à la foule le sujet de son admiration, le docteur racontait à M. Stanley les loyaux services de cette femme, sa terrible anxiété quand elle avait appris l'arrivée d'un blanc, comment elle était venue le trouver, l'accablant de questions, le quittant pour s'assurer du fait, ses efforts désespérés pour créer au moins l'ombre d'un repas, sauver les apparences ; car enfin, Maître, disait-elle, c'est un des nôtres, puis sa joie, en voyant les porteurs : « Un homme riche, Monsieur ! de l'étoffe et des perles ! parlez-moi encore des Arabes, qu'est-ce que c'est auprès des blancs ? les Arabes ! grand'chose en vérité (1) ! »

II

A quelque temps de là deux pirogues se détachèrent d'Oujigi, et les pavillons de ces deux barques représentaient, en face des tribus sauvages, les deux grandes nations anglo-saxonnes.

____

(1) Stanley, _Comment j'ai retrouvé Livingstone._

Le drapeau britannique, dont la hampe était un bambou, fila dans l'air comme un rouge météore. Il indiquait la route, c'était son droit. L'Angleterre avait découvert le lac Tanganika, elle devait, sur ses flots, avoir le premier rang. L'Amérique ne venait qu'après elle, mais sa bannière portait infiniment plus haut que l'oriflamme anglais ses douze étoiles d'or.

« A la première halte, dit Livingstone, j'abattrai le plus beau palmier de la côte pour remplacer mon bambou, car il n'est pas décent que le pavillon de l'Angleterre soit tellement au-dessous de celui de l'Amérique. »

Tout à coup éclata le chant des mariniers de Zanzibar, dont le joyeux refrain : *Kina ran de ré ré Kitanga*, fut repris en chœur par les canotiers d'Oujigi, et chacun de ramer follement.

Ils se ralentirent. Ce fut un temps d'arrêt, puis le chant de la mrima les fit repartir avec extravagance.

La joie du retour, la sûreté de la route du lac prise par les voyageurs afin d'éviter les tributs, inspiraient aux hommes de l'équipage une de ces chansons improvisées qui s'envolent des âmes libres :

« Nous échappons au Vouaha ha! ha!
« Les Vouavinza n'auront pas nos cadeaux, ho! ho!
« Mionvou ne prendra pas nos todis, hi! hi!
« Et Kiala ne nous verra plus, hu! hu! »

Ils chantaient et donnaient des coups de rame don les vieux canots frémissaient.

Tandis qu'ils côtoyaient le rivage, une partie de leurs compagnons suivaient la côte en répétant les refrains. Kaloulou, Bilali, Madjoura (1) bondissaient au milieu des chèvres, des moutons et des ânes qui parti-

____

(1) Trois enfants qu'avait amenés Stanley.

cipaient à la gaieté générale, jusqu'à ce que les canotiers, accélérant leur course, les marcheurs virent
disparaître les deux bannières ainsi que deux oiseaux
des tropiques, bleus, rouges et dorés qui fuyaient vers
d'autres cieux. Livingstone, Stanley, heureux de vivre
en frères sous leur vérandah, quittaient déjà cette chère
demeure, « et pour aller où donc ? » disaient les naturels... Vers l'Ounyamouezzi, pays de la lune. C'était là
que Livingstone devait séjourner plusieurs mois tandis
que Stanley poursuivrait sa route jusqu'à Zanzibar,
réunirait des hommes, achèterait des marchandises, et
les ferait parvenir jusqu'à son ami. Il en est ainsi de
toutes les grandes vocations ; la foule qui voit passer
les privilégiés de la Providence ne s'explique ni leur
départ précipité, ni pour quel motif ils renoncent à
l'intimité de leur foyer, ni d'où ils viennent, ni où ils
vont, et quand elle les voit partir, elle dit comme les
Africains : « Pour aller où donc ? »

III

Tandis que la Société géographique de Londres con-
cevait, mais un peu tard, l'idée de porter secours à
Livingstone, l'initiative individuelle avait devancé et
la pensée de cette Société, et la Commission qu'elle
envoyait en Afrique. M. Stanley s'était montré l'égal
des plus grands voyageurs : quelle avait été sa récompense ?

Il avait vu des paysages dont la beauté, transportée
en Europe par le talent d'un peintre voyageur, passe-
rait pour l'idéal et non pour le réel. « Dans des forêts
sans bornes, le feuillage présente toutes les couleurs
du prisme, et tandis que les bois se déroulent, fuyant au
loin dans l'air enflammé, un voile mystérieux les enve-

loppe, gaze impalpable qui les teinte d'un bleu clair, s'obscurcissant peu à peu, jusqu'à ne laisser apparaître que leur ombre. En regardant ces contours effacés vous tombez tout éveillé dans un rêve non moins vague que les lignes indistinctes de l'horizon. Je défie quiconque aura sous les yeux une pareille scène de la contempler longtemps sans souhaiter de disparaître de ce monde comme s'évanouissent au regard ces lointains éthérés (1). »

Il avait visité les côtes septentrionales du Tanganika, il savait par où s'épanchaient dans ce lac les eaux du Rousizi. Trois îlots, entre tous illustres, avaient reçu de lui, bien qu'ils ne fussent habités que par l'orfraie, le nom du New-York Herald (décembre 1871). Tandis que sa nacelle côtoyait des rives enchanteresses, tournait des promontoires où s'élevaient des bouquets d'arbres couronnés de fleurs embaumées, ses yeux suivaient les contours variés du feuillage, et c'étaient des pyramides, des cônes tronqués, des tables rases, des toits pareils à ceux des églises, des croupes unies et gracieuses, des files majestueuses de mwoulés, de grandes nappes de sorgho d'un vert éclatant. La grève était une bande de sable étincelant où des canots étaient placés hors de l'atteinte des vagues, des pêcheurs étaient couchés à l'ombre, des enfants s'ébattaient dans l'eau sous les yeux de leurs mères qui, comme au temps de la Grèce, applaudissaient à leurs jeux téméraires. Tandis que le canot filait légèrement sur la face des eaux, des traînées légères de cirrus effleuraient les cimes des montagnes ; chassées vers le nord par la brise naissante, ces lignes floconneuses se changeaient bientôt en sombres cumulus, pronostics de la tempête,

(1) Stanley, *Comment j'ai retrouvé Livingstone.*

jusqu'au moment où, plus obscurs, plus épais, s'entassant toujours, montagnes sur montagnes, ils faisaient chercher un abri (1).

Mais qu'étaient les paysages, les découvertes, le lac et ses charmants rivages auprès de l'homme que M. Stanley pouvait observer à ses côtés? Admis au prix de mille sacrifices à la familiarité d'un tel ami, il s'était penché sur cette âme séparée du monde depuis si longtemps, pour voir ce qui restait d'elle. Comme un homme qui descend la lampe à la main dans un sépulcre depuis longtemps impénétrable au jour, il tremblait de n'y trouver que le vide, le silence et la mort.

Mais voici que de l'âme du solitaire s'échappaient mille strophes ailées. Ainsi du creux d'un mwoulé séculaire un essaim d'abeilles s'échappe en bourdonnant : des poèmes entiers de Longfellow, de Byron, de Burns, de Tennyson avaient été conservés sans le secours des livres dans la mémoire de Livingstone. Tout ce qui naguère avait charmé son regard, ravi son oreille, la lumière pure qui enveloppe les corps comme un vêtement et porte dans les âmes la sérénité, les chants mélancoliques des soirs et les parfums des fleurs inconnues, tout était resté dans son âme, mais idéalisé par un sentiment exquis de la beauté. La poésie sortait de cette âme longtemps fermée comme de la sépulture des saints s'exhale un parfum suave. Ce phénomène s'explique : Livingstone s'était créé pour lui tout seul un monde intérieur peuplé des souvenirs de sa première enfance, où ses amis, les forts chasseurs, les Oswell et les Webb, recevaient une éternelle hospitalité ; un

---

(1) Stanley, *Comment j'ai retrouvé Livingstone*, p. 399. Le dernier voyage entrepris par Stanley et Livingstone à la recherche de l'estuaire du Tanganika dura vingt-huit jours; les deux amis revinrent le 12 décembre 1871 à Oujigi.

monde intérieur habité par son Dieu. Il n'avait fait que passer au milieu des Arabes et des indigènes : c'était dans ce monde intérieur qu'il avait vécu sans en sortir jamais si ce n'était pour subvenir aux besoins de l'existence. Il s'était nourri de ses pensées ; il s'était développé par le dedans comme le baobab, dont l'injure extérieure des éléments et des âges ne trouble pas la végétation.

Puis il fallait le voir sortir de lui-même, l'accompagner en voyage, où l'homme se montre tel qu'il est. *Specta, juvenis,* disait Traséas, *constantibus exemplis firma animum :* Stanley suivait ce conseil du stoïcien et fortifiait son cœur par des exemples de fermeté. Livingstone ne se plaignait jamais ; il ne récriminait point contre les hommes qui le molestaient. Étant d'une âme supérieure à la leur, il se contentait de les observer avec tranquillité. Se fâcher en ce moment-là eût été se priver d'une connaissance nouvelle. Il étudiait le méchant avec la même placidité qu'il eût observé la plante ou l'animal. S'il ne se plaignait jamais lui-même, il plaignait les autres, surtout les faibles. Il trouvait dans le souvenir de ses propres maux le secret de leur être secourable. M. Stanley fut malade, et quand il entendit battre à son front les ondes de l'artère ardente, il sentit en même temps une main très douce qui se posait sur ce front et qui pressait sa main : c'était celle de Livingstone. Il était heureux que la fièvre le rendît l'objet de la sollicitude de cet homme excellent. Livingstone avait toujours par le mauvais temps ou par la fortune contraire quelque joyeuse histoire à raconter : il le faisait d'un air convaincu ; sa figure s'éclairait de toute la finesse que pouvait contenir le récit ; il riait de la tête aux pieds (1) et son rire était contagieux.

(1) Stanley.

Il avait contre le *spleen* et la souffrance une ressource inépuisable dans l'*humour* familière à son pays. La vérité rieuse et la justice aimable voyageaient sans cesse avec lui.

Cette gaieté pourtant ne doit pas nous faire illusion. Au fond il était triste comme tous ceux qui ont beaucoup voyagé, beaucoup vécu, beaucoup espéré, et vu devant eux l'idéal rêvé toujours fuir. C'eût été pour Livingstone une douceur d'être enseveli sous les feuilles mortes : « l'ombre, l'ombre ! le silence, le silence (1) !» voilà ce qu'il invoquait comme le poète en son âge avancé. Il lui semblait d'un noble destin de mourir à la tâche, sur la route, et de s'endormir près de l'épouse de sa jeunesse, dans les forêts.

Or, c'était à la conversation d'un tel homme que Stanley devait s'arracher, en même temps qu'il lui fallait abandonner une terre qui sans doute empoisonnait sa vie dans ses sources, mais sur laquelle il eût voulu mourir, tant était pénétrante la séduction de sa beauté. Terre, amis, bonheur transitoire, il faut tôt ou tard être séparé de vous; mais pour Stanley, c'était bien tôt.

IV

Le dernier jour est fini, le dernier soir est venu; demain ne peut pas être évité (14 mars 1872). La porte est close : tous deux se livrent à leurs pensées.

Celles de Stanley sont tristes : « Il faut, se dit-il à lui-même, que j'aie été bien heureux pour que le départ me cause tant de chagrin. La fièvre ne m'a-t-elle pas torturé, accablé dernièrement encore d'une agonie de chaque jour? N'ai-je pas souffert jusqu'à la folie,

(1) Lamartine, *Cours de littérature*, entr. sur Job.

serré les poings avec fureur, et combattu en désespéré les monstres que suscitait mon délire. Je n'en regrette pas moins les joies ressenties dans la compagnie de cet homme, bien que je les aie payées si cher. »

— Demain, docteur, dit-il, vous serez seul.

— Oui, la mort semblera avoir passé dans la maison.

Le 12 mars 1872, un groupe d'indigènes se réunit devant la porte pour exécuter devant Stanley une danse d'adieu. C'étaient les porteurs d'une caravane dont le chef se nommait *singeri*.

Le chorège se mit à genoux et se plongea la tête à diverses reprises dans une excavation du sol, puis il commença un chant grave, d'une mesure lente, dont le chœur, également agenouillé, répéta d'une voix plaintive les derniers mots. M. Stanley nous a conservé ce poème, qui rappelle de loin les premières tragédies grecques, l'harmonie plaintive, simple, habilement graduée des *Perses* ou de *Prométhée*.

Le chorège : Oh! oh! oh! L'homme blanc s'en va chez lui.

Le chœur: Oh! oh! oh! chez lui... Chez lui, oh! oh! oh!

— Dans l'île heureuse de la mer où les perles abondent.

— Oh! oh! oh! où les perles abondent... Oh! oh! oh!

— Pendant que Singeri nous garde si longtemps loin de chez nous.

— Oh! oh! oh!... Si longtemps... Oh! oh! oh!

— Loin de chez nous, oh! oh! oh!

— Et nous jeûnons depuis longtemps... Oh! oh! oh!... Depuis bien longtemps... Oh! oh! oh!... Nous mourons de faim, bana singeri!

— Depuis si longtemps, si longtemps, oh! oh! oh! Bana Singeri, Singeri, Singeri... Oh singeri!

— Mirambo est en guerre pour combattre les Arabes

— Arabes et Youangouana sont en guerre pour combattre Mirambo.

— Oh! oh! pour combattre Mirambo, oh Mirambo, Mirambo, pour combattre Mirambo (1).

— Mais l'homme blanc nous rendra joyeux. Il retourne chez lui, il nous rendra joyeux... ch ch ch!...

L'homme blanc nous rendra joyeux ch ch ch ch!

Ch ch ch!... Ch! ch ch ch!... Omm — m... mou — oum. m m m — ch.....

Les deux hommes blancs se recommandèrent à Dieu, leurs mains se pressèrent. Stanley s'arracha vivement à cette étreinte et se détourna pour ne pas faiblir. Mais à leur tour Souzi, Chuma, Ilamoydah, tous les hommes de Livingstone lui prirent les mains pour les lui baiser et il se trahit lui-même. Les héros de l'antiquité pleuraient bien.

— Adieu, docteur, cher ami!

— Adieu!

(1) Un chef courageux qui a vengé l'honneur africain, en montrant que les nègres n'ont pas, par leur silence et leur inaction en face des Arabes, mérité leur servitude. L'Afrique, c'est cette vierge noire dont parle Livingstone, et qui se perce de la lance de son fiancé, plutôt que d'aller esclave dans les harems de l'Asie.

XX

LA RÉSOLUTION DERNIÈRE

« L'histoire raconte que Régulus, comme un citoyen qui déjà ne compte plus, les yeux fixés sur la terre, éloigna d'un geste farouche sa fidèle épouse et ses jeunes enfants qui venaient pour l'embrasser, et quand enfin, par un dévouement sans exemple, il eut imposé son avis aux sénateurs épouvantés de leur décret, il reprit le chemin de son sublime exil au milieu de la douleur de tous les siens. Pourtant il n'ignorait pas quelles tortures attendaient son retour chez cet implacable ennemi, mais le voilà écartant sa famille, Rome entière opposée à son passage, qui retourne à ses fers d'un pas calme et d'un front serein. On dirait qu'il va chercher quelques heures de repos à Venafre, à Tarente, en sa maison des champs (1). »

Ainsi quand Livingstone eut reçu les lettres de ses enfants, quand Stanley le pressa de revenir en Écosse, lorsque l'infirmité d'un organisme volontairement immolé pour le salut des races étrangères lui faisait du retour une nécessité, lorsque la vieillesse lui donnait le droit au repos, lorsque le fantôme du Nil longtemps poursuivi s'évanouissait enfin devant lui, il reprit le

(1) Horace, Regulus, trad. Janin.

chemin de son sublime exil au milieu de la douleur de tous les siens. Pourtant il n'ignorait pas quels périls attendaient son retour sur les humides bords du lac Bangouelo, mais le voilà, oubliant sa patrie, ses amis opposés à son départ, qui retourne vers les marais, les fondrières, la famine et la fièvre, d'un pas calme et d'un front serein. On dirait qu'il va chercher quelques heures de repos à Blantyre, à Glascow, dans la maisonnette de ses pères.

Au moment du départ une consolation lui vint des rivages de la patrie (14 mai 1872). Ce fut une lettre de sa fille Agnès.

« Quel que soit, disait-elle, le désir que j'ai de vous revoir, ô mon père, réalisez vos plans de manière à vous satisfaire; ne revenez pas pour m'être agréable. »

« Bien pensé! noblement dit! s'écria Livingstone. La vanité murmure très fort à mon oreille : c'est un éclat du vieux bloc ! »

Il ajouta comme s'il avait le pressentiment de sa mort prochaine :

« Ma bénédiction sur elle et sur les autres ! »

XXI

LA LUMIÈRE A L'ISSUE DES MARÉCAGES

> Toute assistance humaine faisant défaut, perdu en un pays sauvage et inconnu, quand on ne voit sur sa tête que de grands nuages noirs montant à l'horizon, quand on n'a sous ses pieds qu'une terre qui disparait dans l'eau, quand la voix se perd dans un silence épouvantable et que l'on constate bien que, au milieu de toute cette nature envahie, on est seul, absolument seul, c'est alors qu'on est heureux de se rappeler pourquoi et pour qui on est là, pour quelle œuvre et pour quel maître.
>
> Le P. Lenoy.

Quelques jours après il marchait, en compagnie des hommes envoyés par Stanley, sur la haute corniche du lac Tanganika (6 novembre 1872).

Tout se taisait dans les villages déserts, même les oiseaux, mais les collines s'empourpraient des feuillages naissants; les balsamines, les soucis, les clématites, les glaïeuls, les orchidées multicolores, des ombellifères et des aloès jaunes ou rouges, le polygala bleu, les touffes de lys, des plantes bulbeuses aux corolles bleues, des tradescentias d'un bel azur ou d'une teinte jaune ou couleur de rose, variaient, embellissaient, embaumaient, la voie solitaire, la voie douloureuse du missionnaire à la recherche des âmes, fleurs divines.

D'où venait cet épanouissement merveilleux de tant de fleurs? Livingstone comprit qu'elles s'ouvraient dans l'attente des pluies. et, tout en respirant leur parfum;

conçut quelque inquiétude. Il s'était peut-être engagé témérairement dans la région des lacs au commencement de la saison des pluies (14 janvier 1873).

Quand il se trouva sur la rive occidentale du Tanganika, il remarqua la limpidité surprenante de l'atmosphère, il s'étonna d'apercevoir distinctement la rive opposée du lac.

Pourquoi l'air avait-il tant de transparence?

Évidemment il avait déjà plu de ce côté-là.

A de fréquents intervalles, il crut entendre des roulements sourds, on eût dit que des bruits lointains sonnaient la funèbre marche des nuées derrière l'horizon.

Plus de doute, on allait être surpris par les pluies.

Un point grisâtre apparut au sud-ouest. Ce ne fut d'abord qu'une vapeur légère s'élevant à l'extrême horizon et large tout au plus comme la paume de la main; mais elle grandit, monta, s'élargit, et voilà que des nuages étranges, pareils au poil tigré du chat, surplombèrent tout le continent.

Tournés vers eux, les compagnons de Livingstone invoquaient les pluies : « Venez, disaient-ils, venez, les fleurs pâlissent, le sol est dur et résonne, il déchire nos pieds,

> « Venez ! la génisse lasse
> « Aspire en vain dans l'espace
> « L'air qui manque à ses naseaux.
> « O fraîcheurs ! soyez bénies !
> « Ouvrez-vous trésors, des pluies,
> « Consolation des eaux (1) !

Livingstone se taisait...

Le ciel se fit sombre le jour, la nuit sans astres, et dans les hauteurs, les vents des deux océans, de l'Atlantique et du Pacifique, commencèrent de s'entrechoquer.

____

(1) L. Rambaud.

Deux strates de nuages roulèrent l'une sur l'autre en sens inverse l'une de l'autre. Une pluie fine, continue, en descendit doucement. Bientôt fouettée par le vent du sud, la pluie tomba par averses multipliées. « De la pluie! de la pluie! de la pluie! Comme si elle ne devait jamais cesser. » Voilà ce que Livingstone écrivait dans son journal. Cependant il marchait à la rencontre de la pluie, et tandis que l'eau montait d'en haut, elle commençait à s'élever d'en bas (20 janvier 1873).

Le sol absorba d'abord les averses sans en paraître humecté, mais à partir d'un affluent du Loualaba, appelé le Loango, la route se perdit dans des éponges pleines de sangsues où l'on enfonça.

On ne pouvait faire dix ou douze pas sans rencontrer une eau vive qui fuyait dans un lit profond, tandis qu'un large courant passait sur la plaine.

A perte de vue l'eau couvrait la terre.

C'était une mer, c'était le déluge d'où la race de Chanaan ne pouvait dégager sa tête (1) et que traversait Livingstone (24 janvier 1873).

Qu'on se figure le voyageur manquant de vivres au

(1) Nul continent n'est plus inondé que l'Afrique. Son plateau central est comme une coupe d'où tombent le Nil, le Niger, le Congo, la rivière d'Orange, le Zambèze. Leurs sources sont tout en haut dans les cavités de la vaste coupe : c'est là que sont le Baugouelo, le Tanganika, le Kamolondo, le Lincoln, qui forment le Congo supérieur ; le Victoria, l'Alexandra, l'Albert, qui forment le Nil supérieur ; le Dilolo, lac au double écoulement ; le Nyassa, qui se jette dans le Zambèze, et quand ces larges fleuves, si calmes sur le plateau central, en atteignent les bords et s'en échappent tout à coup, ils forment des cataractes gigantesques, et puis s'épanchent dans la plaine, en roulant vers les deux océans. Mais quelles masses d'eaux doit contenir le plateau central pour qu'il ait de si larges estuaires ! Quelles mers intérieures il devait enfermer quand tous les lacs dont Livingstone a retrouvé les lits n'étaient pas encore desséchés, alors que, selon le poète, la terre « était encore humide et molle du déluge » ! (Note de la première édition.)

milieu de ce déluge, épuisé par la dyssenterie, cherchant un asile pour la nuit sur une fourmillère, porté le jour sur les épaules de ses compagnons; ces hommes, le corps dans l'eau jusqu'à la gorge, plongeant, nageant, se débattant dans l'eau et dans la fange, écartant les hautes herbes devant leur ami, les indigènes refusant à la caravane des provisions et des pirogues, se faisant un jeu d'égarer les voyageurs, ou se dispersant à l'approche de ces hommes venus d'un autre monde, et qui, comme des êtres immatériels, s'enfoncent imperturbablement dans les eaux, qui descendent du ciel et qui s'élèvent de la terre.

Les buffles éperdus mugissent, un lion rugit de dégoût et d'ennui, l'aigle pêcheur élève une voix aiguë, sonore, qui s'attache à vous, qui vous suit, qui semble appeler un ami lointain, ou parler aux âmes des trépassés, et Livingstone, chrétiennement calme au milieu de la pluie, des vents et des torrents, rassure ses compagnons épouvantés, médite de rejoindre sur le haut Nil Samuel Baker, et d'apercevoir les rives escarpées d'Ulva, patrie de ses aïeux (28 février 1873).

Il approche du but. Le Bangoueolo mugit là tout près. Le chant des francolins, la fumée d'un village vaguement aperçue annoncent la présence de l'homme. On arrive chez un chef hospitalier : Matipa; dans les pirogues de ce chef, on tourne le lac, mais une hémorrhagie force Livingstone à s'arrêter dans une île. « C'est un soulagement, dit-il, que ce flux de sang, il me sauve de la fièvre. »

Mais bientôt il se souvient que la perte de sang est, en Afrique, une des formes si nombreuses que prend la fièvre.

Quand il s'en souvient, il est déjà trop tard pour y remédier.

Il ne peut plus prendre aucune nourriture, il est si faible qu'il ne peut plus tenir son crayon. Sa main défaillante réussit encore à tracer cette phrase :

« Ne laisse pas Satan prévaloir sur moi, Jésus, mon bon Seigneur (19 mars 1873) ! »

Sa course à travers les plaines inondées a blanchi tous ses cheveux.

Il tombe, il s'évanouit.

Shuma court à l'avant-garde, arrête la caravane et prend son maître sur son épaule.

Les autres serviteurs construisent une Kitanda et, dans cette litière, continuent de le porter, en longeant la rive méridionale du Bangoueolo, à travers les marécages.

Les indigènes prennent la caravane pour un convoi. Ils fuient. Le tambour sonne l'alarme dans leurs villages.

Livingstone entend ce bruit venant des hommes, il dit avec un soupir de soulagement :

« Ah ! nous approchons ! »

Quelques habitants de l'Ilala, poussés par la curiosité, se groupent autour de lui. « Connaissez-vous, leur dit-il, une colline où quatre rivières prennent leur source ? »

« Non, répondent les assistants, tous ceux qui avaient l'habitude d'aller trafiquer au loin sont morts, tués par les Mazitous (25 avril 1873). »

Alors, incertain de son propre retour, Livingstone s'occupa de celui des siens.

« Combien reste-t-il de sacs de perles ? » dit-il à Zouzi, son serviteur.

— Douze, maître.

— Achetez avec ces perles deux dents d'éléphant. A *Oujiji*, vous échangerez cet ivoire contre de l'étoffe, cela vous permettra de revenir à Zanzibar. »

Livingstone ne peut plus remuer. On abat un pan de

mur, pour laisser passer la litière où il est couché et, sur les épaules de ses hommes, il traverse un affluent du lac, le Loulilama.

« Est-ce le Loualaba? » dit-il d'une voix faible et comme en délire (30 avril 1873), sa pensée cherchait encore ce fleuve que ses pieds ne pouvaient plus atteindre.

La marche devient pour lui si douloureuse qu'il prie Shuma de le déposer par terre et de le laisser là.

On le porte dans une case au village de Tchitambo, et les indigènes s'approchent de l'endroit où était cet homme blanc dont ils avaient entendu faire l'éloge : appuyés sur leurs arcs, ils le regardent en silence.

Un feu fut allumé devant la porte de la case, et Madjouara, l'un des serviteurs, resta dans la chambre où il coucha pour servir le maître pendant la nuit.

Il pouvait être quatre heures du matin lorsque Madjouara vint trouver Souzi.

— Viens voir maître, lui dit-il, j'ai peur, je ne sais pas s'il est vivant.

Souzi réveilla Shuma (1) et les autres : six d'entre eux entrèrent dans la chambre.

Le lit était vide.

Agenouillé au bord de sa couche, les mains jointes, Livingstone semblait être en prière.

— Quand je me suis réveillé, dit Madjouara, il était comme à présent.

Les hommes s'approchèrent. Une bougie collée sur la table par sa propre cire jetait une clarté suffisante pour le bien voir. Ils le regardèrent quelques instants et ne virent aucun signe de respiration.

(1) Shuma, l'on s'en souvient, était cet esclave délivré par Livingstone sur les bords du Shiré en 1861. C'est lui qui nous a transmis ce récit, écrit sous sa dictée par M. Waller, auquel nous l'empruntons.

L'un de ses serviteurs lui posa doucement la main sur la joue; elle était d'un cadavre; mais ce cadavre, dans une attitude qui convient à l'être vivant, priait encore le Dieu pour qui tout vit.

Les mains, froides et rigides, étaient jointes sur cette Bible inanimée comme elles, incomprise surtout, à qui l'âme, au temps de son exil, avait demandé sans l'obtenir toute vérité; et le pauvre corps semblait s'adresser, par un dernier geste, à l'auteur du livre, lui demander les secrets de la mort, la sentence du juge, l'absolution du père, et ce qu'il advient du nègre et du blanc, de l'esclave et de l'homme libre, du protestant et du catholique, de celui qui cherche et de celui qui trouve, de ceux qui croient, espèrent et prient dans tous les temps et sous tous les climats.

Déjà l'Auteur du *livre* avait répondu.

Un grand changement venait de s'opérer pour Livingstone. Au lieu de noires fondrières où tout à l'heure il enfonçait, au lieu de la pluie froide et de la nuit, il est permis de croire qu'un pays nouveau peuplé de ses frères, inondé de lumière, s'ouvrait devant lui. Ceux-là qu'il avait évangélisés sur sa route se groupaient en foule autour de lui, chantant : « Tu nous as visités dans l'ombre de la mort; tu es descendu dans notre enfer, tu t'es fait sauvage avec nous, pauvres sauvages, pour nous apporter avec la lumière, la liberté. » « Reconnais-moi, disait l'un d'eux, je suis Sébitouané »; « je suis, disait un autre, Sécouebou, ton serviteur que les flots submergèrent. » Les célestes esprits qui sont les aînés de la race humaine, les grands et les bons de tous les temps et de tous les climats, les bienfaiteurs et les libérateurs de l'humanité, les grands amis du peuple, Paul, François d'Assise, François Xavier, qui portaient des nations dans leurs âmes et qui pratiquèrent à la lettre la parole du maître : Enseignez en voyageant, *euntes docete*, tous ceux qui prirent à des époques diverses possession de la terre, promise aux doux, tous ceux-là l'invitaient à déposer sans regret son bâton de voyage (1er mai 1873).

XXII

LA CARAVANE

Cette obscure clarté qui pénètre à travers les branches laissait entrevoir qu'un cortège suivait les avenues désertes de la forêt. En effet, des nègres marchaient en longue file dans la direction du nord. Deux d'entre eux soutenaient sur leurs épaules, à l'aide d'un levier horizontal, quelque chose de long, d'étroit, de sombre, et c'était, pour autant qu'on pouvait le distinguer, le tronc d'un mionvo coupé récemment dans la forêt. On eût cru voir de noirs bûcherons qui, dans la nuit brune, regagnaient à pas lourds leur chaumière, emportant sur leurs épaules un arbre abattu, pour que sa flamme éclatant dans l'âtre réjouît leur cœur et mît en fuite les bêtes de la nuit... Mais ils marchaient toujours, et leur chaumière n'apparaissait pas...

Les indigènes fuyaient à leur approche, bien que ces porteurs ne fussent ni des arabes ni des hommes blancs. Un bruit courait devant eux : le mionvo qu'ils portaient n'était que l'écorce de l'arbre; en réalité, c'était un cercueil, et dans ce cercueil il y avait un mort.

Chateaubriand raconte que dans les déserts du Nouveau-Monde il vit errer des Indiens infortunés qui portaient les os de leurs pères. Peut-être aussi les nègres emportaient-ils loin du pays natal les ossements d'un père. Tels encore les enfants d'Israël portaient vers Chanaan les os de Joseph.

Mais une si filiale pensée pouvait-elle venir à des Africains? Ne craignaient-ils plus que l'âme vengeresse du trépassé vînt les tourmenter? Ne craignaient-ils plus de s'aventurer loin de leur village, eux qui n'en sortirent jamais? Quelle religieuse pensée avait fait taire dans leurs âmes la superstition, et d'où leur venait cette audace de porter un mort chez des peuplades inhospitalières à la mort?

A l'approche de ces hôtes funestes, on abandonnait les villages, on fuyait ces malfaiteurs qui constituaient en Afrique un péril social. Si, pressés par la faim, ils s'arrêtaient à la porte d'un hameau, on leur répondait : « Laissez-nous, passez votre chemin. » Ils campaient en dehors des murs, dans les cases désertes, dans les jardins abandonnés, ils couchaient à la belle étoile : un chef du Fipa consentit à leur donner un guide, mais c'était pour les éloigner de son territoire, et cependant, en passant au bord du lac Tanganika, les indigènes se groupèrent autour d'eux et pleurèrent.

L'un des nègres portait en tête de la caravane le drapeau de l'Angleterre, et pourtant on ne voyait pas d'Anglais dans la troupe. Si, par hasard, ils apercevaient à travers les jongles une autre caravane qui venait à leur rencontre, ils cachaient leur fardeau dans une hutte de roseaux construite à la hâte. Un jour même, ils passaient au milieu des peuplades superstitieuses du pays de la lune, on les vit, au coucher du soleil, porter solennellement à Kouihara un corps entouré d'étoffe et de bandelettes. C'était apparemment le mort qu'ils allaient inhumer afin de rassurer les populations. Cependant, on les vit continuer leur marche funèbre vers l'orient comme s'ils n'avaient pas fait la sépulture.

Ils rencontrèrent bientôt après un homme blanc, un lieutenant de la marine anglaise, qui leur dit : « Croyez-moi, mes amis, jetez là votre fardeau, ensevelissez-le dans cette terre où peut-être il eût désiré dormir. » « Non pas, s'écrièrent-ils, nous le porterons jusqu'à sa patrie, » et si on leur demandait où ils allaient ainsi, ils répondaient : « Vers les îles de la mer. »

XXIII

LES DEUX TOMBEAUX

Livingstone eut deux tombeaux, comme il avait eu deux patries, et comme si, confiées à deux terres fécondes, ses reliques devaient faire germer ici des chrétiens et là des apôtres. C'est le 2 mai 1873, au village de Tchitombo, au milieu des forêts de l'Ilala, qu'il reçoit pour la première fois les honneurs funèbres.

Le chef Tchitombo, paré de draperies rouges et blanches, ses femmes, ses sujets, se rangent en cercle autour de la kitanda qui porte le défunt. Jacob, serviteur de Livingstone, qui doit à son maître de savoir lire, prononce à haute voix les prières et les chants de la mort. Les femmes poussent des cris déchirants (1), et ces lamentations qui s'élevaient vers le ciel, aux funérailles de Patrocle ou d'Hector, n'ont point perdu depuis deux mille ans leur mélancolie : des roulements de tambour, des volées de mousqueterie, entrecoupent la plainte des femmes. Un pleureur arrive, il bat avec les anneaux métalliques qu'il porte aux pieds la mesure d'une danse macabre ; il entonne un funèbre chant:

(1) Elles accompagnent leur plainte d'un instrument de caoutchouc dont le son étrange, ressemble à un cri déchirant (Voyage dans l'*Afrique australe*).

Lelo koua Ennghérésé
Mouana sisi oa kounda
Tou kammb tamb'Ennghérésé (1).

On fait ensuite l'autopsie du corps, on l'embaume, comme les Égyptiens l'auraient fait au temps de Ramsès, on détache le cœur : on le met dans une caisse de fer, on l'inhume à quatre pieds de profondeur à cet endroit même, où la veille, le missionnaire était mort en priant pour que la liberté se levât et que l'ombre de la mort fût dissipée ; on élève sur sa tombe un de ces *menhirs* de bois qui précédèrent les *menhirs* de pierre. Deux poteaux massifs le constituent, ils sont reliés à leur sommet par une traverse ; on coupe l'herbe autour de lui, on le confie aux soins du chef Tchitombo.

Un arbre se trouve à quelques pas de là : c'est un mwoulé. Il projette sur la tombe une ombre légère, mêlée de lueurs. Souzi et Shuma disent à Jacob :

— Toi qui sais écrire, écris-ici le nom du maître : et Jacob avec la pointe de son couteau grave sur l'écorce du mwoulé :

LIVINGSTONE

1ᵉʳ mai 1873 (2)

Restait le corps, pieusement embaumé. Comment

(1)   Aujourd'hui est mort l'Anglais
    Qui avait les cheveux différents des nôtres ;
        Venez tous à la ronde voir l'Anglais.

(2) « C'est là, avait écrit Livingstone, le genre de sépulture que je préférerais entre toutes : Je voudrais reposer dans ces grands bois si calmes, si calmes, les tombes en Angleterre sont froides et pressées et pauvre Mary est à Shupanga. » Telle avait été la pensée du voyageur, en 1868, alors qu'il pressentait sa mort sur ces mêmes rives du Bangoucolo où cinq ans après son corps devait être enseveli (voir ch. VI, 3ᵉ partie).

parvint-il en Angleterre? Tout lecteur a reconnu dans le cortège qui traversait l'Afrique avec tant de prudence et de courage la caravane qui naguère avait franchi le continent sous la conduite de Livingstone. Pourtant il était difficile de le reconnaître. Les serviteurs, si timides avant le trépas de leur maître, avaient entrepris la tâche herculéenne de porter jusqu'aux îles de la mer les reliques de ce héros, afin que, selon la croyance antique, ses os reposassent plus tranquillement au milieu de ses concitoyens. Il semblait qu'à jamais victorieuse et des obstacles et de la mort, l'âme de Livingstone les dirigeât encore. On a vu les porteurs, arrivés au pays de la lune, feindre d'inhumer leur fardeau. Ils suivirent avec solennité le chemin de Kouihara jusqu'à ce point de la route où, sûrs de n'être plus aperçus, ils dénouèrent les bandelettes, ouvrirent le suaire et dispersèrent dans le jungle les tiges de sorgho qu'il renfermait. Ils enterrèrent l'enveloppe afin qu'il ne restât aucune trace de leur stratagème et, marchant dans l'herbe pour ne pas laisser de vestiges, ils revinrent pendant la nuit et rejoignirent la caravane chacun isolément. Le corps du maître fut mis dans un nouvel étui de moindre longueur formé de l'écorce d'un ngombé. Il n'attira plus l'attention des peuplades superstitieuses.

Bientôt on fut en vue de Bayamoyo. Les nobles serviteurs virent avec douleur que leur tâche était finie (1). Une des croisières de l'escadre anglaise amena le capitaine Prideaux, consul britannique. Des mesures furent prises sur-le-champ pour transporter le corps à Zanzibar (février 1874) et, de là, dans les *îles de la mer*.

(1) M. Waller nous a transmis les noms de ceux qui portèrent Livingstone : Sonngolo, Chouma, Choupéré, Adiambóri, Soféró, Souzi; ces noms-là sont dignes d'être illustres.

Souzi et Shuma assistèrent aux secondes funérailles comme ils avaient pris part aux premières, et l'imagination du poète en vient à confondre les deux sépultures, quand, pèlerin fidèle aux voûtes de Westminster, il rêve des voûtes boisées de l'Ilala ; quand les arceaux lui rappellent les branches du mwoulé de Tchitombo et qu'il compare le silence de l'église antique à la paix des forêts primitives (1).

(1) Voir à la fin du volume le résumé chronologique.

QUATRIÈME PARTIE

LES MISSIONS DU LAC TANGANIKA

—

1

CINQ ANS APRÈS

Quand Livingstone fut mort, pendant cinq ans des millions d'hommes continuèrent de blanchir de leurs ossements les sentiers ; à la fin les soldats et les porteurs d'une caravane en marche vers les grands lacs furent les témoins d'un spectacle étrange et mystérieux.

Entre Zanzibar et le lac Tanganika, un peu avant Tabora, s'étend la plus grande forêt de l'Afrique orientale : d'après les uns, son nom veut dire : la forêt brûlante, parce que l'eau ne s'y montre pas ; d'après les autres, la forêt maudite, parce que les brigands y sont partout embusqués pour y piller les caravanes : c'est la forêt de Magoun da Mkali.

Un sentier la traverse, il est bordé de ces blancheurs funèbres que font sous les herbes les os desséchés, et ressemble, par son chapelet de tibias, de fémurs et de crânes, à tous les sentiers qui mènent vers le centre.

C'était par là, que, dans la nuit du 18 août 1878, à l'heure où la croix du sud scintillait comme un météore de feu à travers les branches inextricables des baobabs, un cortège s'avançait dans les ténèbres.

Il différait peu du cortège des compagnons de Livingstone portant le corps de leur maître par ces mêmes sentiers, dans le même pays, dans l'obscurité de la même nuit, afin d'éviter le tribut de passage, pendant que les rois et leurs ministres dormaient : cinq ans s'étaient écoulés depuis que les fidèles serviteurs de l'homme blanc avaient passé là pour aller vers les îles de la mer, et le nouveau cortège marchait en sens inverse du premier.

Comme le premier, il paraissait être un convoi funèbre : un corps immobile, enveloppé dans un drap blanc, reposait sur une litière. Les porteurs n'étaient pas noirs et nus comme ceux de Livingstone, mais vêtus d'étoffes de couleur, et l'un d'eux, celui qui dirigeait les autres, avait le visage blanc d'un Européen. Ils se hâtaient, ils avançaient à pas précipités et sourds dans le mystère des bois.

Quand ils eurent mis deux lieues de forêt entre eux et la lisière, la caravane funèbre s'arrêta.

Il était minuit. La lune pouvait à ce moment-là s'élever au-dessus du sentier : on entendait les armées de fourmis marcher sur la terre avec un bruit léger.

Le corps fut déposé parmi les herbes, sous les lianes. Deux porteurs creusèrent une fosse, puis tous s'agenouillèrent, priant un Dieu qui n'était pas Allah, demandant qu'il leur soit donné d'imiter dans la vie et la mort celui qui recevait d'eux ces nocturnes honneurs. Sur un petit tertre fut plantée la croix de bois qui devait suffire à la tombe du P. Pascal.

Or celui qu'on inhumait sous les arbres séculaires était un martyr de la vérité. La science était venue et avait parlé, l'hérésie était venue en Afrique et avait élevé sa voix querelleuse, l'islamisme avait poussé le cri des hyènes, mais toutes ces voix rentraient dans le silence de la nuit quand s'élevait la voix du lion de Juda dont le rugissement va aux extrémités de toute la terre, le martyre est cette voix, et tout se tait devant son témoignage : il fait dire, si épaisses que soient les ténèbres, si profonde que soit l'infortune : le catholicisme est là.

II

GESTA DEI PER FRANCOS

Ce n'était donc pas en vain que Livingstone avait
défoncé la porte de l'Afrique.

Ce n'était pas en vain non plus que Cameron et
Stanley avaient élargi son œuvre.

Quelqu'un venait d'entrer par la porte ouverte, quelqu'un de faible et de désarmé, quelqu'un de silencieux,
s'avançait vers les drames sanglants de l'humanité et
les magnifiques épanouissements de l'éden équatorial,
à travers les sentiers mystérieux obstrués de visions
macabres.

Ce quelqu'un, c'était celui qui vient à son heure par
la route qu'ont préparée les hommes : c'était, de tous
les initiateurs le plus grand, c'était le Christ.

Son représentant, le pilote du monde, les yeux en
garde contre le sommeil, assis à la poupe du navire
terrestre, la main au gouvernail, entouré du cercle des
évêques et des nations chrétiennes, prêt à refouler
toute entreprise de l'erreur, à dilater toute conquête
du vrai, avait dit à la France, la première née de l'Église
et la plus prompte à exécuter ses desseins: O France !
France de saint Louis, toi qui ne conquiers pas pour
spolier mais pour civiliser, toi qui as en Algérie et au
Sénégal les clefs de l'Afrique maintenant connue, vois

la misère des esclaves, écoute le cri des opprimés et envoie tes fils.

Et six caravanes d'apôtres français partirent de la *Maison carrée*, traversèrent la Méditerranée, la mer Rouge, virent le Sinaï, recueilli le soir dans ses souvenirs, abordèrent l'île de Zanzibar, cette perle de l'Océan Indien, qui semble tout promettre par sa fécondité et les belles espérances que la verte nature y fait fleurir sans cesse, et, enfin, firent provision de force au seuil français et hospitalier de l'Afrique orientale, chez les pères du Saint-Esprit, à Bagamoyo.

Deux pensées animaient les envoyés de l'Église, ils les ont ainsi formulées : « Nous sommes les premiers, malgré notre insuffisance et notre indignité, qui depuis l'origine du christianisme allons représenter Notre Seigneur et son Église dans ce monde sauvage, barbare et encore à peu près inconnu ; deux cents millions d'âmes sont devant nous qui nous tendent invisiblement les bras, comme ces infidèles de la Macédoine que Paul vit en songe. »

Ils disaient encore : « Nous voici, nous tenons la place de la France, nous allons porter sa langue et son influence dans les profondeurs africaines. Nous sacrifions à notre pays par avance tout ce qui nous est cher, et nos vies mêmes : nous appartenons à toutes ses provinces, et nous les représentons ainsi toutes dans cette entreprise du dévouement et de la foi. Si nous y périssons, qu'elle se souvienne seulement que dix de ses enfants, de ses prêtres, sont morts obscurément en pensant à elle et l'aimant jusqu'à la fin. »

Ainsi parlaient ces conquérants spirituels, ces rédempteurs d'âmes.

Le spectacle était grand.

L'Angleterre au Cap, l'Amérique à Libéria, le Porlugal à Teté et à Senna, la Hollande dans la république du Transwaal et celle d'Orange, tous les États de l'Europe établis en Afrique par la permission de la Providence, étaient les témoins de cet avènement fatidique de la France et, plus puissants par leurs vœux pacifiques que les pouvoirs politiques ne l'étaient par leurs armes, les missionnaires de Lyon et de Vérone, les oblats de Marie immaculée, les fils de Saint-Jean de Matha ou de François d'Assise, les trinitaires et les pères du Saint-Esprit, qui étendaient à l'orient et à l'occident les ailes de leur pacifique armée; toutes ces légions d'apôtres aux bannières diverses, mais à l'unique amour, debout dans l'ordre de leur dévouement et sous la discipline de Léon XIII, le long de la circonvallation qu'ils forment sur les côtes pour assiéger lentement, dans la douleur et la patience, les hauts plateaux de l'Afrique, citadelle fortifiée du mal, tressaillaient en contemplant, en applaudissant l'entrée en scène de la France.

III

LES DOULEURS DE LA ROUTE

Six caravanes partirent successivement de Zanzibar. Les deux premières, qui se suivirent à quinze mois d'intervalle, avaient pour point d'arrivée les grands lacs : elles devaient se séparer en deux groupes à Tabora.

C'est là, près de ce marché central, que l'un des pères de la troisième caravane devait bientôt fonder un orphelinat, tandis que le P. Hautecœur en établirait un autre à quelques lieues de là, à Kipalapala.

En 1883 le P. Coulbois raconta l'odyssée de la quatrième caravane, et l'histoire de la cinquième, dirigée en août 1886 par MM. Livinhac et Carbonnier, fut racontée par le P. Guillemé en termes pleins d'une vivacité toute française.

C'est en mars 1886 qu'est partie la sixième.

Nul des cinquante missionnaires que le cardinal de Carthage dirigea sur les grands lacs n'y parvint sans souffrance.

Le premier qui mourut de ces maux du chemin fut le P. Pascal, dont nous avons vu l'entrée subite et surprenante, au milieu de la nuit, dans son mystérieux bonheur. S'il ne fut pas enlevé par le glaive du persécuteur, il ne perdit pas cependant la palme du martyre. Son nocturne convoi passa par où était passé le

convoi de Livingstone allant à Westminster. Le corps
du père Pascal allait vers une paix sans inquiétude,
vers une tombe peu fréquentée c'est vrai, mais que
toutes les imaginations des poètes présents et futurs
visiteraient comme un essaim de colombes mystiques;
où s'agenouilleraient aussi les futurs chrétiens le jour
où quelque voûte de cathédrale s'élèverait à la place
de mwoulés et des baobabs.

Le P. Pascal n'avait pas voulu qu'on le portât afin de
réserver le hamac pour un de ses confrères, malade
comme lui. Il avait témoigné jusqu'à la mort de sa
bonté pour les malades, il soignait leurs plaies, gagnait
leurs cœurs, il voyait en eux l'image de son Dieu et se
dépouillait de tout même des quelques chemises qu'il
avait reçues de sa mère au départ, pour les donner aux
membres souffrants de Jésus-Christ. A la fin, il donna
sa vie et tout lui-même pour le salut des noirs.

Ses souffrances doivent passer avant toutes les autres dans le récit de cette première croisade de croisés
pacifiques allant vers les grands lacs, où les souffrances
des missionnaires ont été voilées et dissimulées par
leur excès d'humilité. Huit personnes de la seconde
caravane s'éteignirent comme le P. Pascal, fatigués de
lutter avec les monstres créés par la fièvre, surprenant
par la douceur et la soudaineté de leur mort résignée
leurs compagnons de voyage. Entre Oujigi et Zanzibar, à Tabora, sur une colline rocheuse, on montre
leurs sépultures. Ils attendent la résurrection de tous
ces ossements semés dans les sentiers qu'eux-mêmes
ont arrosés de leurs sueurs; les caravanes passent à leurs
pieds, ils sont salués d'année en année par la prière
des futurs martyrs, des apôtres qui reviennent, en
allant plus loin qu'eux, les visiter. Leurs âmes dans les
lointains de la béatitude suivent la marche providen-

tielle des Français à travers ces périls qu'endura saint Paul : « Périls sur les fleuves, périls de la part des voleurs, périls de la part de ceux de leur nation, périls de la part des païens, dans les travaux et les chagrins, dans les veilles nombreuses, dans la faim et la soif. » Quatre cours d'eau ; deux grandes forêts où les brigands attendent les caravanes qui serpentent en longue file sur une ligne d'un kilomètre et prêtent le flanc à toutes les surprises ; quatre marches forcées de huit ou dix jours, qu'on doit faire d'une étape sans rencontrer de sources et qui feraient trouver digne du ciel un verre d'eau donné aux marcheurs pressés par la soif, ce sont là des obstacles communs aux missionnaires d'Alger et à l'apôtre des nations. Il faut en ajouter d'autres que Paul ne pouvait connaître : le tribut de passage, qui s'éleva jusqu'à cinq mille francs d'étoffe et qu'il faut payer dans l'Ougogo à une dizaine de petits rois rendus rapaces par le contact des voleurs d'hommes ; l'absence d'animaux de transport ; la nécessité de tout faire porter par des hommes, qui désertent ; la révolte de ces porteurs ; la fourberie des guides ; la fièvre, qui s'exhale des terres basses sous l'influence des pluies de la Masika et dont l'effet psychologique est que l'homme se croit double et cherche à se débarrasser d'un autre lui-même qui l'obsède et le tourmente. Ces obstacles diminuaient sans doute d'année en année par suite de l'expérience acquise dés dangers, mais tant que les ballons dirigeables ne permettront pas de confier à l'air les destins des apôtres, il faudra qu'ils fassent ce lent et douloureux assaut des plateaux élevés. Leur grande souffrance pourtant n'est point la soif, ni les voleurs, ni la fièvre, c'est le sentiment de leur impuissance à secourir certaines misères dont voici le tableau :

« Nous venons de passer, écrit M. Bridoux, entre

deux boutres chargés d'esclaves : ils y étaient entassés, tenant, on ne sait par quel miracle, quatre-vingts dans un étroit espace où l'on n'aurait pas cru qu'il en pût tenir dix : haves, maigres comme des squelettes, les yeux enfoncés, respirant la faim, la terreur, le désespoir. Rien de plus affreux que ces malheureux malades, couverts de plaies, portant sur leurs bras, sur leurs mains, sur leurs dos, quand ils débarquaient, la marbrure des lanières de cuir dont on les avait déchirés durant leur longue route, presque hébétés par les privations et la douleur. » Au-dessus de ces formes décharnées, de cette barque du désespoir, digne du pinceau du Dante ou d'Albert Durer, comparable seulement aux spectacles mortuaires du Campo Santo de Pise, qu'on mette un ciel d'un bleu profond et pur où se détache la courbe heureuse et molle des palmiers; qu'autour de cette scène, qui serait macabre si elle n'était funèbre, on contemple en une mer majestueuse et calme la gloire des îles ensoleillées et le magique décor de la nature équatoriale, et l'on comprendra le serrement de cœur de ceux qui vont, impuissants et chétifs, faire cesser le plus grand des crimes qui ait jamais déshonoré le genre humain.

IV

L'HÉRITAGE

« Où sont donc ces deux héros, mes frères autrefois, si le passé n'est pas un songe?
Maintenant la terre, productrice des vivants,
les recouvre déjà dans Argos, au sein de leur
patrie.

Paroles d'Hélène, *Iliade* d'Homère.

Ce fut le 24 janvier 1879 que les PP. Deniaud, Augier,
Jérôme Beaumeister, de la première caravane, parvinrent
au Tanganika, dont Léon XIII leur avait donné les bords
en héritage. C'était une vaste et belle patrie que ces
rivages faits à souhait pour la douceur de la vie; ils se
prolongent sans fin pendant des centaines de lieues, le
long de leurs falaises de grès rouge; ils sont déchique-
tés et dentelés, frangés d'herbes qui s'en détachent et
deviennent des radeaux vivants et des îles. Les caps de
l'un des deux rivages correspondent aux golfes de
l'autre, comme si la terre s'était fendue pour former la
coupe d'une mer intérieure.

L'accident le plus en saillie sur cette mer est la
presqu'île Oubouari : elle s'allonge au nord-ouest, et,
montagneuse, elle est parallèle à la côte montagneuse :
le lac, en effet, n'est pas serti d'une seule chaîne de
rochers. Souvent une autre chaîne se juxtapose à
celle du bord et s'élève même au-dessus d'elle. C'est

ainsi qu'à l'ouest, dans l'Ouflpa, quand les montagnes les plus voisines du lac ont mis le voyageur à 2,000 mètres au-dessus du lac, alors commencent de hauts plateaux d'une vaste étendue, entourés au loin de nouvelles montagnes comme d'autant de châteaux d'eau qui les arrosent sans cesse et les fertilisent.

Un autre exemple de ces doubles contreforts de la coupe lacustre se rencontre au nord-ouest dans le Mazanzé. «Supposez, dit un témoin oculaire, qu'un coin de l'Océan se soit solidifié tout à coup au moment d'une tempête, vous aurez le spectacle des monts de ce pays. »

Les monts de la presqu'île Oubouari, situés en face des premiers, les égalent en altitude. Un plateau (1) s'étend des uns aux autres et forme l'isthme qui rattache la presqu'île à la rive occidentale.

Des bouquets de borassus flabelliformes couronnent les hauteurs : au fond des vallons, des arbres variés et des lianes capricieuses se réunissent en bosquets autour d'étangs en miniature couverts de nénuphars bleus. Les buffles, les éléphants, les antilopes, habitent seuls l'éden de ces vallées et de ces coteaux.

Au nord du lac, en inclinant un peu vers l'ouest, s'élève le Sambourizi.

En face de lui, du côté de l'est, les monts de l'Ousighé laissent tomber à pic dans l'eau leurs flancs couverts de verdure et leurs torrents.

Plusieurs fois les montagnes s'entr'ouvrent pour laisser passer de grands fleuves.

De la forêt, où de hauts murs de granit séparent le versant du lac du versant de l'Océan Indien, accourent toutes les eaux du pays de la Lune par le Malagarazi.

(1) Le plateau de Kasoukou,

Des montagnes du nord qui séparent le bassin du Nil du bassin du Congo, vient le Rouflzi; du sud-ouest, le Loufoukou; du nord-ouest, le petit Maongolo et surtout la Mtambala; enfin, vers le milieu du lac, à l'Occident, la Lokouga, cachant sous les herbes son cours invisible, va porter au Congo le trop-plein du réservoir lacustre qu'auraient bientôt rempli, sans cette issue souterraine, des affluents qui ne tarissent jamais.

Ces puissantes eaux, ces superbes rochers, ce lac profond, sont revêtus d'un coloris que rehaussent presque toujours les ombres d'un ciel nuageux, et par intervalle seulement, le soleil équatorial, à qui nul front humain ne peut résister longtemps, fait flamboyer dans son lit profondément encaissé, la nappe des eaux et leurs plages sablonneuses.

En haut des falaises douze nations forment au lac une vivante couronne. Ce sont d'abord les belles races de l'ouest. Maroungou, Ougoua, Ouboudjoué, Ougoma, Bakombé, Mazzanzé, sont les noms étranges dont elles se nomment en leurs langues trop diverses; puis règne le peuple de l'Ouvira sur les pentes du mont qui marque au loin le nord-ouest. A l'Orient, à partir du nord on trouve les populations riches et bien groupées de l'Ousighé, les races neuves et timides de l'Ouroundi: au sud d'Oujigi, c'est la solitude; les brigands l'ont faite, ils ont arraché par le fer et le feu l'un des fleurons de la couronne du lac; puis vient, au sud, l'Ouflpa, peuple encore inviolé.

Adoucis par la nature, tous ces peuples manifestent ce qu'ils pourraient devenir par un fond de religiosité qui les met bien au-dessus de tous les athées et de tous les positivistes. Ils n'ont point de temple, le ciel et la terre leur en tiennent lieu : ils ont du moins des lieux de sacrifice. Ils croient à l'immortalité de l'âme. Les habitants de l'Ouroundi enterrent les morts dans la posture de suppliants, à genoux, les mains jointes, leurs armes étendues à leurs pieds (1), ils prient leurs ancêtres et parfois Dieu, l'ancêtre de leurs ancêtres, entend la prière et l'exauce. Ils ont donc leurs dieux lares, ils les invoquent dans la guerre, les sauvent avant tout dans la défaite, les figurent par des pieux grossiers formés à la ressemblance des anciens hommes et rangés autour d'un tapis d'herbes fraîches; de cet atrium champêtre les femmes sont exclues; les hommes y discutent les intérêts de la vie publique.

Au milieu des cultures on voit aussi le petit temple des Mzimous, qui ressemble à une habitation de nains; ce sont les esprits des familles, les esprits des villages : à eux la tutelle des champs, la garde des héritages. On ne naît point, on ne se marie pas, on n'accomplit aucun acte de la vie civile, ou même de la vie privée, on ne meurt pas sans que ces Mzimous ne reçoivent des offrandes et des sacrifices.

Pour les naturels toute la nature est peuplée d'esprits : ils nomment l'esprit le Mzimou, comme ils disent, de chaque promontoire, de chaque île, de chaque montagne. Les esprits des rivières sont plus méchants que tous les autres, car ils entrent dans les crocodiles et les excitent à dévorer les hommes. On n'apaise ces animaux possédés du Mzimou qu'en leur jetant pieds et poings liés une autre victime, qu'ils dévorent aussitôt. Ce sont, comme le minotaure des grecs, des puissances implacables : on essaierait en vain de les apaiser en ne leur offrant que de la farine. Les dieux du lac, de ses caps et de ses îles, engloutissent une quantité de vivres, de poissons et de chèvres, de perles, qu'on leur

(1) Bulletin de l'œuvre de Saint-Augustin, n° 16, avril 1883.

sacrifie. Pour obtenir leur faveur on fait boire aux enfants l'eau qui découle des rames. Un coq habite les trois îlots du New-York Herald ; il tient en éveil un esprit qui, sans ce coq, pourrait se jeter sur les navigateurs.

Derrière ces dieux mythiques, partout répandus dans la nature, au-dessus d'eux, plane et règne Kabesia, qu'on peut invoquer en tout lieu, à qui partout l'on peut sacrifier. C'est lui qui a fait le ciel et la terre, c'est lui qui forme les enfants dans le sein de leur mère, c'est chez lui que vont les morts, il place près de lui les bons, loin de lui les méchants, c'est lui qu'invoquent d'abord les rameurs lorsque leurs rames agiles font filer les canots légers comme de grands arbres abattus : « Il faut prier Dieu d'abord, ensuite nous ramerons avec force, prions donc Dieu d'abord » ; puis ils invoquent la mer et la prient de porter leurs enfants, les vents, tout ce qu'ont invoqué les anciens Hellènes, ils prient les esprits du lac de préserver du crocodile et de l'hippopotame, d'être favorables au maître du bateau, afin qu'eux-mêmes puissent, après un voyage prospère, chasser la faim et la soif, en se partageant la chair d'une chèvre.

Devant lequel de tous ces faux dieux l'homme est-il responsable de ses actes ? Devant tous et, leurs volontés étant contradictoires, devant aucun. Si l'homme n'a pas de responsabilité, il n'a pas non plus de droit, ni de dignité : aussi partout sur les bords du lac, l'indigène s'abaisse et s'humilie devant ce qui est inférieur à l'homme ; il se sent vaguement châtié, mais, paresseux de nature, il n'accepte que malgré lui le travail expiatoire. Il n'a nul respect de la propriété du faible, nul amour des parents âgés qu'il rejette aux jungles, et, comme il a plusieurs dieux, il a plusieurs femmes, pa-

trimoine qui, dit-il, peut échapper d'un pied léger à
l'envahisseur. Enfin l'homicide est chez l'indigène à
l'état habituel, et il est une conséquence du spiritisme
idolâtrique dont il est infatué. Les esprits ont en effet
leurs prêtres, personnages qui seraient grotesques s'ils
n'étaient tragiques : les sorciers. Ces vils suppots de
l'idolâtrie sont poussés par les démons à faire disparaître de leur âme et de leur corps l'image de Dieu
pour y former celle de la bête. On ne les voit que vêtus
de peaux de singe et de chat sauvage, pourvus de
dents, de griffes, coiffés d'écorce et parfois de cornes
d'antilope, le corps peint d'argile rouge, tenant à la
main des pinceaux, des amulettes, des gourdes pleines
de cendre et de fumier, et s'ils meurent, ils ont la prétention de devenir des hyènes; ils ont un principe
qu'ils exploitent; nul à leur gré ne meurt naturellement,
ils cherchent le coupable, le désignent, lui font boire
des poisons qu'ils préparent dans l'OuLembé : il faut
qu'un holocauste de plusieurs millions d'hommes soit
offert aussi chaque année au mensonge malheureuse-
ment accepté par l'ignorance et la stupidité.

Au bord du lac, les institutions sont ici très simples,
et là très compliquées. Au Mazzansé il n'est d'autorité
que celle des chefs de famille. Une seule famille peut
compter jusqu'à quatre cents personnes dont le tiers
sont capables de manier l'arc. C'est la *gens* antique.
Ailleurs l'organisation politique est plus perfectionnée.
Dans l'Ouroundi les chefs de village obéissent aux chefs
de district, et tout le pays est sous l'autorité d'un même
roi, le Moami, qui demeure au nord du lac, et très loin
dans les terres. Au nord du lac Victoria et au pays de
la Lune où les rois sont propriétaires du sol, dans
l'Afrique australe chez le Muatayamvo, le roi a des
vassaux tributaires : le pouvoir central peut être plus

accentué qu'au bord du Tanganika, mais il semble avoir partout la même origine : la famille. Partout, à tous les degrés, il est respecté des sujets qui ne répugnent jamais à l'obéissance. Nulle part l'État ne s'immisce dans les familles où le père reste roi, comme au temps des patriarches.

La capitale du lac est Oujigi. Est-ce une ville? non. C'est à peine un grand village. Vu de loin, paisible dans ses verdures, il plaît; mais qu'on y pénètre, on désire d'en sortir. Les rues sont des sentiers tortueux qu'on s'ouvre soi-même à travers les herbes.

C'est là que les Arabes ont en magasin de quoi satisfaire les puérils désirs des riverains, afin de les appâter, de les asservir ensuite : devenus importants par la nonchalance même des indigènes qui viennent s'approvisionner chez eux, ils ne souffrent pas qu'un drapeau rival flotte près du leur; vaguement inquiets pourtant de voir un jour finir leur règne, ils se concertent pour décider quel peuple riverain du lac ils iront exploiter, afin de le traîner ensuite saignant et mutilé sur la place publique d'Oujigi.

Là les hommes, les enfants, s'entassent dans un désordre affreux. Ils sont attachés, dit le P. Guillemé, en longues files, les uns avec les autres, par des chaînes : à quelques-uns on a percé les oreilles, pour y passer une corde qui les retient unis. Là, des squelettes vivants se traînent péniblement à l'aide d'un bâton : ils n'ont plus de chaîne, parce que leur faiblesse suffit à les retenir. Ils ont le dos marbré de meurtrissures et de cicatrices (1), qui sont les traces du fouet et du bâton; les maîtres les laissent mourir de faim.

D'autres, en dehors du marché, sont employés par les

_____

(1) Tous ces détails, et ceux qui vont suivre, nous sont fournis par les lettres du P. Guillemé. *An. de la prop. de la foi*, 1888.

Arabes à des travaux de bâtisse. Des femmes riches, portant encore les débris dérisoires de leur parure, font les fonctions de terrassiers et de maçons. Si elles refusent d'obéir aux ordres qui leur sont donnés, une mort instantanée les attend.

Leurs enfants, dit un témoin oculaire, le P. Dromeaux, sont massacrés sous les yeux de leur mère. Si vous demandez la raison de ces atrocités, les maîtres répondent : « Nous ne pouvons les vendre! il restera toujours assez de ces petits chiens que nous ne voulons pas nourrir, et qui, une fois grands, tenteraient de se venger; puis il nous plaît de faire de la peine à leurs mères en les égorgeant sous leurs yeux. »

Entre Oujigi et le lac, il est un lieu lugubre : c'est un cimetière. Dans le sentier qui mène au rivage gisent des carcasses humaines, des crânes, des tibias et des cadavres à moitié dévorés par les oiseaux de proie, par les léopards et les hyènes, ces ensevelisseuses qui ne peuvent suffire à tout engloutir dans leurs maigres ventres.

Là sont jetés les corps embarrassants des esclaves qui tardent à mourir. Beaucoup de porteurs venus avec les caravanes ont le même sort : quand ils ne peuvent plus avancer, on leur prend leur arc, leur lance, on leur arrache les lambeaux misérables dont ils sont couverts, et on les abandonne : les bêtes font le reste. Le P. Guillemé demanda pourquoi tant de cadavres ; il reçut cette réponse : « Autrefois, nous étions habitués à jeter, dans cet endroit, les corps de nos esclaves morts, et chaque nuit les hyènes les venaient emporter; mais cette année, le nombre des morts est si considérable, que ces animaux ne suffisent plus à les dévorer : ils se sont dégoûtés de la chair humaine (1). »

(1) Le P. Guillemé.

Près de ces choses funèbres, les vices de Sodome, ces frères de la mort, achèvent ce tableau dont aucune infamie n'est absente. De temps en temps, on entend à l'extrême horizon, du côté du sud, un bruit sourd comme celui de la terre qu'on jette à pelletées précipitées sur un cercueil, ou bien comme le bruit lointain des feux de peloton. C'est la voix du Kabogo.

On a remarqué aussi, près d'Oujigi, un symptôme étrange de l'atmosphère, accompagné de fumées et de mystérieux grondements.

Ce phénomène se produit surtout quand le ciel est nuageux. Des plaques de bitume larges et aplaties se trouvent sur le faîte des tuiles, sur les herbes hautes, sur le sommet des rochers : elles tombent du ciel.

On a remarqué aussi que le bitume flottait sur les rives du lac.

Livingstone avait entendu la voix et n'avait pas vu le bitume : il attribuait le bruit à la violence de l'eau qui s'engouffrait sous des roches caverneuses.

Mais depuis Livingstone, une explication nouvelle a prévalu. La rumeur sourde qu'on entend aurait une connexion avec les plaques de bitume. Elles signaleraient un tremblement de terre au fond du lac, ou l'éruption de quelque volcan caché sous les eaux. Le bitume serait le produit des vapeurs épaissies qui en sortiraient.

Qu'elles se multiplient et que la foudre les enflamme, et l'on aurait une pluie de feu, qui tomberait sur l'épouvantable marché de marchandise humaine... Quoi qu'il en soit, voilà un volcan qui pourrait être plus mal placé.

Sans préjuger des mystérieux rapports de châtiment à crime établis par Dieu entre les cataclysmes géologiques et certains états trop désordonnés de l'humanité, il faut souhaiter plutôt que la France joue, au bord du Tanganika, cette Méditerranée de l'Afrique, le rôle qu'elle a joué dans l'autre Méditerranée.

Les métis d'Oujigi sont aussi cruels que les corsaires d'Alger. Ce n'est pas, du reste, sans une inquiétude pleine d'hostilité qu'ils voient d'année en année, depuis 1878, passer les blancs émissaires de la France et de Rome.

Lorsqu'ils arrivèrent pour la première fois, le 24 janvier 1879, les Arabes ne leur épargnèrent aucune hypocrite flatterie; mais déjà les Pères savaient à quoi s'en tenir sur ces caresses de convention. Malgré la protection du sultan de Zanzibar, qui semblait les prémunir contre toute violence, ils ne pouvaient se fixer à Oujigi, leur apostolat n'aurait pas eu de liberté; le fouet de l'Arabe aurait prévalu peut-être sur leur prédication, et l'infamie contagieuse des mœurs musulmanes aurait pu gâter leurs néophytes. Il fallait fuir ce lieu pestilentiel; mais où le fuir? Au sud régnait la solitude, au nord elle commençait de s'établir; ils firent 25 lieues dans cette direction, ils atteignirent l'Ouroundi. Là de vastes champs de manioc et de patates entouraient des huttes innombrables. Elles étaient répandues à profusion sous des bouquets de bananiers. Les missionnaires campèrent sur une petite colline : ils étaient en face de la terre promise. C'était là, sans nul doute, que Léon XIII, du centre romain de l'univers où il trône en roi pacifique, les avait envoyés pour vivre et pour mourir.

Les indigènes, en voyant descendre des collines leurs pieds glorieux, reconnurent que ce n'étaient pas là des voleurs d'hommes, et leur timidité se rassura; ils vinrent un à un, s'habituèrent à regarder ces blancs nouveaux venus, se familiarisèrent avec leur douceur. Les tribus se les disputèrent.

L'une d'elles habitait les terres basses et insalubres qui sont près du lac, c'était la tribu des Wabikaris; une autre habitait les hauteurs, c'étaient les Romongoué.

Les missionnaires préférèrent ces derniers, et ce fut chez eux qu'ils construisirent une demeure entourée d'un jardin.

Ils n'oublièrent pas, toutefois, qu'ils étaient encore un peu rapprochés des Arabes, et ne négligèrent rien pour s'assurer de leur neutralité : le P. Deniaud alla visiter au nord du lac, dans l'Ouvira, le gouverneur d'Oujigi, cependant que le P. Dromeaux, d'une main novice mais hardie, ensemençait de grands terrains de riz et de blé, taillait et greffait la vigne sauvage, afin de pouvoir consacrer le pain et le vin dans les coupes du sacrifice. Les deux premiers baptisés furent deux noirs chérubins qui moururent, l'un sous le nom de Charles, patron du cardinal de Carthage, l'autre sous le nom de Léon, pontife suprême.

Mais déjà les métis d'Oujigi avaient comploté la perte de la mission. Ils corrompirent cette tribu des Wabikaris, qui d'abord avait offert aux pères une hospitalité refusée, et tournèrent ce peuple ignorant contre les bienfaiteurs du pays. Un orphelin racheté par les Pères fut volé pour l'esclavage. Les Pères devaient le défendre : calmes, sans provocation, ils firent valoir leurs droits; mais à peine eurent-ils fait connaître leur prétention de reprendre l'enfant qui tendait vers eux, aux mains des brigands, ses petits bras et sa petite âme de néophyte, les Wabikaris entrèrent dans les jardins, et poussés par les esclavagistes, percèrent de leurs flèches le P. Augier, M. d'Hoop, ancien zouave pontifical, auxiliaire des missionnaires, et le P. Deniaud, qui tomba offrant sa vie pour la rédemption de toute la race noire. Les trois martyrs de la liberté chrétienne furent ensevelis par le P. Dromeaux et le frère Jérôme, sous le grand arbre qui les avait tant de fois abrités. Ainsi prirent-ils possession de la terre que Léon XIII leur avait promise en héritage.

V

LES PRÉDICATIONS DE MOULOUEVA

L'hospitalière tribu dont les Pères avaient entrepris la conquête les supplia de s'éloigner pour éviter de nouveaux attentats.

Sans comprendre tout ce qu'elle perdait en eux, elle conserva leur jardin, leur maison, leur vigne, comme s'ils devaient revenir; mais en ce moment ils étaient trop près des métis esclavagistes, et ni l'âme ni la terre n'est féconde à leur ombre; et bien que muselées par Saïd Bargache, sultan de Zanzibar, ces brutes étaient loin d'être inoffensives.

Une barque arrivait, dans le même temps, de l'autre côté du lac où déjà les PP. Moncet et Moinet, MM. Wisher et Joubert, s'étaient établis. Les fils adoptifs des martyrs montèrent dans cette barque. Il fallait fuir, fuir le plus loin possible l'influence d'Oujigi. On tourna la proue à l'ouest, vers la rive opposée du lac; on aborda à Moulouova, dans le Mazzanzé, sur le golfe de Burton.

Les terrains cultivables appartenaient aux indigènes; Moulouova ne pouvait donc être un lieu d'orphelinat, mais il fut une mission proprement dite. Si les Pères n'y trouvaient qu'une propriété restreinte, ils avaient du moins une liberté parfaite, et cela seul était le moyen de tout conquérir à Jésus-Christ.

Ils établirent, sous des toits de branchages, quinze familles chrétiennes, et prirent le parti de se consacrer à la prédication. Que prêchèrent-ils?

En face de tous ces faux dieux qui peuplaient la mer, les îles, les rochers, toute la nature, ils faisaient se lever, de toute sa hauteur, le Dieu personnel et vivant. Ce n'était pas seulement le Kabesia des indigènes, qui crée l'homme à la naissance et le reprend à la mort, c'était Celui qui relève le sauvage agenouillé devant l'abject fétiche, pour le former aux délicatesses du respect, de la pudeur et de la pitié.

L'indigène n'avait souci que de son corps, et quand il n'avait ni peur ni faim, il ne savait que chanter et dormir. Les missionnaires lui disaient : « Le travail est un honneur; il peut arrêter le cours de l'anathème prophétique qui surplombe, comme les nuages noirs de la Masika, la race de Chanaan. »

L'indigène avait plusieurs femmes, elles étaient moins les compagnes de son sort qu'une propriété mobile, facile à sauver en cas d'alarmes. « Le repos vous est né, disait le missionnaire, l'Évangile n'apporte pas seulement la tranquillité de l'âme, mais aussi quelque sécurité; quel prétexte aurez-vous de garder un surcroît de famille interdit par le Christ? »

L'indigène, divisé dans ses races, ouvrait à l'étranger la brèche de ses discordes; les musulmans ne manquaient pas d'entrer par là, et mettaient aux fers les belligérants, vainqueurs et vaincus. Le missionnaire étouffait jusqu'au germe de ces dissensions traîtresses : il le pouvait, car il travaillait sur le cœur humain.

La mort, chez les indigènes, faisait double moisson; elle prélevait d'abord la part qui lui fut naturellement départie par suite de l'iniquité; ensuite, elle prélevait une autre part, réclamée par la sorcellerie. Tout trépas

était double : nul homme n'était réputé mourir naturellement, et les sorciers désignaient un homicide supposé
qui devait, innocent, escorter dans la tombe sa victime
imaginaire. Les missionnaires sauvaient souvent cet innocent et souvent aussi le sorcier. La traite et la guerre
font moins périr d'Africains, que les missionnaires, en
discréditant la sorcellerie, n'en pourraient préserver;
chaque année, des millions d'hommes leur devraient
la vie!

Souvent les Pères, comme leur Dieu parcourant les
bords du lac de Génésareth, suivaient les grèves du lac
Tanganika pour expliquer l'Évangile aux riverains, soit
que ceux-ci jetassent leurs filets, soit qu'ils fussent assis
au bord de la mer pour les réparer. A la voix du Père
blanc qui disait : venez, et écoutez-nous ! les indigènes
approchaient du rivage, descendaient de leurs troncs
d'arbres creusés en barque, et venaient s'asseoir sur le
sable, à l'ombre des plantes aquatiques qui croissent
sur ses rives et les rendent plus belles que celles des
Océans.

Là ils écoutaient l'enseignement, répétaient ce qui
les frappait davantage, promettaient de réformer leur
vie et de prier tous les jours.

« Le soir, dit le Père Guillemé, les Pères reviennent
à la mission, égrenant leur chapelet ou récitant leur
office, toujours sur les bords du lac, et leur prière pour
les pauvres sauvages dans le cœur desquels ils viennent
de jeter la divine semence, mêlée au bruit de la vague
expirant sur le rivage, monte plus facilement vers le
ciel (1). »

D'autres fois il arrivait au P. Guillemot d'entendre une
femme bercer un enfant pour l'endormir, en récitant le

____

(1) P. 196, n. 60, des *Ann. des miss. d'Alger.*

Pater et l'*Ave* dans la langue indigène afin de mieux graver ces prières dans sa mémoire et de s'exercer à les réciter sans faute : l'enfant s'endormait aux doux noms de Jésus et de Marie ; poésie fraîche de la vie naissante, plus tard féconde en actes, en hommes, en créations véritables. La nuit descendait peu à peu, plus douce que le jour, étoilée par la croix australe et par les autres constellations inconnues de l'Europe, le lac multipliait ses murmures de grève en grève comme un peuple dolent qui se plaint à voix basse, tandis que de l'autre côté du lac, sous les grands arbres qui déjà depuis la mort du P. Deniaud avaient vieilli de quelques printemps, la tombe des trois martyrs prêchait, elle aussi : leur âme priait peut-être, tandis qu'en foules innombrables les vieux et les récents martyrs de l'Afrique, ceux de Carthage, ceux du Zaïre, ceux du xvi⁰ siècle et du xviⁱ⁰ siècle, ceux-là sur qui l'histoire ingrate se tait comme la plus sépulcrale des nuits, Agathange de Vendôme et Cassien, martyrs de l'Abyssinie, les jésuites victimes des cachots de Pombal et Nicolas de Rosario, de Pietate, Jean de Saint-Thomas, Balthazar de Bareira, Gonsalve de Sylveira, tous inconnus du monde, perdus dans l'oubli, mais connus du Seigneur et le cercle des missions agenouillées autour de l'Afrique et nuit et jour pleines de sollicitude pour leurs frères de l'intérieur, priaient pour eux silencieusement, au ciel et sur la terre.

VI

SAUVETAGE

La peuplade dont les métis avaient fait le vil instrument de leur inimitié avait chassé les missionnaires de la rive orientale du lac : une autre peuplade les reçut sur la rive occidentale, et eux-mêmes, rassurant quiconque tremblait, quiconque appelait au secours, rallièrent dans leur marche à la découverte de nouveaux foyers d'apostolat, une peuplade fugitive qu'ils recueillirent en route : de sorte que pour un peuple perdu ils en retrouvèrent deux.

A Mouloueva la terre cultivable manquait à la charrue des néophytes, il fallut essaimer dans un lieu où la présence des missionnaires, sans exciter l'animosité des arabes, serait pour les indigènes une sécurité. Au moment du départ, M. Joubert, le P. Dromeaux et le P. Moinet, virent un roi tout ému paraître devant eux. C'était Kisanga, roi de la presqu'île Oubouari, c'est-à-dire du lieu même que les Pères voulaient explorer pour l'habiter. La guerre était là, le roi fugitif racontait que les musulmans la faisaient à ses frères, et lui-même cherchait dans l'exil la sécurité qu'il ne pouvait donner à ses sujets. Les pères le prirent à bord : on partit et bientôt on tira la barque sur le sable d'un rivage désert. Debout à l'avant, le roi Kisanga cria d'une voix forte au milieu du silence de mort que la guerre laissait derrière elle : les blancs sont là ! Aussitôt on vit quelques formes humaines sortir des anfractuosités des rocs où elles s'étaient cachées. C'étaient les pauvres sujets du roi fugitif; ils vinrent sans crainte à la voix de leur maître; il apprit d'eux que plusieurs de ses frères avaient été tués, qu'une femme de sa famille avait été massacrée pour n'avoir pas voulu suivre les vainqueurs en esclavage : l'œil du roi lançait des éclairs de colère : mais que pouvait-il ?

Il pria de l'attendre un peu, et se lança comme une antilope sur les flancs à pic de la montagne. Une heure après, une longue file de femmes et d'enfants descendaient au rivage : Conduis-les chez nous, dirent les Pères au roi sans trône de l'Oubouari, ils apprendront à prier, ils ne craindront plus la guerre.

Tous voulurent prendre place dans le frêle bateau d'écorce qui s'enfonçait dans l'eau bien au-dessus de la ligne de flottaison.

Le pilote avait peur de se lancer à travers le golfe de Burton où souvent le lac devient houleux.

Les missionnaires le rassurèrent.

« Le bon Dieu, lui dirent-ils, pourrait-il laisser périr tant d'enfants qui promettaient de devenir chrétiens? »

« Batelier, disait ce conquérant, tu portes César et sa fortune. »

La barque ne portait aucun conquérant, mais des âmes sauvées de la conquête, propriété insubmersible du dominateur des orages, et leur fortune aussi, celle de l'Église qui ne périt pas.

La foi instinctive de ces bateliers du Tanganika dans l'intervention de la Providence leur faisait trouver une parole plus vraie et plus humble que le mot de César, car la personnalité d'un homme est peu de chose sur les flots ; l'Église est une impératrice universelle qui toujours les apaisa.

Les souffles se turent, et la barque glissa sur l'eau sans ride, elle aborda dans le Mazzauzé, et le 11 juin de la même année (1885) fut fondée la station de Kibanga. Elle est située entre le Mazzauzé et l'Ougouma, par le 5° de latitude sud, entre le Lofou et le Maongolo, sur une colline, au sud du golfe de Burton et de la presqu'île Oubouari.

VII

LE CHAMP D'APPLICATION

Le premier arbre abattu fut façonné en une grande croix, car il faut que la croix se lève d'abord pour que le Christ attire ensuite tout à lui.

Quand l'emblème du salut, principe et fin de toute fondation, s'éleva sur la colline au milieu d'un bouquet de palmiers, alors, précédé de sa cour portant sa natte, son arc, ses flèches, agitant des grelots de fer et des lances, parut le roi Poré.

« Oh! je dors bien tranquille, s'écria-t-il, depuis que mes frères les blancs sont arrivés! »

Il avait appris à connaître le prix de la sécurité : il était le témoin décrépit de toutes les guerres qui pendant de longues années avaient ensanglanté son petit royaume (1). Ce n'est pas qu'il ait choisi jamais son rang à la tête des braves, mais quand l'ennemi était signalé, il fuyait dans un antre des montagnes connu seulement de fidèles serviteurs : il était défavorable à toute résistance : il avait accueilli les missionnaires parce qu'il voyait en eux des défenseurs contre les nègres musulmans et les Arabes d'Oujigi, il venait pour assister à l'édification de la petite cité chrétienne.

(1) *Ann. des mis. d'Af.*

Il affecta, lui et ses cent fils, d'aller s'asseoir au pied de la grande croix dont le sens lui fut expliqué, et de ce poste éminent, le roi patriarche se complut à regarder le travail qui commençait de paraître.

Tout d'abord il put admirer l'adresse de MM. Joubert et Vischer ; ils perçaient de balles les crocodiles de la rivière Maongolo qui venaient, rejetés par l'eau, s'étendre à la surface comme de longs soliveaux. Les deux chevaliers tueurs de monstres, après avoir délivré les travailleurs de ces dangereux voisins, pourvoyaient aussi à la nourriture de la colonie en tuant des buffles.

De toute part le bois arrivait par ordre du roi sur un vaste terrain de 80 hectares. Huit ménages chrétiens venus de Mouloueva travaillaient avec entrain, ils étaient aidés des sujets de Poré ; tout ce peuple bourdonnait comme une ruche. La chapelle fut bâtie d'abord, puis la maison des Pères, ensuite celle des enfants, puis les cases des jeunes ménages, puis les magasins et les étables. La ville fut emmantelée d'un mur en pisé, accosté de quatre bastions. On eût cru voir naître une ville du temps d'Athènes ou de Tyr.

Ainsi se trouvait réalisée cette description d'un des plus fidèles évocateurs de la vie antique :

« Je regardais avec admiration cette ville naissante, semblable à une jeune plante qui, ayant été nourrie par la douce rosée de la nuit, sent dès le matin les rayons du soleil qui viennent l'embellir. Elle croît, elle ouvre ses tendres boutons, elle étend ses feuilles vertes, elle épanouit ses fleurs odoriférantes avec mille couleurs nouvelles. A chaque moment qu'on la voit on y trouve un nouvel éclat. Ainsi fleurissait la nouvelle ville sur le rivage de la mer. Toute la ville retentissait des cris des ouvriers et des coups des marteaux. Tous les chefs amenaient le peuple au travail dès que l'aurore paraissait et le roi Idoménée, donnant partout des ordres lui-même, faisait avancer les ouvrages avec une incroyable diligence. »

Qu'on remplace Idoménée par Poré, la Méditerranée par le Tanganika, et la description s'applique à la jeune cité de Kibanga, ou plutôt de Lavigerie-ville, car ainsi fut-elle appelée; tant cet admirable Fénelon avait eu l'intuition des jours primitifs!

La ville construite, on tint conseil.

Afin d'éviter tout soupçon, toute jalousie de la part du roi, le P. Provicaire fit connaître à Poré quel serait au gré des Pères le régime intérieur de l'État. Le pouvoir restait tout au roi, les Pères se réservaient d'administrer le village qu'ils fondaient. Quant aux affaires mixtes, les Pères et le roi devaient s'en entendre.

On le voit : les religieux n'empiétèrent pas sur le pouvoir civil, ils ne réclamèrent que la place au soleil et le droit de régir ceux qui, d'eux-mêmes, s'étaient soumis à la discipline chrétienne. Leur pouvoir et celui du roi furent d'autant plus forts que chacun d'eux ne sortit pas de l'ordre limité de ses attributions respectives. Les affaires ainsi réglées, le roi se retira dans les montagnes.

Les hommes rachetés par les Pères, les femmes dont ils avaient payé la dot formaient autour de la chapelle un village de personnes élevées fort au-dessus de l'esclavage, moins par la récompense qu'elles obtenaient de leurs travaux que par leur dignité de chrétiens et leur communion au corps du Christ.

A trois cents mètres de ce village était celui des adultes, soumis comme le premier à la direction des Pères, ils aspiraient au mariage chrétien comme à une récompense de leur travail et ne tardaient pas à être incorporés dans le premier village.

Un troisième groupe de cases était la demeure d'indigènes, venus là pour être en sûreté, et admis sur le terrain de la mission à la condition qu'ils n'auraient qu'une femme par ménage, qu'ils s'abstiendraient de pratiques superstitieuses et assisteraient aux instructions, qu'ils viendraient, selon leur expression, demander le remède qui leur permît de bien vivre.

A un kilomètre de distance était la petite agglomération des réfugiés, admis aux mêmes conditions que le troisième village.

Sur tous ces groupes l'autorité des Pères rayonnait : elle s'exerçait plus directement sur les deux premiers, mais les deux autres l'acceptaient aussi et plus loin, dans l'intérieur des terres, sur les rives du lac, ceux qui ne subissaient pas encore la discipline chrétienne désiraient s'y conformer ; ces formes humaines qui s'étaient cachées pour échapper aux nègres musulmans dans les cavernes des montagnes accouraient avec Kisamba leur chef et recueillaient sur le terrain de la mission les lambeaux épars de leur peuple.

C'était le cas de répéter avec le psaume : qu'il est bon, qu'il « est délicieux d'être frère et d'habiter ensemble, c'est comme l'encens qui descend de la tête d'Aaron sur sa barbe, sur sa barbe et jusque sur les franges de son vêtement. » Ainsi la douce influence des Pères descendait des villages chrétiens sur les autres villages, jusqu'aux lisières extrêmes de la colonie chrétienne, jusqu'au point où elle confinait aux jongles. En ce lieu de l'Afrique ne disons donc plus que les noirs sont maudits : le psalmiste n'a-t-il pas ajouté : Là où les frères habitent ensemble, le Seigneur verse à jamais la bénédiction et la vie.

L'Alsace toujours française, en contribuant à l'apostolat qui est une œuvre essentiellement française, fit aux apôtres du Tanganika le don d'une cloche qui se balança majestueusement au-dessus de la chapelle : elle répandit pour la première fois sa rumeur argentine sur les quatre villages et porta l'appel sonore de la vérité très loin à travers les feuilles. Elle réveillait à l'aurore les mille travailleurs qui se dispersaient dans les champs : quand le soleil devenait trop ardent, elle les réunissait pour la prière, le repas, l'instruction, et le soir elle les rappelait encore de sa voix douce, ailée, comme celle de l'ange, vers les feux du soir et le repos bien mérité. Quelque chose de l'âme de la patrie absente semblait s'exprimer dans le son de cette cloche alsacienne : la cloche figure si bien par son harmonie l'union des âmes chantant d'une même voix, soudées en quelque sorte au feu d'un amour divin jusqu'à ne faire plus qu'un métal tout vibrant de leur intime union.

A cette voix du Christ, comme à celle d'un amphion divin, la cité naissante, évoquée de la barbarie et sortant de l'ombre des bois, s'élevait vers l'utile, le bien, le vrai, le beau. La cloche sonnait, sonnait, appelant les âmes infidèles partout où elles souffraient, partout où elles pleuraient, répercutée par les montagnes et portée au loin sur la douceur silencieuse des eaux.

Le 3 décembre 1887, c'était la fête de saint François Xavier, la cloche avait sonné l'heure de la prière et de l'instruction religieuse : vers midi, un Père aperçut des nègres accourir du haut des collines et se diriger vers les villages. Bientôt après, sur les mêmes hauteurs parurent, armés jusqu'aux dents, les hommes de proie, les sectateurs du chamelier de Médine.

Distribuer les munitions aux néophytes de la cité chrétienne, leur défendre de tirer sans l'ordre des Pères, les disposer à opter entre l'esclavage et la mort pour le malheur le plus glorieux et à vendre chèrement leur vie, ce fut l'affaire de quelques instants: le Père supérieur et le père Winko se portent en avant. « Holà! que faites-vous? disent-ils aux pillards, quelle est votre impudence de violer le territoire de la mission? Croyez-vous que ces villages renferment un bétail que vous puissiez vendre? Votre insolence est grande envers des Français! Retirez-vous, allez faire en d'autres guérets votre triste moisson (1). » Ils disaient, et derrière eux, la fusillade se faisait entendre du côté de la mission : c'était les chrétiens qui par ordre de leurs chefs tiraient à poudre, les pauvres habitants du pays, qui étaient venus se blottir sous les ailes protectrices des pères, tremblaient de tous leurs membres.

La poésie antique, qui a su rendre immortelles les grandes douleurs de l'humanité en son enfance, la poésie d'Euripide ou d'Eschyle pourrait seule peindre cette scène d'esclavage qu'on put contempler des bastions de la mission. Si l'on veut bien se reporter aux lettres des missionnaires, on verra que ce n'est pas sortir du vrai, qu'emprunter l'expression de calamités indicibles, au grand langage des *Suppliantes,* ou des *Sept contre Thèbes.*

Le chef Mohammed approchait : vêtu de rouge, couvert de sang, sa barbe était noire, son teint de la couleur de l'airain, on entendait l'air frémir agité par les lances, les flèches, les détonations, les cris sauvages des ravisseurs qui se précipitaient sur leur proie, les cris désespérés des victimes, des femmes, des enfants, des hommes qu'on égorgeait; on attachait leurs mains derrière leurs épaules, on les enchaînait tous ensemble avec les lianes de leurs forêts. On introduisait leurs

(1) Ces paroles ne sont pas textuelles, mais le sens en est donné dans une lettre des Pères.

cous dans les fourches; ils étaient boulonnés entre les deux branches de ces croix de l'exil, qu'ils devaient porter bien loin des forêts où elles avaient été coupées, et c'étaient des vierges et des mères qui marchaient sous ces fardeaux semblables à celui du Christ montant le Golgotha, c'étaient des enfants qui n'avaient jamais quitté la maison paternelle et qui déjà commençaient l'odieux voyage dont le terme était la mort ou, qui pis est, la corruption. Telles sont ces chaînes de damnés qu'on voit sculptées aux porches des cathédrales, et que Satan traîne avec lui dans l'enfer. Dans les murs de la ville, les cris, les invocations, les prières, s'élevaient de toute part : « O Marie, secours des chrétiens, tour d'ivoire, ne souffre pas qu'on porte la main sur l'innocence et sur la pudeur; Michel, destructeur des démons, avant que cette insolente troupe ait mis le pied sur le terrain sacré de la mission, repousse-la dans le lac, dans la jongle et dans le marécage, et qu'accueillie à la fois par les tourbillons retentissants de l'orage, par le tonnerre et l'éclair, par les vents dont le souffle bouleverse les flots du Tanganika tumultueux, ils périssent tous avant que, contempteurs de tout ce qui est saint, ils ne profanent le tabernacle de notre Dieu. Charles, patron de notre père, protège une ville dédiée à son digne successeur, et vous, Joseph, patriarche auguste, protecteur de la pauvre maison de Nazareth; et vous, Seigneur, vous le seul qui ne gardez pas en vain la cité, ne livrez pas ces tendres existences, ces enfants dont l'âme vous appartient, aux débauches d'un ennemi vainqueur, montrez toute votre haine pour l'exploitation de l'homme par l'homme, toute votre vigilance sur vos autels, souvenez-vous de notre rançon qui fut votre sang rédempteur et de nos saints cantiques des jours de paix ! » Ces prières, et bien d'autres plus

instantes, plus aiguës dans leur précipitation, plus
confiantes dans leur foi, étaient sinon sur les lèvres, du
moins dans les cœurs, et déjà redoutant la fusillade et
surpris de la brusque offensive des Pères, les ravisseurs prenaient le parti de la retraite. Longtemps le
fusil armé, la lance au poing, cent défenseurs des chrétiens restèrent derrière les murs, craignant un retour
des brigands, attendant que le dernier ennemi fût disparu dans les jungles.

Priez, dirent alors les missionnaires, afin que cesse
pour nous la calamité de la guerre, car si le Seigneur ne
garde la maison, il est inutile le qui vive de la sentinelle !

Ceux qui ne s'étaient pas écartés de l'enceinte de la
mission furent sauvés, mais beaucoup furent surpris
dans les champs. Quelques-uns s'enfuirent, s'enfuirent
toujours plus loin et jusque chez les anthropophages,
d'autres cherchèrent un abri dans les hautes montagnes,
d'autres prirent des barques, mais plusieurs furent
enchaînés.

Aussitôt, comme une poule inquiète, et qui glousse
cherchant de toute part avec activité jusqu'à ce qu'elle
ait retrouvé ses poussins, le P. Guillemé n'a pas de
repos qu'il ne parte pour Oujigi où l'ont devancé les
ravisseurs.

Ces captifs de la mission, ces chrétiens rachetés
pour ne plus tomber en servitude, il faut qu'il les
cherche, qu'il les trouve, qu'il les délivre ; il passe la
nuit sur le lac, ses rameurs chantent, il invoque les
anges gardiens au milieu du silence des brises, il arrive, il est reçu par Romaliza, le chef de ces brigands
qui déjà se menaçaient entre eux des fers et de la mort
en se disputant le butin. Le P. Guillemé obtient de ce
général des voleurs l'autorisation de racheter ses captifs
s'il les pouvait découvrir sur le marché. Mais leurs

maîtres les avaient cachés dans les cases des villages voisins d'Oujigi, et leur avaient défendu sous les plus épouvantables menaces de se produire en public.

Le Père recommanda à ses rameurs chrétiens de se diviser en plusieurs groupes, et de parcourir les villages pendant que les voleurs flânaient sur le marché, de s'arrêter devant les cases, et là, d'appeler par leur nom les jeunes filles.

Le conseil fut suivi, les hommes parcoururent les villages, s'arrêtant de temps en temps et criant à chaque porte les noms suivants: « Kabulé, la petite graine; Kileva, la petite barbe; Namsalo la mère de la perle, si vous êtes là, répondez, nous venons vous chercher pour vous ramener vers vos frères, à Kibanga. »

Presque toutes répondirent à cet appel du fond des chaumières.

Le P. Guillemé alla trouver dans les villages les propriétaires de ces jeunes esclaves, il menaça pour couper court à leurs paroles trompeuses de plaider avec eux devant le chef des brigands.

Le prix du rachat fut convenu. Ces trois jeunes filles déjà fiancées dans leur pays reprirent avec une jeune mère le chemin de la mission, et les indigènes à la vue de ces personnes chères qui leur étaient rendues, comprirent à quel point les Pères aimaient leurs amis.

VIII

CONTRE-COUP DE LA POLITIQUE EUROPÉENNE

La mission de Mouloueva avait essaimé d'une part, au sud à Kibanga ou Lavigerieville, d'autre part au nord dans l'Ousighé, chez le roi Roussavia, qui ne laissa manquer ni de terrains pour cultiver, ni de bois pour bâtir, le P. Coulbois et ses compagnons.

Les peuplades riveraines du lac étaient jalouses des royaumes privilégiés chez qui les missionnaires venaient embellir la nature humaine et porter la paix. Il fallut fuir pourtant devant l'attitude inquiétante des musulmans; les deux stations de Mouloueva et de Roussavia étaient encore trop près d'Oujigi; elles durent se transporter dans le sud à Karema et à Mpala.

Que s'était-il donc passé?

En 1885, à la conférence de Berlin, les puissances européennes s'étaient taillé dans le centre inconnu de l'Afrique des empires aux frontières vaguement soupçonnées, et, plus prompts à s'adjuger les provinces découvertes que les explorateurs eux-mêmes à les découvrir, ils se préoccupaient peu des devoirs (1) que leur

(1) C'est ainsi que, pour la défense du Congo belge, le capitaine braconnier vient d'*acheter* quatre mille hommes au roi de Dahomey, et que les Anglais ont fait passer par le Cap mille fusils et trois cent mille cartouches au chef esclavagiste Lobengula (journaux catholiques, novembre 1889).

créaient leurs prétentions, ni si leurs sujets étaient en Afrique les assassins ou les victimes. Les rois africains n'en craignaient pas moins pour leur puissance menacée, les arabes pour leur commerce de chair humaine. Ceux-ci s'étaient habitués à considérer comme leur proie les territoires que l'Europe s'adjugeait ; ils sentaient approcher le moment où ils ne pourraient plus compter sur l'autorité musulmane, ils se hâtaient d'épuiser les sources de la vie africaine : le nombre des esclaves augmenta, et les religieux du Tanganika furent accusés de complicité avec les envahisseurs.

D'un autre côté, les fonds qui soutenaient en Europe les conquérants spirituels de l'Afrique étaient menacés d'un coup de main. En Italie le gouvernement, au mépris de la loi des garanties promulguée le 13 mai 1871, cessait de respecter l'initiative spirituelle du souverain pontife, et voulait en 1884 disposer à son profit des biens fournis par toutes les nations catholiques pour servir à la civilisation du monde. En France, de 1870 à 1885, le gouvernement, de plus en plus oublieux de la mission apostolique de la nation, désavouait par de publics outrages le dévouement des missionnaires et supprimait 578,000 fr. de crédits affectés au culte algérien. Cette atteinte portée aux missions équatoriales, jointe aux menaces et aux intrigues musulmanes au nord du Tanganika, purent déterminer les Pères d'Alger à accepter une proposition qui leur fut faite par le roi Léopold.

La conférence de Berlin avait décidé que l'effort de la colonisation belge porterait sur le Congo supérieur. Le roi Léopold offrit de céder aux ouvriers apostoliques les deux forts de Mpala et de Karema, situés en face l'un de l'autre, l'un sur la rive occidentale, l'autre sur la rive orientale du lac, tous deux à soixante-dix lieues au sud de Kibanga, et communiquant par des barques allant de l'un à l'autre.

Trois cents nègres armés devaient veiller désormais sur la sécurité des Pères. Ces noirs chevaliers étaient formés et commandés par M. Joubert, un héros qui, après avoir offert sa vie à la papauté avant 1871, et depuis lors à la France envahie, voulait l'offrir encore à la cause de l'humanité, blessée par l'esclavage africain, dans son corps inviolable.

Mpala ne tarda pas à être assiégée par les brigands, mais sur ces hommes sans discipline, les orphelins de la mission remportèrent une brillante victoire. Un orphelin, un seul fut frappé mortellement, mais aussitôt l'un de ses amis le couvrit de la grâce du baptême comme d'un bouclier d'or.

Karéma fut le siège épiscopal de Monseigneur Charbonnier. L'un des plus grands rois des bords du lac Kapoufi lui offrit un sceptre en forme de houlette pastorale, et l'envoya chercher par son premier ministre. L'évêque marcha triomphalement d'étape en étape : à chaque village, il recevait des dons opulents. A son arrivée, les habitants de la capitale se rangèrent sur deux rangs, et déchargèrent leurs armes dans l'air. Après les présentations faites selon l'étiquette si exigeante des Africains, eut lieu l'exhibition du stéréoscope, c'est-à-dire des grands édifices de l'Europe, des bateaux, des villes, de tous les beaux dehors de la civilisation matérielle, mais les enfants des hauts plateaux eurent le bon sens de mettre au-dessus de tout les portraits de Jésus et de la vierge Marie. Le prince royal disait en les voyant : « Salut ! salut ! seigneur Jésus, salut ! disait-il avec un visage tout épanoui de joie, en battant des mains ; salut aussi à vous, sainte Marie, mère de notre seigneur Jésus: le père blanc qui est là nous dit que vous nous aimez et que vous voulez nous faire grand bien, nous aussi nous voulons apprendre à vous mieux connaître et à vous aimer. » Ensuite, s'adressant à son entourage : « Allons, mes enfants, saluez avec moi le seigneur Jésus et sa mère sainte Marie. » Malgré les belles espérances que font concevoir aux missionnaires cette ouverture des cœurs, ces sourires d'amour devant les images saintes, étaient-ils bien assurés de leur sécurité, étaient-ils persuadés que les fureurs ou les intrigues musulmanes ne les atteindraient pas dans le sud du lac aussi bien que dans le nord ? Leur fuite même montrait à quel point leurs conquêtes étaient précaires.

Combien étaient-ils ? cinquante.

Cinquante millions de musulmans étaient devant eux, cinquante millions d'adorateurs de la force en face de cinquante apôtres de la douceur; ici l'islamisme énorme, là le catholicisme modeste ; ici la suprême iniquité, là le suprême dévouement. Le moyen d'éviter un conflit que les musulmans devaient désirer par principe, que les missionnaires devaient amener par l'exemple même de leur vie, muette accusatrice de la vie mahométane ? Isolés en face du gigantesque péril et de la vaste solitude, les pauvres missionnaires appelaient à leur secours, dans leurs lettres suppliantes, le monde civilisé. Mais la réponse même de l'Europe pouvait leur être fatale. Le jour où l'une des puissances signataires du congrès de Berlin voulut prendre une possession effective du royaume qu'elle s'était taillé dans l'Afrique orientale, le jour où la côte de Zanguebar fut bloquée, tous les royaumes musulmans, tous les nègres musulmanisés, tous les roitelets qui étaient sous la domination des Arabes, s'unirent contre l'envahisseur, menaçant d'immoler tous les Européens qui se trouvaient en Afrique : leurs bienfaits et leurs charités seront-elles un rempart suffisant pour les missionnaires? ne vont-ils pas au contraire être les victimes de leur dévouement? ces paisibles agneaux sont à la merci de cinquante millions de loups. Sans doute les ouvriers apostoliques sont prêts à suivre cette route de la béatitude et de la gloire que leur Maître leur a tracée en mourant, et où déjà les ont précédés leurs frères, mais s'ils meurent, que deviendra l'Afrique dépeuplée, et que dira l'histoire, de nous, témoins immobiles et insensibles, qui savions ce que cachaient, derrière le grand désert, les luxures de l'Orient féroce et doré?

CINQUIÈME PARTIE

LES MISSIONS DU LAC VICTORIA

———

I

L'AVÈNEMENT DE LA VÉRITÉ

Les nuages noirs et lourds de la Masika, venus des deux mers, passent lentement et roulent comme des vagues, les uns poussant les autres, au-dessus des montagnes de Magoun-da-Mkali, entre l'Ougogo et le pays de la Lune. Alors ces nuages se résolvent en pluie, laissent descendre une part d'eux-mêmes, et forment le lac Tchaïa.

Ils franchissent le plateau central du continent africain; ils touchent les monts Foumbiro et le Gambaragara, qui sont à 300 lieues du Magoun-da-Mkali. Les averses qui tombent de ces nuages forment les lacs Alexandra, Windermere, Ourigi.

Les mêmes strates nébuleuses passent, 300 lieues à l'est, sur les volcans éteints du Kenia, et ils forment encore, de ce côté, des lacs inexplorés.

Tous ces lacs, rangés aux pieds des montagnes natales, s'écoulent en de larges rivières.

Du lac Tchaia (1) sort, à travers un voile mystérieux de roseaux, la Kouala. Elle va vers le nord, à travers les plaines.

Du lac Windermere, le Tangouré s'achemine vers le nord-est.

Des lacs sans nom, où devaient se refléter jadis les feux du Kenia, des fleuves inconnus courent vers l'occident.

Les hautes montagnes regardent ces eaux, sorties de leurs bases, couler à travers les campagnes et les forêts, errer majestueusement sur le plateau, rouler pendant des centaines de lieues à 30,000 mètres au-dessus des océans, et venir toutes, d'un cours tranquille et haut, tomber au même rendez-vous : le lac Victoria!

Cette mer intérieure est la plus grande de ces coupes lacustres cerclées de vie, que montre à son ciel pluvieux et bas un continent où la chaleur et l'eau ne sont point réparties comme ailleurs. Le Victoria est situé à 1200 mètres au-dessus de la mer; il a, sans compter les replis indentés de ses côtes, une périphérie de 400 lieues, et c'est de son sein que s'épanche, par les cataractes de Ripon, la principale branche du Nil, le Kilvira.

Le lieu d'où sort ce fleuve est une situation géographique exceptionnelle, et qui semble prédestinée aux grandes choses que l'intelligence, le courage, la patience ou la souffrance humaines doivent y accomplir.

(1) Le lac Tchaia, la source la plus lointaine du Nil, a été découvert par le P. Hautecœur, qui ne la cherchait pas; les savants qui l'avaient cherchée ne l'avaient pas trouvée. Depuis, Stanley a découvert une autre source du Nil. La branche occidentale du Nil Blanc ne sort pas, comme on le croyait, du lac Albert, mais du lac Albert-Édouard situé plus haut, du côté de l'Équateur (décembre 1889).

En 1870, la force seule y règne. Le roi du pays de Ganda, propriétaire de ses sujets et de leurs biens, étend au nord, à l'ouest et au nord-est du Victoria, son royaume en forme de croissant. L'Ousoga, le Karagoué, l'Oussoui, la plupart des royaumes riverains, lui sont soumis. Il est le suzerain de l'Ounyoro; il a même envoyé, au delà de ce pays, une expédition contre les nains qui habiteraient les cimes occidentales du Gambaragara, interposées par la nature entre les eaux du Nil et celles du Congo; partout il fait rayonner ses armées qui jamais ne se reposent, et vont chercher, sur tous les rivages de la mer intérieure, des troupeaux, de l'ivoire et des esclaves.

Les esclavagistes devaient, selon la tactique qui leur a conquis le Soudan, mettre la main sur la puissante agglomération des peuples tributaires du Ganda, faire du roi un musulman, mettre en coupe réglée une partie de ses sujets parquée à l'engrais dans certaines provinces, et se les faire livrer au fur et à mesure des besoins de l'Asie.

Le roi d'alors était Mtésa, politique habile, sceptique et très jaloux de son empire. C'était lui que les acheteurs d'hommes essayaient de gagner à l'Islam.

Mais si la force et la doctrine de la force allaient s'établir sur les collines du Ganda, il est permis de penser que la loi d'amour avait été prêchée dans ce pays, et y avait laissé ces mystérieuses semences, qui refleurissent des siècles après qu'elles ont été confiées à la mémoire des hommes.

Au pays de Ganda, dans l'un des districts du royaume les plus éloignés de la capitale, sur les confins de l'Ounyoro, s'élève un temple champêtre, ou plutôt une hutte au toit de chaume, en l'honneur d'un personnage qui n'est point une divinité du paganisme africain, qui n'est ni un esprit des eaux, ni un esprit des bois, ni l'esprit d'un mort, c'est le temple de Kintu.

Quel est ce Kintu ?

C'est, au dire des indigènes, un ancien sage qui leur enseignait le bien, l'immortalité, le créateur du ciel et de la terre, améliorait ceux qui vivaient alors dans le Ganda. Kintu reparaîtrait quelquefois pour reprendre la postérité de ceux qu'il instruisit, quand ils s'écartent de ses enseignements, et c'est au point précis d'une de ces apparitions que s'est élevé le temple caché dans les bois.

Il est permis de croire que ce Kintu n'était autre qu'un ancien missionnaire venu, comme les conquérants du Ganda, du pays des Gallas : « La mort, peut-être, ne lui permit pas d'achever son œuvre, mais du haut du ciel, et durant des siècles, il veille, il prie pour le pays qu'il arrosa de ses sueurs, où reposent ses cendres » (1); il mérite pour lui que les messagers de la bonne nouvelle y viennent chercher les âmes dignes de Dieu.

En 1879, le roi Mtesa recevait, en audience publique, ses tributaires et les grands de la cour; on vint annoncer qu'un étranger ou inconnu avait débarqué au port de la capitale. Il arrivait presque sans bagages, pauvre, malade, affamé. Ce voyageur devait venir de très loin, son visage était blanc.

« C'est Kintu! dit le roi, qu'on l'amène, qu'il paraisse devant moi. »

Le nouveau venu n'était pas le revenant mystérieux du Ganda, c'était le R. P. Lourdel, des missions d'Alger.

Cet ouvrier de Jésus-Christ était accompagné d'un auxiliaire, le F. Amance. Le P. Giraud, resté au sud du lac, a raconté l'histoire de leur voyage, depuis que, quit-

_____

(1) *Annales des miss. d'Afrique.*

tant la première caravane à Tabora, ils s'étaient acheminés vers le lac Victoria.

Le chef superstitieux de la caravane traça d'abord, avec de la farine, un triangle sur le chemin; le P. Giraud dit : « Au nom du Père, du Fils, du Saint-Esprit, » invoquant les trois personnes divines auxquelles appartiennent non seulement le chemin, mais la terre et sa plénitude.

Le voyage entrepris fut heureux, la fièvre bénigne, et cléments furent les brigands; des rivières traversées (1), les tributs de passage légers, bien que fort nombreux. Noël fut célébré dans un village du nom de Maria, et dont les habitants n'avaient d'autres armes que leurs houlettes de pasteurs; à la fin parut la mer intérieure, le grand lac Victoria.

On fit halte à l'entrepôt arabe de Kadouma; ce bon chef partait, comme l'Isaac biblique, à la recherche d'une femme pour son fils, et confiait aux Pères, en son absence, les droits et le titre de sa petite royauté.

Des pirogues envoyées par le P. Lourdel, de la part du roi du Ganda, parurent à l'horizon. On monta dans ces barques; vingt fois, après avoir pagayé tout le jour, on les tira sur le rivage, vingt fois on les remit à flot, et l'on voyagea sans perdre de vue la côte, comme les bons vieux marins du temps d'Énée; le vingtième soir, on toucha le port de Mtévé. Non loin de ce lieu, dans l'intérieur des terres, s'élève une colline ronde et régulière; tout au sommet, cinq cents huttes sont ramassées, comme les tentes d'un camp, autour d'une hutte centrale que surmonte un large drapeau. Sur les pentes croît la végétation de l'équateur, et çà et là, perdues sous les bananiers aux vastes feuilles, des huttes de ro-

____

(1) La Monanga entre autres.

seaux en forme de ruche d'abeille sont enfouies dans la luxuriante opulence des plantes. Du pied de la colline où sont éparses les demeures des indigènes, jusqu'au faîte fortifié où sont les huttes groupées en cercle, une route s'élève, blanche et droite, et mène à la résidence du roi. Telle est, dans son ensemble et dans ses environs, Roubaga, capitale du pays de Ganda.

Le P. Lourdel et le F. Amance gravirent la route inclinée qui conduit chez celui dont le nom veut dire : l'homme qui fait trembler, chez le redoutable Mtesa.

Il a quarante ans, ses lèvres sont fines, son front découvert, ses yeux grands et foncés, son teint olivâtre. Il est le dernier-né des pasteurs conquérants, qui gouvernent le pays au nord et à l'ouest du lac Victoria. Il a le beau type des Gallas qui vinrent d'Abyssinie. Les voyageurs ont admiré son caftan blanc bordé de rouge, sa veste de velours noir brodé d'or, son sabre à poignée d'ivoire incrusté d'argent. Roi sans contrôle, il est atteint des maladies mentales qu'apporte avec lui d'ordinaire l'exercice du pouvoir absolu.

Quand les voyageurs abordèrent l'enceinte royale, des pages porteurs de salut allèrent et vinrent, et se succédèrent de minute en minute. Ils s'inclinaient devant les visiteurs et leur disaient : « Le roi m'envoie te voir. » Après quoi ils retournaient avec la même vitesse dire au roi : « J'ai vu l'étranger, je l'ai vu, il te salue, il est à tel endroit. »

Le ministre était assis sur une natte près de Sa Majesté.

Le roi se tenait au portique de sa case : sous ses pieds étaient des peaux de lion. A ses côtés, des gardes tenaient, à droite une lance de fer, à gauche une lance d'airain (1).

____

(1) La lance était l'insigne de la souveraineté.

Parmi les assistants, les uns avaient des cordes en-roulées autour de la tête, c'étaient les exécuteurs; les autres avaient sur les épaules des peaux de chèvre cousues et semblables à de fine mousseline, c'étaient les grands du pays; les autres avaient des blouses noires, des turbans blancs, des manteaux rouges et des fusils, c'étaient les gardes.

Puis venaient les roitelets du pays d'au-delà du Nil, de l'Ousoga. Ils avaient les cheveux tressés avec des herbes, ils en avaient fait des baguettes qui tantôt mon-taient parallèlement vers le ciel, tantôt se réunissaient par leur sommet, pour former un bonnet d'astrologue percé à jour. Ils jouaient d'une harpe à six cordes, dont les montants étaient couronnés d'un bouquet fait du poil soyeux de leurs chèvres. Ils étaient précédés aussi de joueurs de flûte, et d'un instrument composé de plusieurs roseaux d'inégale longueur.

Les députés de l'Ounyoro, pays tributaire situé au nord du Ganda, venaient, après les roitelets musiciens, offrir l'écorce, le sel des plantes voisines du Nil, enfin de jeunes esclaves : ils se faisaient précéder de harpistes et de flûteurs.

Puis venaient, de l'occident, les habitants d'un autre royaume tributaire. Ils imitaient, en soufflant dans les cornes trouées des antilopes, le bruit des fanfares. Ils apportaient au roi des pioches, des poteries fabriquées avec la terre des fourmilières.

Enfin venaient, du sud du lac, les habitants du pays de la Lune, avec leur ceinture de coton bleu et leurs longs cheveux pendant sur leur col en longues tresses fines et légères.

A droite, à gauche du prince étaient les seigneurs, les chefs de province et les chefs de district, les géné-raux que le roi envoie sans relâche aux extrémités de

son royaume afin de faire rayonner la terreur qui,
seule jusqu'alors, avait fondé en Afrique quelque éphémère souveraineté.

Enfin près du trône de Mtesa se tenait debout un
homme blanc qui lisait un livre.

Le livre était la Bible.

Le blanc était M. Makay.

En dépit des 1,500 femmes du monarque, le prédi-
cant lisait, avec plus de courage peut-être que de prudence, le chapitre où sont exposées les mœurs dissolues
de Salomon.

Il ne vit pas sans un certain émoi les catholiques
pénétrer sur son terrain : il les aurait même accusés
de croire un homme impeccable et d'adorer une femme
appelée Marie.

Le roi voulut se donner le spectacle d'un tournoi
théologique : le P. Lourdel accepta de bonne grâce la
controverse ; il établit que le pape sans être impeccable était l'éducateur institué par Dieu pour le représenter auprès des hommes, et devait par conséquent
parler, quand il le fallait, avec l'infaillibilité de Dieu
même ; que les catholiques n'adoraient pas Marie, mais
qu'étant la mère de notre Sauveur, elle était de toutes
les créatures sorties de la main de Dieu celle qu'il con-
venait d'honorer le plus : c'était ainsi qu'après le roi du
Ganda, la personne qu'on avait en la plus haute véné-
ration, c'était sa mère.

Mtesa conclut :

« Ce sera mon père qui nous instruira. »

Le protestant se retira. Le vieux Livingstone n'eût
jamais éprouvé cette mésaventure. Dieu, par la grâce
des événements auxquels nul ne résiste, l'avait forcé de
marcher devant sa face et d'ouvrir ses voies. Il n'en
est pas toujours ainsi des hérétiques, et la même

Providence qui préserva Livingstone des inutiles gaspillages de parole et de force a permis aussi parfois que l'erreur eut son jour afin que le monde la vit à l'œuvre et que l'histoire pût lui demander compte de sa stérilité. Malgré les six millions que l'erreur reçoit chaque année pour entretenir ses établissements africains, malgré ses bateaux à vapeur, ses allures de savante et de conquérante, malgré qu'elle couvrît en plus d'un point le continent de ses flots querelleurs, il ne fallait pas oublier, en la voyant si prompte à se prévaloir de ses initiatives indiscrètes, que la première vague est toujours chargée d'écume et fait grand bruit.

La haute mer est profonde, calme, azurée.

L'invasion du protestantisme en Afrique, c'est l'écume ; la haute et profonde mer, c'est le christianisme intégral, c'est le catholicisme. Elle arrive après l'écume et tout son bruit. L'écume s'évanouit et l'on ne s'en souvient plus.

L'EXPULSION DES PÈRES

Le Ganda était un pays où l'islamisme essayait d'imposer son règne par les mêmes procédés, ou plutôt par les mêmes carnages, qui l'avaient fondé de l'Égypte au Sénégal.

Musulmaniser le roi et partant une partie de ses sujets, lui faire vendre l'autre partie : tel était le plan des Arabes.

Leur réussite, l'esclavage de ces millions d'hommes qui vivaient en paix sous leurs bananiers, la prépondérance du cimeterre sous l'équateur africain, tout cela dépendait d'un seul homme, du roi.

Esclavagistes et missionnaires se disputaient donc son cœur, les uns pour perdre, les autres pour sauver.

Si les missionnaires n'avaient été là, il n'est pas douteux que le royaume n'ait subi le sort des souverainetés du Niger et du Soudan, mais le P. Lourdel, le P. Barbot, le frère Amance, trois hommes, contrebalançaient pour le salut d'un grand nombre l'influence musulmane; s'ils n'eussent pas été là, le roi ne se fût peut-être pas montré réfractaire au Koran.

Le rôle de ces hommes se trouvait être par là même très grand, d'autant qu'ils avaient contre eux la flatterie, la ruse, la calomnie, la force, et qu'à tous ces moyens de l'Islam ils n'opposaient que la persuasion.

Pourtant ils avançaient, ils gagnaient du terrain, ils progressaient sans bruit dans le royaume, et tandis qu'ils élevaient quelques esclaves rachetés dans la bananeraie que le roi leur avait donnée, ils convertissaient à leur cause plusieurs grands seigneurs, l'un qu'ils sauvaient de la mort par leur influence, l'autre de la mutilation par leur thérapeutique; ils baptisaient les pages du roi, et comme autrefois saint Pierre et saint Paul remplissaient le Palatin de chrétiens, ils remplissaient les cinq cents huttes qui environnaient la case royale, de nègres avides de vérité, prompts à la justice, fidèles à l'obéissance.

Les esclavagistes ne purent contenir leur rage : devenus arrogants par suite des conquêtes du Madhi au sud de l'Égypte, ils crurent pouvoir tout oser. Un jour les néophytes vinrent annoncer aux Pères qu'un complot se tramait contre eux, les Arabes les vouaient à la mort, et désignaient des assassins pour les massacrer pendant la nuit.

Le roi Mtésa fut heureux d'échapper à la responsabilité du crime qui se préparait : il se prêta volontiers au départ des Pères. Ces exilés de leur patrie d'élection s'acheminaient, avec leurs orphelins rachetés, vers les barques que le roi leur avait préparées, lorsque, sur le sentier qui menait au lac, le P. Lourdel aperçut un adolescent au visage empreint d'une profonde tristesse.

C'était Mouanga, le fils du roi. Il venait faire ses adieux aux Pères, il pleurait à leur départ. Le P. Lourdel lui dit à l'oreille : « Mouanga, si jamais tu deviens roi du Ganda, tu nous rappelleras, et nous nous hâterons d'accourir. »

En attendant, il fallait s'expatrier sans plus de retard, fuir en un pays où l'autorité de Mtésa ne s'exerçât point, en un lieu que les Arabes n'aient pas foulé. On côtoya les rivages et l'on parvint au sud du lac, à l'opposé de Roubaga, au petit royaume de Bukumbi.

Meuss Livinhac entreprit de fonder là une mission nouvelle. Là point d'intrigues, point d'esclaves, point d'Arabes; là régnait une paix où le grain de sénevé de l'Évangile pourrait peut-être se développer.

Le P. Lourdel alla plus loin dans le sud jusqu'au Bukuné. Sa caravane n'était pas comme celle des traitants qui brisent contre la pierre la tête des enfants pour le plaisir infernal de torturer les mères, non, mais comme une mère et des plus aimantes, le bon Père portait lui-même sur son âne quatre petits néophytes rachetés, qui n'en pouvaient plus de fatigue, et disaient de leur voix sonore et plaintive : « Toufoun dé...é...é...! Toufoun dé..., é, é, é! nous allons périr! » Le Père les portait tous les quatre comme une corbeille de fleurs mourantes; il alla très loin avec ce fardeau, il longea la grande forêt, accompagné comme saint Joseph d'un âne son vieux serviteur, il portait les frères de Jésus enfant, il portait bien loin à travers les solitudes le berceau de la jeune chrétienté, et le déposa enfin au Bukuné au pied de nouveaux autels, afin que les innocents ne fussent pas massacrés, ou, ce qui eût été pire encore, corrompus par l'islam qui semblait les poursuivre.

Pendant cet exode du P. Lourdel, M. Livinhac et le P. Giraud étaient demeurés au Bukumbi, sur le bord d'une crique, au sud du Victoria, sur une terre sablonneuse accidentée de rochers. Ils se croyaient là bien séparés, par cent lieues de mer, des esclavagistes, lorsqu'ils virent une flottille lointaine couvrir le lac Victoria.

Elle aborda dans le Moueré, terre du roi Roma, située sur la grève occidentale de la crique, en face de la mission, assise sur la côte orientale.

Un roc solitaire était sur le rivage la demeure de ce Roma.

Quand les Pères eurent élevé leur maison au toit de paille dans le Bukumbi, le prince désira quitter sa sauvage résidence et venir à la mission.

Les sorciers consultèrent les entrailles des victimes et décidèrent que Roma ne partirait pas.

Il eut la folie d'obéir à ces prêtres de Satan.

Or, peu de temps après que l'oracle eut été rendu, il vit arriver la flottille de Mteza, car c'était elle que nous avons signalée, et elle ne venait point dans des intentions pacifiques.

Le monarque absolu du Ganda, privé des conseils du P. Lourdel qu'il avait laissé partir, devint, comme on pouvait le penser, l'instrument des Arabes, il fallait satisfaire à leur convoitise de bétail humain. Il jetait les yeux tout autour du lac comme un oiseau de proie cherchant quelle peuplade il pourrait bien envahir. Le *Moueré* n'était pas encore conquis ni son roi tributaire. « Prenez-le vivant, dit Mtesa à ses généraux, coupez-lui le nez et les lèvres et amenez-le-moi pour garder mes bœufs. »

Bientôt les missionnaires de la rive orientale de la crique virent de longs tourbillons de fumée surplomber tout l'Occident, entendirent la fusillade, et le mugissement des quatre mille bœufs qu'entraînaient les légionnaires du tyran de Ganda. Pas une case ne resta debout, les bananiers furent coupés par le pied, et les crocodiles cherchèrent quelles victimes ils pourraient dévorer dans les ruines fumantes. Une grande partie de la population avait fui chez les Pères.

Les chefs de l'expédition voulaient brûler la maison de paille et l'humble chapelle de la mission pour saisir les prisonniers fugitifs, mais les chefs musulmans savaient que les Pères étaient les amis de Mtesa, ils menacèrent les incendiaires de les dénoncer au roi. Le crédit qu'avaient gardé à la cour de Roubaga les missionnaires congédiés préserva les habitants du Bukumbi.

Les Pères passèrent sur la rive occidentale de la crique pour essayer d'apaiser par des présents les vainqueurs ou pour secourir leurs victimes, ils ne trouvèrent que la dévastation, et quelques malheureux cachés dans les anfractuosités des rocs, qui venaient vers eux, les mains en sang, les pieds déchirés par les épines, pleurant de joie. C'est ainsi qu'ils sauvèrent de l'esclavage le peuple qu'ils voulaient appeler à une liberté plus haute que celle du corps.

Au sud-ouest du Bukumbi, la station de Bukuné occupée par l'un des deux pères Giraud ne put survivre à Mirambo, qui prit deux initiatives insignes : celle de faire en Afrique la guerre aux Arabes, celle d'accueillir dans ses États, d'abord au Bukuné, puis à Djioué la Simba, dans le sud, les missionnaires libérateurs. A sa mort la miséricorde et la vérité s'éloignèrent du Bukuné parce qu'elles ne pouvaient plus s'y rencontrer avec la paix. Le P. Lourdel, au temps des pluies, à travers une de ces inondations d'eau sale et sinistre, mouvante et gluante, comme celle où mourut Livingstone, au milieu de cette eau terrible qui fait crouler les maisons et chasse les lions devant elle, regagna au péril de sa vie Kipalapala près de Tabora, la seule station qu'on pût maintenir, dans l'inquiétude perpétuelle de l'empire du désordre. Le Père put dire avec Ezechias en récitant son office sur le chemin des longs exils :

Multum in terris incola fuit anima mea.

Mais dans les soucis et les périls de ses fuites douloureuses devant l'Arabe persécuteur, il eut du moins une grande joie.

C'était à Kipalapala.

Sept indigènes vinrent se jeter à ses pieds.

D'où venaient-ils? Du pays de Ganda : ils avaient sacrifié leur pays, leur famille et leur fortune, ils avaient côtoyé le lac Victoria, ils avaient accompli sur ses eaux cette odyssée de plus de cent lieues. Ils s'étaient reposés au Bukumbi chez Mgr Livinhac, puis ils étaient repartis, ils avaient traversé les forêts du pays de la Lune, pleines de brigands, et fait de nouvelles centaines de lieues, ils arrivaient enfin près de ceux qui leur avaient enseigné la prière, ils avaient jugé digne de ces fatigues surhumaines la liberté d'adorer leur Dieu.

Les âmes, au-dessus des bois, à travers les distances, s'étaient appelées : elles s'étaient réunies!

Non pas une fois, mais deux, mais trois fois.

Quatre enfants traversaient, comme les premiers, les forêts: l'un d'eux, un baptisé, tomba martyr sous la flèche des brigands, les trois autres gagnèrent le port de salut : l'orphelinat de Kipalapala.

Une troisième fois, huit chrétiens du Ganda vinrent au rendez-vous de Dieu, par une route différente, celle de l'Ourambo. Dans la chapelle de la mission ils chantèrent les chants d'église qu'on leur avait enseignés à Roubaga, dans la bananeraie du roi (1884).

Quel est donc ce Dieu qui tire à sa suite, au nom de a fraternité des âmes, au nom d'un ciel espéré qu'on 'a pas vu, ceux qu'on appelle des sauvages et qui acomplissent des travaux tels que les civilisés que nous ommes en seraient effrayés? C'est le même Dieu qui it sortir Israël de la servitude des Ramsés, et qui tantôt colonne de nuée, tantôt colonne de feu, marcha dans son mystère et dans sa gloire, et enfin dans son sang devant les tribus errantes pour les conduire à leur repos.

Je ne parle pas des messages parvenus du pays de Ganda au Bukumbi, de ces appels des cœurs fidèles qui voulaient être instruits, des petits et des humbles qui demandaient du pain et qui n'avaient personne pour le leur rompre, des chrétiens qui voulaient moins échapper à la tyrannie des rois du Ganda qu'à celle de Satan, le prince de ce monde africain. Des bras se tendaient vers l'Orient, au port de Mtevé où les missionnaires s'étaient embarqués, vers les ondes du lac qui pourraient les ramener peut-être si leurs promesses n'étaient pas un songe : ils comptaient les jours qui les séparaient et les éloignaient du jour sacré où les messagers de la bonne nouvelle étaient venus les visiter, ils dataient déjà leur ère de la naissance du christianisme dans leur pays. Déjà mille cinquante et un jours s'étaient écoulés depuis le départ des Pères. Cent soixante-dix-sept chrétiens étaient morts. Les survivants commençaient à désespérer de revoir jamais leurs bienfaiteurs. Ils instruisaient quand même leurs amis et leurs proches, disant pour se consoler : « Si nos pères reviennent après notre mort, ils trouveront du moins la bonne doctrine vivante dans bien des cœurs. »

Se pouvait-il que de telles aspirations ne connussent jamais une satisfaction digne de leur persévérance et de leur fidélité? De même que Dieu et l'homme ne pouvaient s'aimer éternellement sans s'unir un jour, de même l'âme des missionnaires et celle des généreux fils du Ganda ne pouvaient s'appeler si longtemps sans se retrouver. La communion du même Dieu, ce soin commun des mêmes malades, n'avait-elle pas permis à leur attachement de braver le temps et la caducité ?

Qu'importaient les distances ? les forêts, les brigands ? Qui pourrait tenir séparés ceux que le Christ n'avait pas cessé de tenir unis par son esprit ?

III

FIN DE L'EXIL

(1885)

Mteza mort, rien n'empêcha qu'ils ne se rejoignissent. Ceux de Kipalapapa et du Bukuné firent d'héroïques efforts pour arriver au Bukumbi, c'est-à-dire [au bord, méridional du lac, ils restèrent là pendant vingt jours en face de cette eau qui les séparait de leurs frères sans pouvoir la traverser.

Mais le vingtième jour arriva la flottille de Mouanga.

Mouanga était le nouveau roi : c'était lui, l'adolescent si triste au départ des Pères, et qui en 1883 leur avait promis de les rappeler s'il arrivait au trône. Il tint sa promesse en 1885.

Ce fut à qui de ses sujets chrétiens s'élancerait dans les barques pour aller au devant d'absents si longtemps attendus. On craignait qu'ils ne vinssent pas, qu'ils ne fussent pas assez nombreux au Bukumbi pour détacher plusieurs d'entre eux qui desservissent le Ganda : on leur portait même des présents, un seigneur du pays leur envoyait un chapelet travaillé non sans art, afin de ressaisir les Pères au moyen de ce lacet de roses consacrées à la vierge fidèle.

La flotte parut en mer. Elle amenait un bon nombre

de chrétiens nouveaux que les catéchumènes laissés
dans le Ganda avaient instruits et baptisés et qui témoignaient d'un cœur vraiment touché.

Quinze fois les rameurs hissèrent la barque sur le rivage, quinze fois à l'aurore elle fut remise à flot. A
Dumo, vers le nord-ouest du lac, on trouva sur la côte
un général de Mouanga qui partait à la tête de 1,200
hommes pour exiger le paiement d'un tribut et la répa-
ration d'une injure. Ce haut dignitaire était un des
premiers convertis de la mission, c'était Fouké : à la
vue des missionnaires il ne savait comment témoigner
sa joie, il leur prit les mains et les regarda sans pouvoir
dire une parole. Le lieutenant de l'expédition vint à
son tour : à peine était-il près des Pères, qu'il tombait à
genoux battant des mains et accompagnant ce geste
d'un grand éclat de rire.

Au port de Mtevé les hommes de la contrée s'empressent pour porter les bagages des Pères et bientôt
on voit apparaître le grand drapeau du roi que suit le
peuple. Derrière le drapeau, sous un dais, marche un
chrétien favori du roi.

La poudre tonne, on se souhaite la bienvenue, on
offre aux Pères une maison dans l'enceinte réservée du
palais royal où les seigneurs eux-mêmes ne pouvaient
pénétrer. Les Pères, qui préféraient la proximité des
petits au voisinage des grands pour prêcher la doctrine
du Dieu pauvre, choisissent une propriété située sur
la route de Roubaga, à deux lieues de la cour. Le roi
concède le terrain, y fait construire selon le plan des
Pères, fait entourer d'une haie l'enclos de bananiers
qu'il ajoute à ses libéralités.

Il est impossible de décrire le bonheur des pauvres
indigènes à la nouvelle de l'arrivée des Pères : les mots
leur manquent pour exprimer leur reconnaissance ; les

anciens catéchumènes amènent du matin au soir leurs prosélytes, les femmes sont instruites par leurs époux et par leurs frères; des villages dont le chef était chrétien comptent plus de cent adorateurs du vrai Dieu, plus de huit cents fidèles avaient vu revenir vers eux les barques voyageuses de l'Église catholique.

IV

PREMIÈRE PERSÉCUTION

Le christianisme grandi par l'exil même de ceux qui le prêchaient allait grandir encore en luttant contre de nouveaux obstacles : la polygamie, la sorcellerie, l'institution servile.

L'aristocratie polygame du pays voulut faire payer de sa vie, au roi trop chrétien, ses faveurs pour la religion qui n'admet qu'un seul Dieu dans le ciel et qu'une seule femme sur la terre.

Le complot fut connu : fidèles à leur roi autant qu'à leur Dieu, les chrétiens dénoncèrent au roi les projets homicides des grands, et s'offrirent en grand nombre à la défense de l'autorité légitime qui, alors même qu'elle serait mal exercée, vient pourtant de l'auteur de la nature et de l'organisateur des sociétés humaines.

Le ministre du roi était le grand coupable.

Mouanga eut la faiblesse impolitique de l'amnistier.

A peine ce puissant conspirateur se vit-il en possession de la liberté, qu'il s'empressa de regagner par la flatterie les faveurs du roi, et commença d'exploiter au profit de sa vengeance, et pour la perte de la religion, cette grande infirmité politique qu'on appelle le pouvoir absolu d'un seul homme.

« Les chrétiens te sont fidèles, dit-il à Mouanga : quoi

19.

d'étonnant ? Ils sont en minorité dans ton royaume ;
ils ne peuvent que faire les dociles, ils ont tout intérêt
à cette obéissance, mais à l'heure longtemps espérée,
patiemment attendue, où ils auront pour eux la force
et la majorité.....

— Eh bien, que feront-ils ? dit le roi.

— Ce qu'ils feront ? dit le ministre, ils diront :
le royaume est à nous et c'est à toi, Mouanga, d'en
sortir et de nous céder la place. Alors ils te substitue-
ront l'un d'entre eux. »

Si ce langage ne fut pas tenu textuellement entre le
roi et le ministre, tel était du moins, les documents les
plus certains l'affirment, le fond du dialogue qu'ils eurent ensemble, et à partir de ce moment le roi conçut
des soupçons. Il les tint secrets, il eut pour les missionnaires des égards qui ne se démentirent point,
mais déjà son cœur, méfiant au fond contre leurs personnes, se détacha des pratiques qui sont le soutien
de la foi.

Le ministre avec la clairvoyance de la haine vit ce
qu'il avait gagné sur les habitudes du roi : il crut le
moment venu d'insister en répandant partout que les
blancs allaient dévorer le royaume, qu'ils s'étaient
établis déjà à l'orient du continent, où, de fait, les Allemands avaient pris position à la conférence de Berlin.

Mouanga se prit à trembler : pourtant, il imaginait
malaisément que les blancs qu'il avait appelés dans
son royaume fussent des Allemands et des envahisseurs.
Le dialogue suivant dut s'établir entre le roi et le
ministre.

Le ministre : Allemands ou Anglais, ou Français, il
n'importe, si ces blancs sont des espions, s'ils comptent
nos villages, s'ils lèvent le plan de nos sentiers, s'ils
mesurent nos forces et dénombrent nos soldats, s'ils

peuvent un jour servir de guides, en un mot, s'ils sont l'avant-garde des conquérants.

Le roi : Quoi ! des espions, des hommes qui nous soignent quand nous sommes malades ou blessés, qui nous instruisent de ce que nous ignorons, qui nous ont donné presque tous leurs fusils sans en réserver pour eux-mêmes? ces hommes seraient nos ennemis les plus perfides, qui se conduisent comme nos amis?

— C'est le seul moyen de réussir dans les desseins qu'ils ont formés. Leur ambition savante doit se cacher d'abord sous les couleurs de la bienfaisance : elle se démasquera quand les Européens auront, envahi le pays : alors, ô roi, les fusils qu'ils ont donnés ne te sauveront pas. Ils sont trois, ils sont déjà maîtres chez nous, s'ils venaient par milliers que serait-ce ?

La méfiance prit corps dans l'imagination méticuleuse du tyran, et vit des espions partout, il fut atteint de ce mal qu'on appelle en France la prêtrophobie, et qui est un des états pathologiques de l'âme les plus favorables à l'esprit du mal.

Il croyait voir poindre à tous les horizons des envahisseurs.

Les devins, consultés, avaient auguré qu'ils viendraient par l'*Ousoga* en traversant le Nil Kilvira.

A ce moment le ministre put entrer et s'écrier :

— Les blancs sont dans l'Ousoga.

Le roi. — Qu'as-tu dit ?

Le ministre. — J'ai dit qu'un chef blanc est entré dans l'Ousoga, il est dans le royaume, il s'avance sur la capitale avec une escorte.

Le roi. — Qu'on parte et qu'on le massacre sans plus tarder.

Le P. Lourdel et Joseph Mkasa, le conseiller intime du roi, eurent beau dire à Sa Majesté que l'étranger n'était pas à craindre, qu'il était quelque explorateur, quelque homme de paix venu pour instruire, ajouter :

« Tu peux, si tu le veux, lui interdire ton royaume sans tremper les mains dans le sang. »

Le conseil fut donné en temps opportun, mais le contre-ordre ne vint pas assez tôt. Hannington, évêque anglican, tomba au seuil des hauts plateaux comme une victime aux marches d'un autel.

Le ministre ne laissa pas d'attirer l'attention du roi sur l'intervention des catholiques qui s'étaient faits les protecteurs du voyageur anglais.

« Ils prennent le parti de l'envahisseur, est-il naturel qu'ils cherchent aussi le salut d'un étranger qui n'est pas de leur nation? Non, cela n'est pas plus naturel que le désir qu'ils ont d'instruire des races que l'Europe a toujours négligées : le vrai but des blancs est de s'aplanir les uns aux autres les chemins pour te détrôner. »

La peur commençait de rendre féroce le roi du Ganda.

— O roi, dit le ministre, le danger n'est pas disparu, le blanc est mort, mais qui t'a conseillé de l'épargner?

— C'est Joseph Mkasa, reprit le roi.

— Hé bien, n'hésite pas à reconnaître en Joseph le complice des blancs, et punis-le comme eux et de la même peine.

— Joseph est mon ami, mon intime conseiller.

— Pour te prouver son amitié par de perfides conseils! Il est ton ami! mais il est aussi l'ami de la religion, c'est-à-dire l'ennemi de notre puissance, de nos femmes et partant de nos biens. Ne veut-il pas nous priver du bénéfice de quatre-vingt mille esclaves vendus chaque année? Ne veut-il pas porter atteinte à l'influence des dieux que nous adorons? Ne conspire-t-il pas avec l'étranger pour t'enlever ton royaume? L'étranger est mort, qu'il meure comme lui, puisqu'ils ne vivent que pour nous perdre.

Et celui-là qui ne s'était servi de ses hautes fonctions pour nuire à personne, qui avait tant de fois sauvé la place ou la vie des autres par sa réserve et ses paroles bienveillantes, qui avait naguère sauvé son roi, Joseph Mkasa tendit sa tête à la hache de l'exécuteur qui l'aimait et qui l'admirait. Ses dernières paroles furent : *Tu diras à Mouanga qu'il m'a condamné injustement, que je lui pardonne de tout cœur. Tu ajouteras que je lui conseille de se repentir, car s'il ne se repent, il aura à plaider avec moi au tribunal de Dieu.*

Mené au crime par le crime, au meurtre de Joseph par le meurtre d'Hannington, Mouanga craignit de plus en plus et la peur le rendit de plus en plus cruel; il fit tuer un de ses sujets : pourquoi? pour mêler ses cendres à celles de Joseph : « Ah! il plaidera avec moi devant le tribunal de Dieu! C'est là ce que nous verrons! comment pourra-t-on le reconnaître, et de quelle voix parlera-t-il à Dieu, avec quelle bouche? lui dont le corps est poussière et mêlé avec une autre poussière. » Il semblait vouloir ainsi cacher à Dieu son crime, mais les cendres bien que mêlées ne se confondirent point, et le roi meurtrier, la peur ne cessant de le mener de crime en crime, fit tuer encore plusieurs chrétiens de sa cour, coupables de pratiquer la religion qu'il avait apostasiée.

———

V

CLARA NALMASI

Le pays de la peur des morts est le pays des tombeaux bien gardés.

Les hypogées et les pyramides d'Égypte, les dolmens d'Algérie, les palais mortuaires du Ganda, les bandelettes de l'ancienne Égypte et de certaines peuplades de la Sénégambie, sont-ils pour les morts ou contre les morts?

On ne saurait le dire.

Toujours est-il que dans le pays de Mouanga les tombeaux étaient confiés à la garde perpétuelle d'une femme qui était comme la prêtresse des aïeux.

Ces vieux tyrans pouvaient inopinément revenir.

C'est ainsi qu'à la cour un inconnu se présenta, franchit sans se faire annoncer l'enceinte réservée du palais, et s'affranchissant de l'étiquette, si gênante pour les Africains vivants, il s'avança vers le roi et lui dit d'une voix caverneuse : Je suis ton père Souma.

— Que me veut mon père? dit le roi, avec la même crédulité qu'Hamlet sur la terrasse d'Elseneur.

Ce que l'ancêtre voulait, c'était ce que voulait le père d'Hamlet : une vengeance.

Trente-quatre hommes devaient arroser de leur sang la terre sur sa tombe : voilà ce qu'il fallait à ce mort.

Il voulait du sang, ou plutôt ce n'était pas lui qui le voulait, c'était Satan : sous le nom et sous la forme des ancêtres morts, il s'adresse à tous les Hamlet pour les entraîner par les routes fausses de l'iniquité et de la vengeance, dans l'abîme où leurs aïeux les attendent assis dans l'éternel malheur, pour leur dire : « Toi aussi tu as été percé de plaies comme nous, tu es devenu semblable à nous, ton orgueil est tombé aux enfers ainsi que le son de tes instruments de musique, sur toi les vers se traîneront, les vers seront ton vêtement (1). »

Or une femme était commise à la sépulture des vieux rois pasteurs du Ganda.

Elle était la fille de Mteza, la sœur de Mouanga.

Elle s'appelait Clara Nalmasi.

Elle était chrétienne.

Elle ne pouvait supporter la vue des crimes dont le tombeau qu'elle gardait était l'occasion, elle ne voulut pas que le nom de ses pères servît aux sortilèges meurtriers de l'esprit de l'enfer, qui dès les temps les plus anciens fut homicide.

Les imposteurs abondaient qui se prétendaient possédés de l'esprit du mort.

Elle les chassa.

Quant à ces fétiches grossiers que hantait l'âme du défunt au gré des indigènes et de leurs superstitieux délires, elle confia ces grotesques à la terre, afin qu'ils cessassent de la souiller : où étaient ses pères, elle n'en savait rien, mais où que fût leur demeure, ils n'habitaient point dans la boue ou l'argile, et ne demandaient pas d'hécatombes humaines.

Elle enfouit l'idole.

(1) Isaïe.

Savait-elle qu'elle pouvait, par suite de cette action courageuse, être la victime que l'idolâtrie réclamerait la première ? Oui certes, mais elle voulait préserver de la mort toutes les victimes humaines qu'eût exigées l'insatiable jalousie des sorciers, éviter tous les crimes que le roi son frère eût ordonnés pour le bon plaisir de ces faux prêtres.

VI

DEUXIÈME PERSÉCUTION

La clameur au camp des sorciers fut si forte et si haute que les remords du roi se turent devant elle. Les esprits des morts, les génies logés dans la profondeur des forêts, dans les flots du lac, voulurent être apaisés, tout le pandémonium spirite et naturaliste parlant par la bouche de ses ridicules et cruels pontifes demanda du sang, celui de Clara Nalmasi et celui de sa famille, celui des chrétiens. «J'en veux finir avec eux, dit Mouanga, je les ferai masssacrer tous, car ils prieraient Dieu de me renverser comme ils l'ont prié de me maintenir au trône,» et toujours cruel dans sa poltronnerie, il n'hésita pas à percer de son épée un petit page appelé Denys Subugouao «pour le guérir de l'insolence qu'il avait d'enseigner le catéchisme dans la rue ».

Déjà quatre crimes étaient derrière Mouanga; il se voyait forcé par le sang qu'il avait répandu d'en répandre encore de nouveau. Il croyait calmer ses remords par de nouvelles barbaries, et sa fureur s'irritait dans son cœur. Il fit clore la ville au milieu de la nuit afin que personne n'en sortît.

Le P. Lourdel prévenu par un néophyte partit dès l'aurore de Sainte-Marie de Roubaga, et sous des torrents de pluie, s'achemina vers la capitale. Il était plein d'inquiétude : la première personne qu'il rencontra lui dit : Honorat, conseiller du roi, est arrêté.

Ensuite il vit passer des hommes armés de fusils, de lances, de boucliers qui couraient dans toutes les directions : il reconnut que c'étaient là des soldats qui allaient piller les villages chrétiens. Il ne savait ce qui l'attendait lui-même chez le roi. Il entre prêt à tout : les cours sont silencieuses. Les chrétiens vont et viennent comme si le danger n'était qu'un rêve. Le P. Lourdel déjà se rassurait, lorsqu'il entend des propos tels que ceux-ci : Vous auriez dû vous sauver. — *Nous sauver! pourquoi ?*

Bientôt les pages sont appelés. Ils arrivent au milieu des huées, que domine, comme un tonnerre, la voix du roi :

« Que ceux qui prient se rangent à droite ! »

Aussitôt ces chrétiens prennent à la droite du roi de la terre la place qu'à la droite du juge des siècles ils devaient occuper un jour : Charles Louanga, le chef des pages, et un jeune enfant, Kisito, se tiennent par la main pour ne pas faiblir à l'instant décisif.

Les bourreaux séparent les grands des plus petits, lient ensemble avec de grosses cordes les jeunes gens de dix-huit à vingt-cinq ans, et forment des enfants un autre faisceau, « tellement serré qu'ils ne peuvent marcher qu'à grand'peine, à petits pas, en se heurtant les uns aux autres (1).

« Le petit Kisito rit de cette position bizarre, le visage aussi serein que dans ses jeux. » Que de fois cet aimable enfant était venu trouver le P. Lourdel à qui nous devons ce récit : « Mouanga, lui disait-il, ne tardera pas à me tuer : baptise-moi ! » Le bon père pour s'en débar-

____

(1) Lettres de Mgr Livinhac et du P. Lourdel.

rasser le faisait sauter par la fenêtre, mais l'enfant rentrait et passait la nuit dans la maison. La Providence plus accueillante lui ouvrait à deux battants la porte du salut; elle avait décidé dans ses desseins éternels que cet enfant si jeune paierait de son sang son titre d'enfant de Dieu.

Les pages enchaînés, ce fut le tour des soldats. L'un s'appelait Jacques Bousabaliao. Réfractaire aux menaces du roi qu'il avait essayé de convertir, c'est en courant et du mouvement consenti de son cœur qu'il se rend au supplice.

Entre le roi persécuteur et sa victime, ce dialogue s'engage :

Le roi. *C'est toi le chef des chrétiens ?*

— *Je suis chrétien en effet,* répond Jacques, *mais le titre de chef que tu me donnes ne m'appartient pas.*

— *Ce jeune homme veut faire le grand, à la cour on le prendrait pour un grand seigneur du pays.*

— *Merci beaucoup de la grande seigneurie que tu me donnes.*

— *C'est celui-là qui a voulu me faire embrasser autrefois la religion! Enlevez-le! Exécuteur, tuez-le promptement, car c'est par lui que je veux commencer.*

— *Adieu, je m'en vais là haut, au Paradis, prier Dieu pour toi.*

Il disait cela de la façon la plus décidée et la plus naturelle du monde. On eût cru qu'il prenait congé des siens avant d'aller s'endormir, tant il était tranquille : son âme était si indifférente à l'injure qu'elle ressemblait à une gaie puissance de la nature, à un rayon de soleil qui se retire, mais qui en s'en allant éclaire et sourit.

La corde au cou, conduit par l'exécuteur, il éleva les mains pour montrer le ciel au P. Lourdel, et lui donner rendez-vous ailleurs que sur la terre.

Toutes pleines de la sérénité qui descend de la croix, les autres victimes allaient au supplice sur une colline située en face de Sainte-Marie de Roubaga, c'est-à-dire en face du lieu même où l'eau baptismale avait coulé sur leur front.

Resté à la cour, le P. Lourdel attendait dans les antichambres du roi. Les heures lui paraissaient longues, pendant lesquelles peut-être on pillait sa maison, on massacrait les orphelins qu'il avait rachetés et formés : il sortit. « Les hommes de Dieu savent tout, lui dit le ministre, mais ils n'avaient pas prévu le coup d'aujourd'hui. »

Le Père ne répondit rien à cette impertinence : la soif, cette souffrance particulière aux martyrs, le torturait ; personne n'eût osé lui donner à boire ; une source s'offrit : il s'inclinait pour y tremper ses lèvres, lorsque la voix connue d'un homme caché lui dit : « Le cadavre d'une des victimes de la nuit est dans cette eau. » Il fuyait plein d'horreur et partout il entendait des lamentations. Ici c'était un vieillard qui s'écriait : « Mes trois fils sont enchaînés, quelle cruauté ! quel mal ont-ils fait, ils n'ont ni volé, ni insulté le roi. On leur reproche de prier, mais est-ce un crime? » Là, c'était une mère qui vociférait : « Que ne suis-je homme ! Je percerais de ma lance ce blanc qui a instruit mes fils et les fait ainsi périr. » Ces paroles lui faisaient connaître l'amertume éprouvée par le Christ, d'être haï de ceux qu'on aime.

Plus loin les pillards vus au départ reparaissaient, mais chargés des dépouilles des chrétientés saccagées.

Il était nuit quand le P. Lourdel revint à Sainte-Marie de Roubaga.

A la nouvelle de la persécution, Mgr Livinhac, le provicaire apostolique du Victoria, avait quitté le Bukumbi, sa résidence, il venait apporter aux courageux néophytes le surcroît de vaillance caché dans le sacrement qui fait les forts. Il arrivait à la mission presque en même temps que le P. Lourdel.

Là, dans les ténèbres de la nuit, les persécutés vinrent faire, avant de livrer leur combat contre la douleur, la veillée des armes : ils avaient avec leurs Pères la dernière entrevue. « Ce n'est qu'avec peine, disait l'un, et en faisant un cadeau à mon geôlier, que j'ai été délivré des entraves qui serraient mes pieds. — Demain, disait un troisième, je vais être conduit chez le roi, et probablement à la mort, je ne vous verrai plus en ce monde. » D'autres, imprudents dans leur audace, veulent se déclarer chrétiens devant les persécuteurs.

De leur côté, les Pères disaient : Le monde n'est point la patrie, ses joies sont vaines, ses plaisirs passent, il n'est de souvenir heureux que de ses douleurs, nous courons vers une cité permanente dont le fondateur est Dieu : là plus de larmes, mais la béatitude et la vie ! L'Inépuisable en dons à la merci des hommes justes et immortels ! les martyrs sont des voyageurs qui marchent plus vite que les autres et parviennent d'un bond dans la patrie. Ils rendent d'eux-mêmes à Dieu des corps prêtés pour l'épreuve, et qu'il faudrait bientôt rendre à la nature s'ils ne préféraient en faire un holocauste plus libre et plus agréable au Dieu prêtre qui se dévoue éternellement.

Qui dira les éloquences mystérieuses de cette nuit passée dans les retraites les plus cachées de la maison des Pères ?

Les néophytes parlaient du sort de leurs compagnons, de leurs dernières paroles que la violence ne peut jamais étouffer, et parfois de ce profond silence de leur âme se retirant pour attendre en de hautes et inaccessibles retraites. Mgr Livinhac a relaté quelques-uns de ces mots recueillis comme les épaves de choses très belles et très pures, tombées des âmes quittant la terre.

— *Tu as instruit mes enfants de la religion*, disait le ministre à André Kagoua.

— *Oui, je les ai instruits.*

Aussitôt le ministre, habile à calomnier pour paraître juste, inventa ce prétexte de mort :

— *Joseph Mkaça t'a donné avant de mourir un fusil pour tuer le roi.*

— *Si j'avais eu de mauvais desseins, ce fusil m'eut-il été nécessaire pour les accomplir? Les nombreux fusils que je tiens de Mouanga lui-même ne sont-ils pas aussi bons que celui que j'ai reçu de Mkaça? Toi-même tu as reçu beaucoup de fusils du roi, te les a-t-il donnés pour tuer son successeur?*

— *Qu'on l'emmène*, répliqua le ministre, *et qu'on le tue.* Au bourreau : *Tue-le à l'instant, je ne mangerai pas que tu ne m'aies apporté sa main coupée, comme preuve de sa mort.*

André dit au bourreau :

— *Hâte-toi d'accomplir les ordres que tu viens de recevoir. Quand le maître te dit qu'il a faim et t'ordonne de lui tuer une chèvre grasse, tu te presses, afin de pouvoir lui donner à manger au plus tôt. Tue-moi donc vite, pour t'épargner les reproches du ministre : tu lui porteras ma main puisqu'il ne peut manger sans l'avoir vue.*

Charles Louanga, le chef des pages, séparé de ses compagnons, avait été brûlé lentement en commençant par les pieds. Le bourreau en attisant le feu disait :

— *Que Dieu vienne et te retire du brasier.*

— *Pauvre insensé*, répondit Charles, *tu ne sais pas ce que tu dis en ce moment, c'est comme de l'eau que tu verses sur* mon corps. *Mais pour toi le Dieu que tu insultes te plongera un jour dans le véritable feu.*

Puis il se recueillit dans la région inaccessible de sa liberté personnelle, et son silence pour les bourreaux était terrible : *conticescit et timetur*, disait saint Ambroise (1).

Les bourreaux conduisirent les trente-quatre pages du roi sur la colline de Namogongo : une quantité de roseaux avait été réunie sur le sommet : on en fit de gros fagots, et dans chaque fagot, on lia une victime.

Trois enfants, Siméon Sebouta, Denys Kamiouka, Ouelaba étaient d'un si jeune âge que le bourreau leur dit :

— Déclarez seulement que vous ne prierez plus, et le roi vous accordera votre grâce.

Les enfants répondirent: *Nous ne cesserons pas de prier tant que nous vivrons.*

Le bourreau espéra que la vue du supplice de leur camarade obtiendrait ce que ses paroles ne pouvaient obtenir. Comme il ne faisait pas de fagot pour Siméon Sebouta, l'enfant se crut mis au rebut et s'écria :

— *Où donc est mon fagot à moi? Tous ont le leur : moi aussi je veux le mien.*

Les autres dirent aussi : *Pourquoi ne pas nous tuer? nous sommes chrétiens aussi bien que ceux-ci : nous n'avons pas renoncé à notre religion, nous n'y renoncerons jamais, il est inutile de nous remettre à plus tard.*

Les fagots terminés, on les plaça horizontalement les uns à côté des autres... (2).

Parmi les victimes se trouvait le fils même du bour-

(1) « Il se tait et il est craint. »
(2) Ces détails ont été donnés par Mgr Livinhac, à qui nous empruntons ces citations. Voir : *les Martyrs nègres de l'Ouganda.* 11, rue du Regard, à la procure des missions d'Afrique.

reau, le jeune Mbaga. Le père avait essayé de tous les moyens pour lui arracher un mot qui ressemblât à une apostasie : mais en vain. En vain aussi avait-il espéré que la vue des préparatifs du supplice changerait ses dispositions. L'enfant s'était laissé lier dans le fagot sans mot dire. Au dernier moment le père tenta un suprême effort : *Mon fils*, lui dit-il, *consens simplement à ce que je te cache chez moi, personne n'y passe et on ne pourra t'y découvrir.*

— *Père, répond l'enfant, je ne veux pas être caché ! tu n'es que l'esclave du roi. Il t'a ordonné de me tuer ; si tu ne me tues pas, tu t'attireras des désagréments, je veux te les épargner. Je connais la cause de ma mort, c'est la religion. Père, tue-moi.*

Le bourreau le fit tuer d'un coup de bâton par un de ses aides. Après cette exécution le feu fut mis aux fagots du côté des pieds des victimes. « Ce n'est pas nous qui vous tuons, disaient les exécuteurs, ce sont nos dieux insultés, les dieux des bois, les dieux des eaux, les dieux du lac, les esprits des morts, ces esprits et ces dieux que vous méprisez et que vous appelez des démons ! »

« Vous êtes donc leurs ministres ! » crièrent des voix sortant des flammes, puis elles ne firent plus que prier. Notre père qui êtes aux cieux, disait l'un ; — que votre règne arrive, répondait l'autre ; — que votre volonté soit faite sur la terre comme au ciel, disait un troisième ; — et un quatrième : Pardonnez-nous nos offenses comme nous les pardonnons...; — un autre : Délivrez-nous du mal ! Telles étaient les voix qui sortaient sur la colline de la flamme des roseaux, et qu'annonçaient dans les lointains du passé les mugissements prophétiques de l'holocauste des soirs.

A quelque distance de cette colline devenue autel,

un autre holocauste se consumait plus à l'écart, sur la colline sauvage et solitaire de Savaridja.

Des esclaves qui passaient par le sentier montueux pour aller couper des joncs virent un homme sans pieds, sans mains, baigné dans son sang qui s'écoulait péniblement, car tout l'art des bourreaux avait cherché à le retenir dans les veines : la victime était là depuis trois jours, des lanières de chair étaient arrachées de son dos. Elle agonisait dans le feu et le sang. A sa droite et à sa gauche étaient des pieds et des mains calcinés.

Les esclaves épouvantés de ce spectacle s'enfuirent et ne donnèrent pas à boire à ce mutilé qui leur parut trop épouvantable. Cet homme était un chrétien : c'était Mathias Mouroumba.

Mgr Livinhac rapporte ce dialogue entre lui et le ministre :

Le ministre. — C'est toi Mouroumba ! C'est toi qui à ton âge as embrassé la religion ?

Mathias. — Oui, c'est moi.

— Pourquoi pries-tu ?

— Parce que je veux prier.

— Tu as chassé toutes les femmes, c'est donc toi-même qui prépares ta nourriture ?

— Est-ce à cause de ma maigreur ou à cause de ma religion qu'on m'a conduit à ton tribunal ?

— Emmenez-le et tuez-le !

— C'est ce que je désire.

— Bourreaux, vous lui couperez les pieds et les mains et lui enlèverez des lanières de chair sur le dos, vous les ferez griller sous ses yeux. Dieu le délivrera.

— Oui, Dieu me délivrera, mais vous ne verrez pas comment il le fera : car il prendra avec lui mon être raisonnable et ne vous laissera entre les mains que l'enveloppe mortelle.

Le philosophe se tut, et après trois jours de souffrances, ses os, redoutés des hyènes, et des vautours, se desséchèrent au soleil.

Au plus profond de leur demeure de Sainte-Marie de Roubaga, les missionnaires écoutaient dans la tristesse et l'humilité de leur cœur de tels récits, et la nouvelle mission disait comme la mère des Machabées en voyant ses fils aux prises avec la douleur : Vous n'êtes pas mes fils, ce n'est pas moi qui vous ai donné une telle âme.

Ils avaient coopéré du moins avec le Christ à la créer; sans doute ils avaient fait de grandes choses en Afrique, ils avaient formé les populations au travail, préservé par un peu de justice et de sécurité les fruits de leur travail; à l'utile et au juste, ils avaient ajouté l'enseignement de la vérité dans son intégrité et dans sa pureté, telle qu'elle sortit de la bouche de Dieu ; ils avaient manifesté le bien et le beau, porté comme un vainqueur pacifique entre tous les vainqueurs le drapeau de la France à côté de la croix de Jésus-Christ; mais leur plus grande œuvre était d'avoir contribué avec Dieu à former les âmes dont il est plus difficile d'atteindre la hauteur que d'escalader les hauts plateaux de l'Afrique à travers les jungles et les marécages, et qui ont atteint ce suprême degré d'altitude morale, en rendant volontairement leur vie périssable à leur Créateur.

Était-ce pour cacher la mystérieuse beauté de ces âmes que vous fûtes si longtemps voilées, sources du vieux Nil? fleuve sacré, nourricier de Rome, qui baignas le berceau de Moïse et les pieds d'Ammon, les hauts plateaux étaient l'autel d'où tu t'échappais, comme ce fleuve que vit Jean de Patmos et qui sortait de l'autel de l'agneau. Les martyrs du Ganda ont été immolés comme la victime sans tache, le Victoria est devenu

une coupe sainte où le sang et l'eau se sont mêlés,
et ce Nil, s'il a jamais porté vers le monde quelques
fruits du sacrifice accompli près de ses sources, quelque
nouvelle de la générosité des martyrs, sera dans son
cours devenu le véhicule de l'idéal : une autre fécondité
que celle des anciens blés !

VII

TROISIÈME PERSÉCUTION. — LE CHATIMENT

La persécution obligeait les chrétiens du Ganda de se
cacher au fond des campagnes, sous les catacombes
de verdure qui sont dans les forêts sans chemin et où
les bourreaux ne pouvaient pénétrer, mais où la nature
parlait si mystérieusement de Dieu, de sa puissance, de
sa majesté, de sa vie intarissablement féconde. Sous
les voûtes de ces bois, les fugitifs formaient des prosélytes ; à la cour et dans l'armée, la tranquillité des
chrétiens devant la mort paraissait aux païens eux-
mêmes émaner de quelque puissance redoutable. On
vit arriver à la mission de Notre-Dame de Roubaga les
farouches exécuteurs des ordres du roi, non pour piller, mais pour déclarer qu'ils avaient fait leur besogne
à contre-cœur. On les vit même ramener deux enfants
et une jeune fille qu'ils avaient épargnés; la jeune fille
les avait rejoints, disant : « Vous venez de tuer mon frère
parce qu'il priait, tuez-moi comme lui, car je prie
comme lui. » Les enfants étaient ceux du supplicié
Mathias. La jeune fille leur servit de mère. Le roi rendit
sa charge à son conseiller Honorat, et créa pour lui
une province nouvelle, qui devait être, sous la tutelle
de ce chrétien, le lieu d'asile de tous les chrétiens.

Leur situation pourtant ne laissait pas de rester précaire ; ils dépendaient d'un homme, ils devaient suivre sa fortune. Les Arabes esclavagistes essayèrent de les perdre avec Honorat.

La sorcellerie avait causé la persécution de 1886, et Mouanga témoignait aux fétiches indigènes une confiance que tous les hommes sans religion ont dans la superstition. Les Arabes le prirent par ce faible, d'autant qu'eux-mêmes avaient leurs fétiches : « Prends les nôtres, dirent-ils au roi, ils sont plus efficaces que les tiens ; » et le roi, qui ne voulait point encore se faire musulman, voulut qu'Honorat le devînt à sa place, qu'il fût son magicien et qu'il préparât les sortilèges des Arabes.

Honorat refusa ; il n'ignorait pas que sa fermeté pouvait être punie du supplice du feu : il n'en fut rien. Le roi, qui ne pouvait le remplacer dans son office, se contenta de lui dire: « Si tu faisais ce que je te demande, alors je me croirais vraiment roi ; qui donc me résisterait? que ne ferions-nous pas? mais non, je ne suis point roi, tu ne m'obéis pas. »

Mouanga avait raison, le vrai roi c'était le serviteur du Christ, et le roi s'exaspérait de trouver à sa royauté, qu'il croyait absolue, la limite de la conscience chrétienne.

Les Arabes lui conseillèrent de franchir encore une fois cette limite, et d'exterminer en un massacre général ceux qui priaient : « Plus de quarante blancs, lui dirent-ils, appartenant à toutes les nations de l'Europe, s'avancent vers le Bouganda, à la tête d'armées innombrables, il y en a qui viennent de l'Orient, d'autres accourent de l'Occident, d'autres précipitent leur marche du côté de l'Egypte. A leur arrivée les missionnaires et ceux de tes sujets qui ont embrassé leur religion feront cause commune avec les blancs qui viennent de toute part, et leur serviront de guides à travers les provinces du royaume. »

Poussé à bout, le roi résolut de se débarrasser au moins des principaux chrétiens : il fit arrêter Anselme, ami d'Honorat, il fit venir à la cour le chrétien Jean-Marie Mzée : « Va trouver le ministre, dit le roi à ce bon serviteur sans défiance, je crois qu'il va te conférer un titre et te donner une bananeraie. » Le ministre ne conféra et ne donna rien de cela, seulement il dit à Mzée : « Reviens, et amène trois de tes compagnons. »

Le chrétien eut des soupçons. N'importait, il se résolut d'aller au-devant de la mort, sinon certaine, du moins possible, et, de fait, il retourna chez le ministre et n'en revint jamais; le bruit courut qu'on l'avait enterré vivant dans un marécage. D'après plusieurs pages du palais, il serait resté dans les fers durant un mois, il aurait été mis à la torture pour révéler le nom et la demeure des chrétiens, il se serait réfugié dans ce profond silence qu'aucun bourreau ne peut rompre, et qui accuse la liberté de l'âme sans trahir le secret de ses affections. Clara Nalmasi fut tuée à son tour, en haine de sa foi.

Enfin Mouanga décréta dans sa colère un massacre général des chrétiens.

A ce moment le feu prit à la capitale, et n'épargna ni les grandes maisons du roi, ni ses salles de réception, ni ses magasins.

Mouanga se réfugia chez le ministre, à cinq cents mètres de la ville; une étincelle portée par le vent mit le feu chez le ministre. Ses maisons et ses richesses furent consumées comme celles du roi. Le monarque persécuteur fut obligé de prendre encore la fuite; tremblant de frayeur, il se demandait la cause de l'incendie; le ministre épouvanté comme lui dit : c'est Katonda !

Katonda, c'était Dieu !

VIII

ENCORE LE CHATIMENT

Comme l'incendie dispersait les étincelles du palais du roi jusqu'au palais du ministre, la persécution, favorable aux croyances, les dispersait depuis Roubaga jusqu'aux profondeurs les plus reculées des bois.

Ceux qui luttaient dans les districts lointains contre les géants de la forêt, contre les éléphants énormes et rapides et rapportaient au roi leurs défenses conquises au péril de la vie, se rendirent au Christ (1888). Quatre d'entre eux, dénoncés par les Arabes, vinrent, les fers aux mains, dire au roi : « Nous aussi, nous croyons! — Ah! s'écria Mouanga, mes chasseurs d'éléphants! mes chasseurs d'éléphants! il n'y faut pas toucher! » Plusieurs revinrent courber en cercle autour des immenses brasiers leurs fronts noirs empourprés par la flamme dans les grandes ombres de leurs futaies.

La grâce accordée à ces utiles sujets du roi pouvait faire croire à plus de clémence de sa part, mais bientôt il y eut lieu de reconnaître que cette clémence n'était pas désintéressée.

L'incendie n'avait servi de rien, les crimes du roi allaient être punis par le malheur de commettre de nouveaux crimes.

Il fit agrandir l'étang qui se trouvait près de sa résidence royale; il fit rechercher dans le lac les crocodiles

les plus gros et se passa la fantaisie de faire un rassemblement de ces monstres ; chacun se démandait ce qu'il en voulait faire.

Il avait médité de leur donner les chrétiens en pâture.

Trop périlleux toutefois, ce projet fut abandonné.

La multitude des chrétiens ne diminuait point.

Le roi, pour s'en délivrer, imagina de les envoyer en expédition militaire dans une île de l'archipel Sesé : tandis qu'ils combattraient, les barques leur seraient retirées, ils resteraient dans l'île, puis y mourraient de faim. Un sacrifice humain de dix-huit personnes vivantes fut accompli pour apaiser les âmes de ceux qui périraient dans cette entreprise.

Catholiques et protestants furent donc rangés en bataillons serrés ; graves et silencieux, ils ne semblaient point ignorants de leur sort ; ils déclarèrent qu'ils consentaient à s'embarquer, mais sur l'ordre seul du roi.

Celui-ci essaya de plaisanter, mais les fronts ne se déridèrent pas. Quelques paroles, murmurées à son oreille, lui firent entendre que ses projets homicides n'étaient plus un mystère pour personne. « J'ai un rhume de cerveau, dit-il, je vais rentrer dans la capitale. » Un cri d'approbation ironique accueillit ces mots, et, le lendemain, Mouanga vit accourir sur les pentes de Roubaga trois cents hommes armés vociférant le nom de son frère ; c'était une révolution.

Les révoltés avaient voulu s'associer les deux mille chrétiens : « C'est la cause de Dieu, disaient plusieurs Arabes, c'est la cause de Dieu que nous défendons ; Mouanga se déclare ouvertement l'ennemi de Dieu ; c'est un monstre de corruption et de cruauté ; en délivrer le Ganda est une action sainte (1). »

(1) Ces détails sont extraits du *Journal* du P. Benoit.

Honorat répondit au nom des catholiques que sa religion lui défendait de se battre contre son roi.

A l'heure du péril, Mouanga connut ses vrais amis; il se mit à fuir du côté de la mission, espérant s'y réfugier. Mais une bande de musulmans armés lui ferma la route de Sainte-Marie de Roubaga; alors il s'enfuit vers le lac pour trouver, s'il le pouvait, asile chez d'autres chrétiens situés au delà de l'eau, au Bukumbi; mais ses rameurs ne purent trouver la route de la mission; il erra d'île en île, n'attendant que la mort et son au-delà, plus terrible qu'elle.

IX

LE DÉPOUILLEMENT DE TOUT

De leur côté, les musulmans n'obtinrent pas de Kiweva, qu'ils avaient investi de la royauté, toute la faveur qu'ils en espéraient : les places ne leur furent pas données, mais aux chrétiens seuls, qui connurent une heure de triomphe officiel.

Ce ne fut qu'une heure : pour leur faire entendre que par eux-mêmes ils ne pouvaient rien, la Providence les sépara de tout au moment où ils croyaient tout avoir conquis et ne les éleva aux honneurs que pour les livrer ensuite à leurs ennemis.

Les Arabes répandirent que les Européens voulaient remplacer le roi par une reine, comme en Angleterre, et, la calomnie semée, tentèrent de s'emparer eux-mêmes du trône, de circoncire le roi, d'exclure les chrétiens qu'il ménageait trop.

Mettre en prison les Pères, les séparer de leurs cultures, de leurs troupeaux, de leurs livres, de leurs papiers, ce fut l'affaire d'un instant. Ils durent choisir parmi leurs orphelins ceux dont il fallait se séparer. Abandonner quelques-uns de ceux qu'ils avaient rachetés, élevés, qui ne les avaient pas quittés à l'heure du péril, quelle douleur ! Et quel brisement de cœur de ne pouvoir rien répondre à ceux qui disaient en sanglotant : « Père ! moi aussi ! prends-moi ! » Il fallut que la séparation fût consommée.

Un des martyrs de 1886 avait fait relâcher un voleur en attestant qu'il n'était pas chrétien. Ce fut cet homme que les Arabes commirent à la garde des Pères prisonniers ; il s'acquitta de son office en vrai voleur. Quand il ne resta plus rien dans la case des missionnaires il entra, puis sortit tenant à la main un objet dérisoire : c'était une marmite pleine de graisse : « Prends cette graisse, je te la donne, dit-il au père Lourdel (1). »

« Partez, ajouta-t-il, et ne revenez plus : nous ne voulons ni des blancs ni de leur religion : nous voulons des Arabes, beaucoup d'Arabes, leur culte nous suffira. Si un blanc ose rentrer dans le pays, nous lui volerons tout ce qu'il aura et nous le mettrons quatre années dans les fers. »

Les proscrits s'éloignèrent dans leur mauvaise barque en chantant les louanges de leur Dieu. Vers trois heures de l'après-midi, ils eurent faim ; ils prirent le parti d'aborder dans un îlot désert. Une masse noire errait çà et là sur les flots comme une bouée : c'était un hippopotame. Il paraissait rôder d'une manière inquiétante. « Cet animal est inoffensif, » dit le capitaine, mais les néophytes indigènes ne cessèrent point de s'alarmer. Bientôt un choc se fit entendre. « Nous sommes perdus, s'écria M. Gordon, l'hippopotame a percé la barque ! » L'eau s'y précipitait, en effet, elle enfonçait. En vain on ramait vers l'îlot : elle enfonçait plus vite qu'on ne ramait ; à la fin elle chavira, craqua, et son mât renversé alla se fixer dans le sable.

Trois enfants trop entassés à l'une des extrémités de la coque lâchèrent prise et tombèrent à l'eau.

(1) Tous ces détails sont empruntés sans en changer le sens au *Journal* du P. Benoit.

L'un d'eux, Célestin, au moment de s'engloutir s'écria :
« Puisque le bon Dieu veut que nous mourions, c'est
bien, mourons. »

Mais déjà Mgr Livinhac et le père Lourdel ont gagné
le rivage ; ils ont trouvé l'île habitée ; ils crient d'une
voix ferme au frère : « Avance » et au père Benoît cramponné aux flancs de la barque échouée : « Tenez bon,
on va venir vous prendre. »

La barque d'un pêcheur sort des roseaux, elle fait
un voyage, puis un autre et sauve quinze néophytes.

Dans la cabane de ce pêcheur inconnu, catholiques et
protestants se trouvent réunis. En prison dans le Ganda,
les catholiques avaient partagé leur nourriture avec leurs
frères séparés ; ils les avaient couverts de leurs manteaux, et le malheur qui rend amis les infortunés voulait qu'ils se retrouvassent dépouillés de tout, sans
même avoir de manteaux, sans nourriture, dans une
hutte d'emprunt. L'hospitalité, qui toujours semble
attendre un Dieu, fut pour eux cordiale chez le pauvre
insulaire ; il raconta qu'un autre fugitif avait passé la
nuit dans sa cabane ; c'était le roi Mouanga. Il était triste,
il se taisait, il avait toujours peur qu'on ne vînt l'attaquer, il repartit le matin.

Les naufragés repêchèrent en plongeant quelques
provisions ; ils redressèrent la barque en tirant sur la
corde de l'ancre.

Ils entreprirent de boucher l'ouverture produite par
les dents de l'hippopotame ; elle était fort large.

M. Waller cloua une planche à l'intérieur, une
autre à l'extérieur : entre les deux planches, il voulait
calfater, au moyen d'étoffe d'écorce d'arbre enduite de
graisse.

Mais où trouver la graisse ?

M. Waller déclara qu'elle était nécessaire absolument,

que sans elle il était impossible d'utiliser la barque ; on allait être réduit à implorer le secours des expulseurs arabes.

Alors on se rappela la marmite donnée par le gardien au moment du départ. Le père Lourdel alla sur le rivage, la chercha longtemps ; il eut enfin la bonne fortune de la trouver aux mains d'un pêcheur qui s'en emparait.

Bientôt tout fut prêt, le sauveteur et l'hôte furent récompensés, le gouvernail fut mis sur le cap Mtevé, puis sur l'île Mbawi. Là encore, une hutte construite par Mouanga, le roi fugitif, servit de refuge à ses victimes. Chassés à la fois par les événements, les persécutés et le persécuteur se suivent l'un l'autre dans les mêmes asiles, à travers les mêmes périls.

Mouanga prit le parti de frapper à la porte d'un Arabe de Magon, le suppliant de l'aider à gagner Zanzibar.

L'Arabe le tint captif en attendant les ordres du Ganda. Les Pères, en apprenant son sort, députèrent vers lui, et lui firent parvenir un léger cadeau d'étoffe pour acheter des vivres.

Le pauvre persécuteur, attiré par la bonté de ses bienfaiteurs, se réfugia chez eux, et, pendant cinq mois. ceux qu'il avait proscrits travaillèrent à changer son cœur.

X

MARTYRE TRANQUILLE

Au sud du lac, une autre chrétienté brillait d'un éclat tranquille : c'était Notre-Dame de Kamoga, dans le Bukumbi. Mgr Livinhac y revint. Là, point d'orages, si ce n'étaient ceux du lac ; mais là même, le P. Giraud ne put échapper à la mort glorieuse qui l'attendait. Il alla visiter sur la côte du Mœré la petite île de Djuma, il était accompagné de six rameurs et d'un jeune enfant qui n'était pas encore baptisé.

La barque fit naufrage : tous furent submergés un instant. Les six rameurs atteignirent sans difficulté le rivage. Seul, le P. Giraud ne l'atteignit pas, et pourtant il était bon nageur. Que s'était-il donc passé ?

L'enfant se cramponnait au P. Giraud. Le Père, au lieu de secouer ce fardeau, rendit libre seulement sa main droite.

De la gauche, il se maintint à flot.

Il éleva au-dessus de la surface du lac l'enfant qui allait s'engloutir, et jetant de l'eau sur sa tête, il dit : Je te baptise au nom du Père, du Fils, du Saint-Esprit...

La marée montante est un spectacle qui faisait dire au poète sacré : *mirabilis in altis Dominus*. Le roulis du globe élevant le sultan soleil au-dessus du désert qui se tait est un spectacle qui fait chanter le cœur. L'œil fixe, scrutateur, vigilant de la lune, redoutable aux brigands africains, lorsqu'il darde ses rayons la nuit dans les bois, est un spectacle qui a sa gravité et son symbolisme; le prêtre élevant dans le temple l'hostie sainte est un spectacle digne plutôt des anges que des hommes, leur rappelant avec la discrétion du plus auguste mystère celui qui les aima jusqu'à la mort; mais le missionnaire mourant, élevant au-dessus du lac Victoria, dans une minute solennelle, avec un geste d'officiant, le front pur d'un jeune chrétien, ce spectacle résume tous les *sursum corda.*

Les nègres, si grossier que fût leur esprit, avaient vu le geste suprême du P. Giraud, et ils avaient compris, en cette minute-là, à quel prix le missionnaire estimait leurs destinées d'outre-tombe, et tandis que les deux corps, celui du missionnaire et celui de l'enfant, descendaient enlacés dans les profondes eaux, les spectateurs voyaient en esprit les âmes se rencontrer très haut, car l'une, par le privilège de l'innocence, allait à Dieu, l'autre, par le droit du martyre, allait à Dieu; toutes les deux, semblables à lui, ne devaient plus être séparées de la pureté infinie ni du prêtre éternel.

XI

VICTOIRE DE LA FOI

A quelque temps de là une autre barque approchait
des rivages du Bukumbi. Il était dix heures du soir ;
l'orage soulevait au loin le Victoria. Une flamme inter-
mittente brillait et se cachait dans les interstices des
vagues ; c'était une lampe sur une nacelle en détresse.
A sa clarté un pilote inexpérimenté cherchait à distinguer l'aiguille d'une boussole.

Tout à coup la barque se couchait ; cramponné à la voile
tout l'équipage l'empêchait à grand'peine de chavirer,
et bientôt sur le rivage abordaient, à demi nus, des naufragés et des proscrits : c'étaient les expulsés du Ganda.

Leurs frères les reçurent, et la petite colonie chrétienne (1) ne tarda pas à recevoir des nouvelles de cette
patrie d'adoption dont elle avait été chassée.

Kiweva, impatient du joug arabe, ne tarda pas à
punir lui-même, à percer de sa lance, deux des grands
de sa cour dévoués aux musulmans : l'un qui en 86
avait fait brûler les chrétiens, l'autre qui tout récemment les avait dépouillés et spoliés.

(1) Les expulsés s'établirent d'abord sous la direction du P. Giraud,
l'homonyme du martyr dont nous avons raconté la mort, dans l'On-
sambiro chez Rouma. Cette station dura peu. Ensuite ils fondèrent
Notre-Dame des Exilés près de Notre-Dame de Kamoga, station déjà
existante et qui subsista.

Mais bientôt le nouveau roi dut fuir : il se réfugia d'abord au tumulus de son père.

Le souvenir du grand Mtéza enseveli sous ce tertre ne put protéger son fils, et l'on entendit le bruit sourd des grands tambours du Ganda, qui s'éloignait avec ce roi d'un jour, du côté de l'occident.

A Kiweva succéda Karema, de par la force des musulmans, qui circoncirent ce nouveau fils de Mteza, et massacrèrent les chrétiens réfractaires à leurs ignobles rites.

Perpétuellement, dans la haute Égypte, les habitants des cloîtres du faux prophète, les derviches, parlaient avec une grande puissance et un fanatisme déclamateur; ils poussaient de plus en plus loin dans l'Afrique équatoriale l'armée musulmane; ils criaient avec le poète :

> O croyants, dispersez de bataille en bataille
> Ces chiens blasphémateurs du prophète de Dieu !

Dociles, les musulmans entraient dans de nouveaux hasards et ne se lassaient jamais, pas plus que ces voix de l'enfer qui prêchaient le meurtre au fond du désert...

De son côté, debout sur le tombeau de son mari, la vieille Namasolé, l'épouse de Mtéza, la femme en qui revivaient les vieilles traditions africaines, poussait les indigènes à résister aux fanatiques arabes; comme Respha auprès du corps de ses fils, elle veillait pour écarter du royaume ces sinistres oiseaux de proie.

La guerre civile régnait.

Les missionnaires en attendaient l'issue. A genoux au sommet des collines du sud, d'où leur regard plongeait au loin sur le lac, ils ne cessaient pas d'élever leurs bras. « O Dieu, disaient ces exilés, toi qui nous as donné pour patrie cette terre du Ganda, qui nous chasse après que nous l'avons ensemencée du sang des nôtres, souviens-toi de ceux qui sont morts! Souviens-toi de ceux qui vivent comme des brebis sans pasteurs! Ne déplace pas ton flambeau de peur qu'ils ne rentrent dans les vieilles ténèbres; fais qu'il brille toujours au delà du grand lac pour nous indiquer l'endroit où nous devons retourner un jour. »

Ils priaient. A ce moment, sur la rive opposée à l'occident du lac, les chrétiens privés de leur pasteur eurent une inspiration magnanime : Mouanga, le bourreau de leurs amis et de leurs frères, s'était réfugié près des autels du Bukumbi. Oublieux de l'injure, les chrétiens eurent la pensée de le rappeler. Honorat leur chef vainquit deux fois les Musulmans. Après quoi lui-même, il tomba dans une embuscade, martyr de la liberté de sa race et non sans avoir rappelé son roi.

Mouanga revint, il n'avait que deux cents fusils, les Arabes en avaient deux mille : il tenta bravement la lutte inégale dont son trône était l'enjeu. La puissance arabe un moment vacilla. Le roi rappela les Pères. Aussi prompts à le suivre que lui-même à braver les hasards de sa restauration, ils n'hésitèrent point à partir pour les îles Sesé. De là ils pourraient voir les collines du Ganda, où les bûchers des leurs s'étaient allumés. Ils tressaillaient d'espérance au bord du périlleux empire où s'agitait leur destin.

Ils avaient accueilli le roi, les chrétiens du Ganda l'avaient rappelé. Ces deux charités, celle des Pères et celle des chrétiens, semblables dans leurs pardons, ces deux obéissances semblables dans leurs fidélités s'étaient rencontrées dans le but de rétablir le roi légitime. Les uns avaient travaillé à changer son cœur, les autres n'avaient pas douté qu'il pût être changé; tous avaient respecté dans ce prince déplorable, l'AUTORITÉ qui vient de plus haut que lui.

PIÈCE COMPLÉMENTAIRE

RÉSUMÉ CHRONOLOGIQUE DES VOYAGES DE LIVINGSTONE

Lutter contre l'espace et le temps est le propre de l'être fini, et reculer cette double limite est l'honneur de l'être progressif.

Livingstone a lutté contre les plus âpres obstacles que l'espace puisse opposer à un habitant de notre planète. Il en a triomphé, et le résultat de sa victoire est la découverte de deux grands systèmes hydrographiques : celui du Zambèze et celui du Zaïre.

Un résumé chronologique nous montrera comment il a lutté contre le temps, c'est-à-dire comment il a su, par l'emploi de ses ans, suppléer à leur petit nombre.

Né en 1813, mort en 1873, Livingstone a vécu soixante ans.

En 1825 il est rattacheur à la filature de Blantyre en Écosse, en 1832 il devient fileur, il passe un examen devant la Société des missions de Londres en 1838.

En 1840 il aborde au Cap, se rend à Kuruman où le pasteur Moffat a fondé, dans l'intérieur des terres, une station de protestants : de 1840 à 1851 Livingstone fixe sa résidence non loin de ce poste, puis de là entreprend deux excursions : l'une à Mabotsa (1843), l'autre à Kolobeng (1847), qui toutes deux se terminent par l'établissement de missions. C'est ainsi que d'étape en étape, de mission en mission, il s'avance dans l'Afrique intérieure.

Après la découverte de la Zouga (14 juillet 1849), du Ngami

(1er août), après trois voyages au pays de Sébitouané effectués en 1850, après la mort de ce chef (1851), Livingstone entreprend son premier grand voyage.

Il part du Cap, pénètre dans l'Afrique australe jusqu'à Lynianti, et de ce point, pris comme centre d'exploration, part en des routes divergentes, une première fois pour Saint-Paul de Loanda, sur la côte occidentale ; une seconde fois pour Quilimané sur la côte orientale. Il trace ainsi sur la carte la figure d'un T grec, dont les extrémités sont, à l'ouest et à l'est, les deux ports que nous venons de nommer, au sud la colonie du Cap.

Le départ du Cap a lieu le 8 juin 1852, l'arrivée à Lynianti le 23 mai 1853. Le 2 décembre de la même année, Livingstone franchit la Liba, affluent du Zambèze ; le 18 janvier 1854 il visite Shinté, roi des *Balondas* ; le 2 février il découvre le lac Dilolo qui, par son double écoulement à l'ouest et à l'est, marque en Afrique la ligne de partage des eaux ; le 4 mars il traverse le pays inhospitalier des Chiboques ; le 16 avril il descend les rampes occidentales de la vallée du Quango. Il arrive à Loanda le 31 mai 1854, il en part le 27 septembre pour ramener les Makololos à Lynianti, qu'il atteint le 27 juillet 1855.

De Lynianti il part pour Quilimané, et prend congé de Sékeletou, chef des Makololos, à Mosi-oa-tounya, le 3 novembre 1855. Il suit la rive gauche du Zambèze ; deux affluents de ce fleuve lui coupent le chemin : le Kafoué et la Loangoua. Il franchit le premier (18 décembre 1855), le second (14 janvier 1856), entre sur le territoire portugais, où la traite exerce ses brigandages ; le 16 janvier 1856, atteint Zumbo ce jour-là même ; le 1er avril Télé, et le 26, Senna. Le 20 mai, quatre ans après son départ du Cap, il arrive à Quilimané et s'embarque le 12 juillet pour l'Angleterre, qu'il revoit le 12 décembre de la même année 1856.

Livingstone consacre l'année 1857 à la rédaction et à la publication de ses notes, puis en 1858 il entreprend, aux frais du gouvernement britannique, la seconde de ses grandes explorations

Ce voyage est, selon nous, improprement appelé : *exploration du Zambèze et de ses affluents*, titre qui conviendrait mieux à la précédente expédition. En effet, dans cette nouvelle mission, Livingstone n'explora le Zambèze qu'accidentellement et pour reconduire, par une route déjà parcourue en 1856, les Makololos dans leur pays natal. Quant aux affluents du Zambèze, il n'en étudia qu'un : le Shiré. Il faut donc nommer cette entreprise : *exploration du Shiré*. C'est la dénomination la plus propre à faire entendre le résultat principal qu'ait atteint le missionnaire de 1858 à 1864.

Parti le 1er mai 1858 il arrive aux bouches du Zambèze en septembre, et le 11 de ce mois rejoint à Tété ses amis les Makololos qui l'avaient accompagné en 1856 à la côte orientale. Il entreprend avec eux d'explorer le Zambèze, mais aux rapides de Kebrabasa il est arrêté (1859). Alors il prend le parti d'explorer avec les Makololos le premier affluent du Zambèze sur la rive gauche, le Shiré.

C'est le 19 septembre qu'il atteignit le point le plus intéressant du cours de cette rivière, je veux dire le point où elle sort du grand lac Nyassa. Cette découverte faite, et non sans explorer sur son passage le lac Pamalombé que traverse le Shiré au sortir du Nyassa, et le lac Shiroua qui se déverse aussi dans l'affluent du Zambèze, il revient à Tété le 23 avril 1860.

C'est alors qu'il entreprend de reconduire dans leur pays les Makololos qui l'ont si fidèlement servi ; il part avec eux de Tété le 15 mai 1860, franchit les rapides de Kebrabasa le 7 juin, traverse le Kafoué le 11 juillet, arrive à la chute de Mosi-oa-Tounya le 9 août, atteint Seshéké et le pays des Makololos le 18 août, repart le 17 septembre 1860 et rentre à Tété le 29 novembre après six mois d'absence.

Le 31 janvier 1861 Livingstone entreprend avec d'autres compagnons, des Européens cette fois (MM. Kirk, Scudamore, Makensie et mistress Livingstone), une nouvelle exploration du Shiré, celle que nous avons racontée, et dont l'un des résultats principaux fut l'établissement d'une mission anglaise à Magomero (6 août 1861).

Ce voyage au Nyassa, entrepris avec des Européens, fu moins heureux que le premier voyage entrepris en 1859 avec l'aide des Makololos : il se termina par la mort d'hommes distingués tels que MM. Scudamore et Makensie, et de cette compagne affectueuse du missionnaire qui mourut victime de son dévouement le 28 avril 1862.

Pour compléter son étude géographique sur le Shiré et ses affluents, Livingstone fit construire à ses frais un petit navire, le *Lady Nyassa*. Il le fit servir à l'exploration de la Rovuma, présumant que ce fleuve unissait l'Océan Indien au Nyassa. Cette hypothèse fut reconnue fausse à la suite d'une exploration qui dura du 5 mai au 9 octobre 1863.

La dépêche qui rappelle Livingstone en Europe est datée du 2 juillet 1853 : le salaire de l'équipage devait finir le 31 décembre de cette année-là. Le 30 août 1864, à Bombay, le *Lady Nyassa* fut vendu, et ce fut le 20 juillet de la même année que Livingstone revint à Londres.

L'année suivante commence la plus longue des explorations du voyageur. Elle est racontée jour par jour dans le dernier journal, celui qu'a rapporté Chuma. Elle pourrait être appelée l'*exploration du bassin supérieur du Zaïre* parce que tel fut le résultat dernier et principal de cette douloureuse pérégrination.

Livingstone quitte l'Angleterre en août 1865, organise son expédition à Bombay et à Zanzibar pendant l'hiver de 1865-1866. Il traverse le jungle voisin de la côte orientale en janvier 1866, et, le 8 août, il revoit le lac Nyassa. Il tourne la corniche méridionale des monts dont cette mer intérieure est comme encaissée, franchit le cours supérieur de la Loangoua, affluent de la rive gauche du Zambèze. Le 16 décembre 1867 il atteignit les hauteurs qui dominent le Tanganika.

Les récentes découvertes de Stanley et de Cameron ont permis à quelques géographes de considérer le Tanganika comme le réservoir le plus oriental du Zaïre (1). Un affluent

(1) Le Zaïre s'appelle Congo.

du fleuve est l'affluent du grand lac. Sous la même latitude et un peu à l'ouest du Tanganika se trouve le lac Mœro, traversé par le Zaïre lui-même alors près de sa source, et portant le nom indigène de Loualaba. Lorsqu'il traverse le Mœro, le Zaïre vient du Bangoueolo, situé sur la même longitude et plus au sud : ces trois lacs, le Tanganika, le Mœro, le Bangoueolo, forment un triangle rectangle dont l'angle droit a pour sommet le Mœro.

Le système hydrographique du Zaïre étant ainsi figuré, Livingstone, aussitôt que la paix et l'état de sa santé lui permirent le voyage, quitta le Tanganika (14 juillet 1867), il marcha vers l'ouest ; le 8 novembre 1867, il atteignit le Mœro ; de là, il descendit au sud, et passant par la cour de Casembé (24 novembre 1867), trouva le Bangouéolo le 18 juillet 1868.

Ce dernier lac peut être considéré comme le réservoir le plus méridional du Zaïre.

Livingstone suivit alors l'hypoténuse du triangle rectangle dont nous avons parlé et partit pour le Tanganika (6 octobre 1868). Il atteignit la corniche méridionale de ce lac le 13 février 1869, et, le 22 mars, Oujigi.

Que dans sa pensée le Loualaba fût le Nil ou le Congo, il connaissait, dès ce moment, la source principale d'une des plus grandes artères du continent. Il voulut découvrir l'estuaire du grand cours d'eau après en avoir trouvé la source, et prit le chemin du nord.

Le 2 mai 1869, c'est-à-dire peu de temps avant le départ de Stanley (11 novembre), à un moment où Livingstone croyait ne jamais avoir besoin d'auxiliaire, il quitte Oujigi, traverse le Tanganika, arrive à Bambarré, capitale du Manyema, le 20 septembre 1869, et de cette ville, prise comme centre d'exploration, il entreprend trois excursions : la première à l'ouest en suivant le Louamo. — Il veut descendre cette rivière, qui doit le conduire au Loualaba, lorsqu'il est arrêté par l'impossibilité de se procurer des canots, et par suite obligé de faire sa retraite sur Bambarré, le 19 décembre 1869.

La seconde excursion a pour direction le nord. Entreprise le 1er janvier 1870, elle se termine, après cinq mois de fatigues, par un second retour à Bambarré le 21 juillet. La dernière excursion, la seule qui dût aboutir, entreprise au nord-ouest de Bambarré, se termine par la découverte du Loualaba (31 mai 1871).

Si Livingstone n'explora pas le Congo, comme plus tard Stanley devait le faire, on en sait le motif : il préféra sauver sa conscience et sacrifier sa découverte, il emporta dans son esprit ce problème irrésolu et, dénué de toutes les choses humaines, trouva dans Oujigi la mort imminente ou la mendicité pire que la mort (27 octobre 1871).

Alors arrive Stanley : tout change, le ciel et le destin se rassérènent : novembre et une partie de décembre sont consacrés à une promenade joyeuse sur le plus beau lac du monde, et le 4 mai 1872 est le jour des adieux.

Livingstone aussitôt reprend le problème du Loualaba, l'embouchure de ce fleuve lui échappe, il revient avec ténacité vers ses sources. La pluie tombe du ciel (janvier-février), l'eau monte de la terre (mars-avril), l'angoisse ne peut croître, Dieu dit : assez (1er mai 1873) (1).

(1) Arrivée du corps à Zanzibar (février 1874). — Service à Westminster (17 février 1874).

TABLE DES MATIÈRES

TROISIÈME PARTIE
Derniers voyages.
(1866-1873)

QUATRIÈME PARTIE
Les missions du lac Tanganika.

CINQUIÈME PARTIE

Les missions du lac Victoria.

(1879-1889)

2819-89. — Corbeil. Imprimerie Crété.

www.ingramcontent.com/pod-product-compliance
Lightning Source LLC
LaVergne TN
LVHW010845060726
842526LV00002B/372